Jean-Pierre Vernant

Götter und Menschen

Jean-Pierre Vernant wurde 1914 in Südfrankreich geboren und war aktives Mitglied in der Résistance. Er ist Professeur honoraire am Collège de France und lehrte an der Ecole pratique des Hautes Etudes in Paris. Auf Deutsch erschien von ihm zuletzt 1997 *Zwischen Mythos und Politik. Eine intellektuelle Autobiographie.*

Die Übersetzerin Hella Faust wurde 1967 in Leipzig geboren und lebt nach dem Studium der Romanistik, Anglistik und Kunstgeschichte in Paris. Sie übersetzte u. a. Michel Houellebecq, Georges Didi-Huberman, Daniel Arasse und Patrick Mauriès.

Es war einmal – die Geschichte der alten Griechen, die Mythen von den Ursprüngen der Menschheit erzählt uns Jean-Pierre Vernant. Er ruft uns in Erinnerung die Entstehung der Welt aus dem Chaos und die großen Kriege der Götter – und wir erleben in dieser Reise durch die Welt der Mythologie, daß die Bindungen zwischen dem Menschlichen und dem Göttlichen nie abgebrochen sind. Jean-Pierre Vernant erzählt von der Entmannung des Uranos, den Listen des Zeus, von der Erfindung der Frau, den Abenteuern von Europa, dem lahmen Ödipus oder vom Wettstreit mit den Gorgonen.

Wir treffen auf lauter alte Bekannte: Mutter Erde oder Prometheus, die Helden aus dem Trojanischen Krieg und Odysseus, die Monstrositäten der Menschheit.

Wer glaubt, Altertumsforschung sei etwas für Eingeweihte, wird von Jean-Pierre Vernant eines Besseren belehrt.

»Vernant vereint souveränen Überblick mit entspannter Gelassenheit. Hier wird Wissen zur Weisheit.«
Jorge Semprun, Le Monde

Inhalt

Vorwort

Es war einmal ... lautete der Titel, den ich diesem Buch anfangs geben wollte. Ich entschied mich dann schließlich, ihn durch einen anderen, aussagekräftigeren zu ersetzen. Zu Beginn möchte ich jedoch von einer Erinnerung erzählen, die in jenem ersten Titel nachhallt und die diesen Geschichten zugrunde liegt.

Vor einem Vierteljahrhundert, als mein kleiner Enkelsohn mit meiner Frau und mir seine Ferien verbrachte, war zwischen uns etwas zur Regel geworden, das genauso wichtig war wie das Bad oder die Mahlzeiten: jeden Abend, wenn die Stunde kam, da Julien zu Bett ging, hörte ich ihn, oft ein wenig ungeduldig, aus seinem Zimmer rufen: »Opa, eine Geschichte, eine Geschichte!« Ich setzte mich zu ihm und erzählte eine griechische Sage. Ohne große Mühe schöpfte ich aus dem Repertoire der Mythen, mit deren Analyse, Vergleich und Deutung ich meine Zeit verbrachte und die ich zu verstehen versuchte. Ich erzählte sie ihm aus dem Stegreif, so wie sie mir gerade in den Sinn kamen, in der Art eines Märchens, und war nur darauf bedacht, während meiner Schilderung die dramatische Spannung der Erzählung von Anfang bis Ende aufrechtzuerhalten: *es war einmal* ... Julien schien beim Zuhören glücklich. Auch ich war es. Ich freute mich, ihm durch mein Erzählen etwas von jener griechischen Welt zu vermitteln, der ich mich verbunden fühle und deren Weiterleben in einem jeden von uns mir in der heutigen Zeit mehr denn je notwendig erscheint. Es gefiel mir auch, daß ihm dieses Erbe mündlich überliefert wurde, im Stil von Platons Ammenmärchen; wie all das, was eine Generation der nächsten außerhalb des offiziellen Unterrichts weitergibt, ohne sich dabei auf Bücher zu stützen – ein Rüstzeug von »außertextlichen« Verhaltensweisen und Wissensformen. Man denke an die Anstandsregeln in Sprache und Verhalten, an die guten Sitten und an die verschiedenen Bewegungsformen wie Gehen, Laufen, Schwimmen, Fahrradfahren oder Klettern ...

Gewiß war es naiv zu glauben, eine Tradition antiker Sagen am Leben erhalten zu können, indem ich ihnen jeden Abend meine Stimme lieh und sie einem Kind erzählte. Doch man vergegenwärtige sich, daß von den siebziger Jahren die Rede ist, von einer Zeit, in der der Mythos im Aufwind war. Nach Dumézil und Lévi-Strauss hatte das Fieber der mythologischen Studien eine Handvoll Hellenisten ergriffen, die sich zusammen mit mir in die Erforschung der sagenhaften Welt des alten Griechenland stürzten. Je weiter wir fortschritten, je weiter wir mit unseren Untersuchungen vorankamen, um so problematischer wurde die Existenz eines mythischen Denkens an sich. Wir waren gezwungen, uns folgende Frage zu stellen: Was ist ein Mythos? Und wenn wir unserem Forschungsbereich Rechnung tragen wollten: Was ist ein griechischer Mythos? Natürlich wußten wir, daß es sich um eine Erzählung handelt. Damit wußten wir aber noch lange nicht, wie diese Erzählungen entstanden sind, wie sie sich entwickelt haben, wie sie überliefert und erhalten wurden. Im griechischen Fall haben sie uns erst am Ende der Wegstrecke in Form von geschriebenen Texten erreicht. Die ältesten von ihnen gehören literarischen Werken an, in denen alle Gattungen vertreten sind – das Epos, die Poesie, die Tragödie, die Geschichte, ja sogar die Philosophie – und in denen sie, mit Ausnahme der *Ilias* und der *Odyssee* von Homer und der *Theogonie* von Hesiod, verstreut, bruchstückhaft, mitunter nur andeutungsweise erscheinen. Erst spät, gegen Anfang unserer Zeitrechnung, wurden diese zahlreichen, mehr oder weniger voneinander abweichenden Überlieferungen von Gelehrten gesammelt und innerhalb einer Textsammlung präsentiert, in der sie wie Bücher auf den Regalen einer *Bibliothek* aneinandergereiht waren – um den Titel aufzugreifen, den Apollodoros seinem Handbuch gab, das zu einem der großen Klassiker auf diesem Gebiet geworden ist. Auf diese Weise entstand das, was gemeinhin griechische Mythologie genannt wird.

Mythos und Mythologie, das sind in der Tat griechische Worte, die mit der Geschichte und bestimmten Merkmalen dieser Kultur in einem Zusammenhang stehen. Muß man daraus schließen, daß sie außerhalb dieser nicht von Bedeutung sind und daß es den Mythos, die Mythologie einzig in der griechischen Form und im griechischen Sinne des Wortes gibt? Das Gegenteil ist wahr. Um die hellenistischen Sagen verstehen zu können, muß man sie mit traditionellen Erzählungen anderer Völker aus sehr unterschiedlichen Kulturen und Zeitaltern vergleichen, ganz gleich, ob es sich dabei um das alte China, das alte Indien, den alten Nahen Osten, das präkolumbianische Amerika oder um Afrika handelt. Ein Vergleich drängt sich auf, weil diese Erzähltraditionen bei allen Unterschieden genügend gemeinsame Anhaltspunkte aufweisen, um miteinander in Verbindung gebracht werden zu können. Claude Lévi-Strauss konnte schlüssig nachweisen, daß ein Mythos, welcher Herkunft auch immer, sich von vornherein erkennen läßt und keine Gefahr läuft, mit anderen Erzählformen verwechselt zu werden. Der Unterschied zur historischen Erzählung, die sich in Griechenland gewissermaßen *gegen* den Mythos herausgebildet hat, ist insofern deutlich, als diese der genaue Bericht von zeitlich unweit zurückliegenden Ereignissen ist, die von zuverlässigen Zeugen noch hätten belegt werden können. Was die literarische Erzählung angeht, so handelt es sich um eine reine Fiktion, die sich offen als solche ausgibt und deren Qualität vor allem vom Talent und Geschick dessen abhängt, der sie geschrieben hat. Beide Erzählformen werden normalerweise einem Autor zugeschrieben, der sie verantwortet und unter seinem Namen in Form von Schriften an eine Leserschaft weitergibt.

Der Stellenwert des Mythos ist ein ganz anderer. Ein Mythos ist eine Geschichte aus uralter Zeit, die bereits da war, bevor irgendein Erzähler mit ihrer Erzählung begonnen hätte. In diesem Sinne beruht die mythische Erzählung weder auf der Erfindung des einzelnen noch auf schöpferischer Phantasie, sondern auf Überlieferung und dem Vermögen der Erinnerung. Die enge, funktionale Verbindung zum Memorieren rückt den Mythos in die Nähe der Poesie, die in ihren ältesten Ausdrucksformen mit dem Entstehungsprozeß des Mythos verschmelzen kann. Der Fall des homerischen Epos ist hierfür beispielhaft. Um die Erzählungen von den Abenteuern sagenhafter Helden miteinander zu verknüpfen, arbeitet das Epos zunächst mit den Mitteln der mündlich überlieferten Poesie, die, von der Göttin des Gedächtnisses Mnemosyne inspiriert, von mehreren Sängergenerationen verfaßt und Zuhörern vorgesungen wurde. Erst später wird es zum Gegenstand einer Niederschrift, die den offiziellen Text erstellt und festhält.

Noch heute hat ein Gedicht nur dann ein Dasein, wenn es gesprochen wird; will man ihm Leben einflößen, muß man es auswendig lernen und es sich mit seiner inneren Stimme vortragen. Auch der Mythos lebt nur, wenn er weiter Bestandteil des täglichen Lebens ist, wenn er von Generation zu Generation weitererzählt wird. In die Tiefen der Bibliotheken verbannt, erstarrt der Mythos in der Schriftform und wird zum gelehrten Bezugssystem einer Elite von Lesern, die auf Mythologie spezialisiert sind.

Erinnerungsvermögen, Mündlichkeit und Tradition sind die Bedingungen des Mythos, seiner Existenz und seines Überlebens. Sie verleihen ihm bestimmte charakteristische Züge, die deutlicher werden, wenn man den Vergleich zwischen dem poetischen und dem mythischen Schaffensprozeß fortführt. Die Rolle, welche die Sprache dabei jeweils spielt, macht den wesentlichen Unterschied deutlich, der zwischen beiden besteht. Nachdem sich die Poesie mit den Troubadours in der westlichen Welt verselbständigt hatte und sich nicht nur von den großen mythischen Erzählungen, sondern auch von der Musik, die sie bis ins 14. Jahrhundert hinein begleitete, getrennt hatte, bildete sie sich als spezifischer Bereich sprachlichen Ausdrucks heraus. Jedes Gedicht stellt von nun an eine einzigartige, überaus komplexe Konstruktion dar. Es hat eine vielfältige Bedeutung und ist doch dabei so streng organisiert, und in seinen verschiedenen Komponenten und auf allen seinen Ebenen so gebunden, daß es auswendig ge-

lernt und vorgetragen werden muß, ohne daß dabei etwas ausge-
lassen oder geändert werden kann. Das Gedicht bleibt sich trotz
des unterschiedlichen Sprachgebrauchs, der es in Zeit und Raum
aktualisiert, gleich. Die Stimme, die dem poetischen Text für ein
Publikum oder für einen selbst Leben verleiht, hat einen einzigar-
tigen und unveränderlichen Charakter. Ein verändertes Wort, ein
übersprungener Vers, ein verschobener Rhythmus, und schon
bricht das Gefüge des Gedichts wie ein Kartenhaus in sich zusammen. Die mythische Erzählung hat wie der poetische Text zahlreiche Bedeutungsebenen. Doch ist sie nicht in eine endgültige
Form gefaßt. Sie enthält stets Varianten, zahlreiche Versionen, die
dem Erzähler zur Verfügung stehen und die er je nach Umständen, Publikum oder eigenen Vorlieben auswählt und innerhalb
derer er streichen, etwas hinzufügen oder auch Änderungen vor-
nehmen kann, wenn er dies für angemessen hält. So lange wie die
mündliche Überlieferung von Sagen eine lebendige Tradition ist,
solange sie in direktem Bezug steht zum Denken und zu den Bräu-
chen einer Gruppe, ist sie in Bewegung: ein Teil der Erzählung
bleibt für Neuerungen offen. Wenn der Antiquar und Mythologe
sie wie im Fall Griechenlands am Ende der Wegstrecke findet, ist
sie bereits in literarischen oder gelehrten Schriften versteinert.
Für die richtige Entschlüsselung der Sage ist es deshalb erforder-
lich, ihre Untersuchung auszuweiten – zunächst von einer auf
alle anderen, auch noch so unbedeutenden Versionen desselben
Themas; dann auf andere mythische, nah- oder fernstehende Erzählungen, ja, selbst auf Texte, die anderen Bereichen derselben
Kultur angehören wie Literatur, Wissenschaft, Politik oder Philosophie; ferner auf mehr oder weniger ähnliche Erzählungen aus
weit entfernten Kulturen. Was den Historiker und Anthropologen
interessiert, das ist der intellektuelle Hintergrund, über den der
rote Faden der Erzählung wie auch der Rahmen, innerhalb dessen
sie geschrieben wurde, Auskunft gibt. Dieser läßt sich nur im Vergleich der Erzählungen, im Spiel ihrer Abweichungen und Über-
einstimmungen erkennen. Für die verschiedenen Mythologien

gilt die überaus treffende Bemerkung, die Jacques Roubaud im Blick auf die sagenhafte Komponente der homerischen Verserzählungen machte: »Sie sind nicht nur Erzählungen. Sie sind eine Schatzkammer von Denk- und Sprachformen, kosmologischen Vorstellungen, moralischen Grundsätzen usw., die das gemeinschaftliche Kulturgut der Griechen in der vorklassischen Zeit bilden.«[1]

Mitunter kann es passieren, daß der Forscher bei der Grabungsarbeit, die die tiefer liegenden »Schätze«, das gemeinsame Kulturgut der Griechen, freilegen soll, ein Gefühl der Frustration empfindet; als ob er im Laufe seiner Untersuchung »das immense Vergnügen« aus dem Auge verloren hätte, auf das sich La Fontaine schon im voraus freute, wenn man ihm eine Geschichte ankündigte. Dieses Vergnügen am Erzählen, das ich in den ersten Zeilen dieses Vorworts erwähnte, hätte ich ohne großes Bedauern abgeschrieben, wenn mich auf derselben schönen Insel, auf der ich mit Julien Ferien und Geschichten teilte, Freunde ein Vierteljahrhundert später nicht eines Tages gebeten hätten, ihnen griechische Mythen zu erzählen. Ich kam ihrer Bitte nach. Daraufhin drängten sie mich mit genügend Nachdruck, um mich zu überzeugen, das von mir Erzählte zu Papier zu bringen. Das war nicht einfach. Der Übergang von der gesprochenen zur geschriebenen Sprache ist äußerst schwierig. Nicht nur, weil das Geschriebene nicht über Stimme, Tonfall, Rhythmus und Gestik verfügt, die eine mündlich vorgetragene Erzählung lebendig machen, sondern auch, weil hinter diesen beiden Ausdrucksformen zwei unterschiedliche Denkweisen stehen. Bringt man einen mündlichen Vortrag unverändert zu Papier, hält der Text nicht stand. Umgekehrt kann ein laut vorgetragener Text, der zunächst schriftlich verfaßt wurde, niemanden darüber hinwegtäuschen, daß er einfach nicht dafür gemacht wurde, um von einem Publi-

1 Jacques Roubaud, *Poésie, Mémoire, Lecture*. Paris–Tübingen, Eggingen, Editions Isele, coll. »Les conférences du Divan, 1998, S. 10.

kum gehört zu werden. Er steht außerhalb des Mündlichen. Zu dieser ersten Schwierigkeit (zu schreiben, wie man spricht) kommen weitere. Zunächst muß eine Fassung der Sage ausgewählt werden, was bedeutet, daß man andere Varianten vernachlässigt, ausradiert, zum Schweigen bringt. Und in der Art, wie die gewählte Fassung erzählt wird, schaltet sich der Erzähler selbst ein und macht sich insofern zum Interpreten, als von dem von ihm vorgetragenen mythischen Handlungsablauf kein endgültig festgelegtes Muster existiert. Und wie kann der Forscher vergessen, daß er, auch wenn er sich zum Erzähler macht, trotzdem der Gelehrte bleibt, der nach dem intellektuellen Fundament der Mythen sucht und jene Bedeutungen in seine Erzählung einfließen lassen wird, deren Gewicht ihn seine früheren Studien ermessen ließen?

Obwohl mir diese Hindernisse und Gefahren nicht unbekannt waren, habe ich den Schritt gewagt. Ich habe versucht zu erzählen, als könne die Tradition dieser Mythen noch weitergeführt werden. Ich wollte, daß der Leser von heute die Stimme, die sich jahrhundertelang direkt an den griechischen Zuhörer wandte und nun verstummt ist, erneut vernehmen kann. Wenn mir das gelungen ist, dann wird es diese Stimme sein, die auf manchen Seiten des Buches nachklingt.

Der Ursprung des Universums

»Was war, als noch nichts war, was war, als es noch nichts gab?«
Auf diese Frage antworteten die Griechen mit Erzählungen und
Mythen.

Am Anfang war die gähnende Leere. Die Griechen nennen sie
Chaos. Darunter muß man sich eine Tiefe vorstellen, eine finstere
Tiefe, in der nichts unterschieden werden kann. Einen Raum des
Falls, des Taumels und des Durcheinanders, einen endlosen Raum
ohne Grund und Boden. Man wird von der gähnenden Leere erfaßt, als sei sie die Öffnung eines unermeßlich großen Rachens,
der alles in die Tiefe einer endlosen undeutlichen Nacht reißt.
Zuerst war also nur diese gähnende Leere, dieser blinde, nächtliche, unbegrenzte Schlund.

Danach erschien die Erde. Die Griechen sagen *Gaia*. Die Erde
entsprang dem Schoß der gähnenden Leere. Sie ist nach dem Chaos geboren und stellt in mancherlei Hinsicht sein Gegenteil dar.
Die Erde ist nicht mehr der Raum des finsteren, unbegrenzten,
unendlichen Falls. Sie besitzt eine deutlich erkennbare, abgetrennte, klare Form. Dem Durcheinander, der finsteren Undeut-
lichkeit des Chaos stehen Gaias Klarheit, Festigkeit und Stabilität
gegenüber. Jedes Ding auf Erden ist klar umrissen, sichtbar und
solide. Gaia läßt sich als das Gebilde definieren, auf dem sich Götter, Menschen und Tiere sicher fortbewegen können. Sie ist die
Plattform der Welt.

Im tiefsten Erdinneren: die gähnende Leere

Die Welt, die aus der weiträumigen Leere entstanden ist, verfügt
von nun an über eine Plattform. Diese Plattform zieht sich einerseits in Form von Gebirgen in die Höhe; andererseits senkt sie sich

in Form eines unterirdischen Ganges in die Tiefe. Diese Unterwelt verlängert sich unendlich, so daß das untere Ende von Gaia, das also, was sich unter dem festen und soliden Boden befindet, immer der Abgrund, das Chaos ist. Die Erde, die dem Schoß der gähnenden Leere entsprang, schließt in ihren Tiefen wieder an die Leere an. Die Griechen stellen sich unter diesem Chaos eine Art dichten Nebel vor, in dem sämtliche Grenzen verschwimmen. Tief in der Erde läßt sich dieser originär chaotische Aspekt wiederfinden.

Auch wenn die Erde deutlich sichtbar ist, wenn sie klare Konturen hat, wenn alles, was aus ihr hervorgehen wird, scharf umrandet und begrenzt ist wie sie selbst, gleicht sie in ihren Tiefen der gähnenden Leere. Diese Erde ist schwarz. Es kommt vor, daß die Adjektive, mit denen sie in den Erzählungen beschrieben wird, denen ähneln, die der gähnenden Leere zugeschrieben werden. Die schwarze Erde zieht sich nach unten und oben; auf der einen Seite bis in die Finsternis, bis in die Tiefen der gähnenden Leere, in der sie wurzelt; auf der anderen Seite bis in die schneebedeckten Berge, welche sie dem Himmel entgegenstreckt, leuchtende Berge, deren höchste Gipfel einen Bereich des Himmels erreichen, der stets von Licht durchflutet ist.

Die Erde ist das Fundament in der Wohnstätte »Kosmos«. Das ist jedoch nicht ihre einzige Funktion. Mit Ausnahme bestimmter Wesen, die aus dem Chaos hervorgingen und auf die wir später noch zurückkommen, gebärt und nährt sie alle Dinge. Gaia ist die universelle Mutter. Ob es sich um Wälder, Gebirge, unterirdische Höhlen, Meeresströme oder um den weiten Himmel handelt, stets verdanken sie Gaia, der Mutter Erde, ihre Entstehung. Am Anfang war also der Abgrund, die gähnende Leere, ein riesiger Rachen in Form eines finsteren, endlosen Schlunds, der sich in einem zweiten Abschnitt öffnete und einen festen Boden freigab: die Erde. Sie ragt hoch in den Himmel, steigt tief in den Untergrund.

Nach dem Chaos und der Erde entstand als drittes *Eros*. Die Griechen nannten ihn später »die greise Liebe« und stellten ihn auf Abbildungen weißhaarig dar: es ist die ursprüngliche Liebe.

Dieser ursprüngliche Eros entstand, weil es in jenen fernen Tagen noch kein Geschlecht und demzufolge weder Männliches noch Weibliches gab. Er ist nicht mit jenem Eros identisch, der später bei der Entstehung von Mann und Frau, von Männlichem und Weiblichem in Erscheinung treten sollte. Von da an bestand das Problem darin, die gegensätzlichen Geschlechter miteinander zu paaren, was auf beiden Seiten zwangsläufig ein Begehren, eine Art Zustimmung voraussetzt.

Chaos ist kein männliches, sondern ein sächliches Wort. *Gaia*, die Mutter Erde, ist selbstverständlich weiblich. Doch wen kann sie außer sich selbst lieben, wenn sie mit Chaos ganz allein ist? *Eros*, der nach der gähnenden Leere und der Erde als dritter erscheint, kann demnach nicht derjenige sein, der die geschlechtliche Liebe überwacht. Der erste Eros ist Ausdruck eines Vorstoßes ins Universum. Genau wie die Erde aus der gähnenden Leere hervorging, wird ihr entspringen, was in ihren Tiefen verborgen war. Was Teil ihrer selbst war, trägt sie nach außen. Sie bringt es zur Welt, ohne sich dafür mit jemandem vereinen zu müssen. Was die Erde freisetzt und preisgibt, ist das, was dunkel in ihr wohnte.

Die Erde bringt zunächst eine sehr wichtige Gestalt hervor. Es ist *Uranos*, der Himmel, der Sternenhimmel. Danach gebiert sie *Pontos*, das heißt das Wasser, die Gewässer, oder, noch genauer, der Meeresstrom, denn das griechische Wort ist männlich. Die Erde erzeugt sie, ohne sich dafür mit jemandem zu vereinen. Durch die ihr innewohnende Kraft bildet die Erde das aus, was sie bereits in sich trug und was im Augenblick der Entbindung zu ihrer Entsprechung und ihrem Gegenstück wird. Sie bringt den Sternenhimmel hervor, der eine ebenso solide, ebenso feste und gleich große Nachbildung ihrer selbst ist. Und so legt sich Uranos auf sie nieder. Erde und Himmel bilden zwei aufeinanderliegende Schichten des Universums, einen Boden und ein Gewölbe, ein Darunter und ein Darüber, die sich genau überdecken.

Pontos, der Meeresstrom, vervollständigt mit seiner Geburt die Erde und durchdringt sie bis in die Tiefe. Er begrenzt sie in Form riesiger Wasserflächen. Genau wie Uranos stellt der Meeresstrom das Gegenteil der Erde dar. Die Erde ist solide, kompakt, die Dinge können sich auf ihr nicht miteinander vermischen. Im Gegensatz dazu ist der Meeresstrom reine Flüssigkeit, ein unförmiges und ungreifbares Fließen: Seine trüben Gewässer fließen ineinander, vermengen sich. An der Oberfläche leuchtet Pontos, in seinen Tiefen dagegen herrscht völlige Finsternis, was ihn genau wie die Erde mit einem Teil des Chaos verknüpft.

Am Ursprung der Welt stehen somit drei Wesen – *Chaos, Gaia, Eros* – sowie zwei weitere Wesen, die die Erde hervorbrachte: *Uranos* und *Pontos*. Sie sind Naturgewalten und Gottheiten zugleich. *Gaia* ist sowohl die Erde, auf der wir laufen, als auch eine Göttin. *Pontos* stellt die Meeresströme dar, gleichzeitig aber auch eine göttliche Macht, der man einen Kult weihen kann. Die Geschichten, die nun folgen werden, sind von einer anderen Art. Sie sind gewalttätig und dramatisch.

Uranos' Entmannung

Beginnen wir mit dem Himmel. Uranos ist aus Gaia hervorgegangen und von gleicher Größe wie sie. Er liegt auf ihr, ist auf seine Erzeugerin gewälzt. Der Himmel bedeckt die Erde vollständig. Jedes Stück Erde ist mit einem Stück Himmel gepaart, das eng an ihr klebt. Von dem Augenblick an, da die mächtige Gottheit Gaia, die Mutter Erde, Uranos erzeugt, der ihr genaues Pendant, ihre Verdopplung, ihre symmetrische Entsprechung ist, haben wir es mit einem Paar von Gegensätzen, mit etwas Männlichem und etwas Weiblichem zu tun. Uranos ist *der* Himmel, genau wie Gaia *die* Erde ist. Mit Uranos' Anwesenheit kommt Amor eine andere Rolle zu. Nun bringen Gaia und auch Uranos nicht mehr das aus sich hervor, was sie jeweils in sich trugen. Beide Kräfte werden sich verbinden, und ihrer Verbindung werden Wesen entspringen, die sich deutlich voneinander unterscheiden.

Uranos ergießt sich ununterbrochen in Gaias Schoß und kennt keine andere Beschäftigung als Sex. Das einzige, woran er denkt, das einzige, was er tut, ist Gaia zu begatten – und das, sooft er kann. Die arme Erde geht folglich mit einer ganzen Kinderschar schwanger, die ihren Schoß nicht verlassen kann. Sie verbleibt genau an der Stelle, an der Uranos sie gezeugt hat. Da sich der Himmel nie von der Erde löst, gibt es keinen Raum zwischen den beiden, der es ihren Kindern, den Titanen, ermöglichen würde, ans Licht zu treten und ein eigenständiges Dasein zu erhalten. Sie können nicht ihre eigene Gestalt annehmen und individuelle Wesen werden. Beständig werden sie in Gaias Schoß zurückgedrängt, genau wie Uranos vor seiner Geburt in Gaias Schoß eingeschlossen war.

Die Kinder von Gaia und Uranus sind zunächst die sechs Titanen und ihre sechs Schwestern, die Titaninnen. Der erste Titan heißt *Okeanos*. Er ist der flüssige Gürtel, der sich um das Universum schlingt und im Kreis fließt, so daß Okeanos' Ende auch sein Anfang ist. Der kosmische Strom dreht sich in einem geschlossenen Kreis um sich selbst. Der jüngste Titan heißt *Kronos*, man nennt ihn »Kronos mit den krummen Gedanken«. Außer den Titanen und Titaninnen zeugen Gaia und Uranos zwei Dreiergespanne gräßlichster Ungeheuer. Das erste Dreiergespann sind die Kyklopen Brontes *(Donner)*, Steropes *(Blitz)* und Arges *(der Grelle)*. Sie sind äußerst mächtige, einäugige Gestalten, deren Namen schon besagen, welcher Art von Metallurgie sie sich widmen: dem Grollen der Donner, dem Leuchten der Blitze. Sie waren es, die Zeus den Blitzstrahl fertigten und schenkten. Das zweite Dreiergespann sind die Hekatoncheiren, die Hundertarmigen Kottos, Briareos und Gyes. Sie sind riesige Ungeheuer, die fünfzig Häupter und hundert entsetzlich kräftige Arme haben.

Neben den Titanen, die die ersten individualisierten Götter sind und anders als Gaia, Uranos oder Pontos nicht nur für die Personifizierung einer Naturgewalt stehen, symbolisieren die Kyklopen den Blitzstrahl des Auges. Sie haben nur ein einziges Auge, das in der Mitte ihrer Stirn sitzt und mit seinem Blick töten kann, wie die Waffe, die sie Zeus schenken werden. Die magische Kraft des Auges. Die Hundertarmigen wiederum stehen mit ihrer rohen Gewalt für die Fähigkeit, mit der physischen Kraft des Arms den Sieg zu erringen. Die Kraft des vernichtenden Blickes ist den einen, was den anderen die Kraft der Hand ist. Diese Hand ist in der Lage, jedes Geschöpf der Welt zu fesseln, es zu umschließen, zu zerbrechen und zu beherrschen. Doch die Titanen, die Hundertarmigen und die Kyklopen stecken im Bauch von Gaia, und auf der wälzt sich Uranos.

Es gibt noch kein wirkliches Licht, weil Uranos die Nacht beständig aufrechterhält, indem er sich auf Gaia ausstreckt. Da läßt die Erde ihrem Zorn freien Lauf. Sie ist wütend darüber, daß sie ihre Kinder in ihrem Schoß behalten muß, die sie von innen aufblähen, erdrücken und ersticken, weil sie den Schoß nicht verlassen können. Sie wendet sich besonders an die Titanen, als sie ihnen sagt: »Hört her, Euer Vater beleidigt uns, er unterwirft uns entsetzlicher Gewalt. Das muß aufhören, ihr müßt euch gegen euren Vater, den Himmel, auflehnen.« Als die Titanen in Gaias Bauch diese energischen Worte hören, ergreift sie Furcht. Denn Uranos, der sich noch immer auf ihrer Mutter rekelt und von gleichem Wuchs ist wie sie, sieht nicht danach aus, als ließe er sich leicht besiegen. Nur der Jüngste, Kronos, ist bereit, Gaia zu helfen und sich an seinem Vater zu messen.

Da heckt die Erde einen besonders gerissenen Plan aus. Für die Ausführung ihres Vorhabens fertigt sie in ihrem Innern eine Sichel aus weißem Stahl an, eine *harpè*, die sie dem jungen Kronos in die Hand legt. Der lauert Uranos im Bauch seiner Mutter auf, liegt da im Hinterhalt, wo Uranos sich mit ihr vereint. Und während Uranos sich in Gaia ergießt, packt Kronos mit der linken Hand das Geschlecht seines Vaters, hält es fest und trennt es mit der rechten Hand, in der er die Sichel schwingt, ab. Um das Unglück zu verhindern, das seine Tat verursachen könnte, wirft er Uranos' Glied ohne sich umzusehen über seine Schulter. Aus dem abgeschnittenen männlichen Geschlechtsteil fallen Blutstropfen auf die Erde, bevor sein Flug im Meer endet. Uranos schreit vor Schmerzen, als er entmannt wird, und zieht sich jäh aus Gaia zurück. Er läßt sich daraufhin am obersten Rand der Welt nieder und rührt sich nicht mehr von der Stelle. Da Uranos von gleichem Wuchs wie Gaia ist, gibt es kein Stück Land, über dem sich nicht ein gleich großes Stück Himmel befände.

Die Erde, der Raum, der Himmel

Mit der Entmannung des Uranos, die Kronos auf den Rat seiner Mutter hin und mit Hilfe ihrer List ausführt, vollbringt er einen für die Entstehung des Kosmos wesentlichen Schritt. Er trennt den Himmel von der Erde. Er schafft zwischen beiden einen freien Raum: Alles, was künftig die Erde hervorbringen, was Lebewesen zur Welt bringen werden, hat nun einen Ort zum Atmen und Leben. Aber nicht nur der Raum ist freigegeben, auch die Zeit hat sich verändert. Solange Uranos auf Gaia lastete, gab es keine Generationenfolge. Die Generationen blieben im Innern ihrer Erzeugerin verborgen. Nachdem Uranos sich zurückgezogen hat, können die Titanen den mütterlichen Schoß verlassen und ihrerseits Kinder zeugen. Damit setzt der Generationswechsel ein. Der Raum hat sich aufgetan, und der »Sternenhimmel« spielt jetzt die Rolle eines Dachs. Man muß ihn sich in der Art eines großen, dunklen Baldachins vorstellen, der sich über der Erde ausbreitet. Ab und zu erhellt sich der schwarze Himmel, denn von nun an wechseln Tag und Nacht einander ab. Mal ist es ein schwarzer Himmel, der lediglich vom Licht der Sterne erleuchtet wird, mal ist es ein strahlender Himmel, der sich, nur von Wolken überschattet, seine Bahn bricht.

Aber lassen wir die Nachfahren der Erde einen Augenblick beiseite und beschäftigen wir uns mit denen des Chaos. Die gähnende Leere erzeugte zwei Kinder, *Erebos*, die Finsternis, und *Nyx*, die

Nacht. Erebos ist als unmittelbare Fortsetzung des Chaos das Stockschwarze, die Kraft des Schwarzen im Reinzustand, die sich mit nichts vermengt. Der Fall der Nacht liegt anders. Wie Gaia zeugt auch sie Kinder, ohne sich mit jemandem zu vereinen, als schnitte sie sie aus ihrem eigenen nächtlichen Gewebe heraus: ihr entstammen einerseits *Aither*, der Äther, die Himmelshelle, und *Hemera*, der Tag, das Tageslicht.

Erebos, das Kind der gähnenden Leere, steht für das typische Schwarz des Chaos. Dagegen ruft Nyx, die Nacht, den Tag herbei. Ohne Tag keine Nacht. Die Nacht hat Aither und Hemera hervorgebracht. So wie Erebos das Schwarze im Reinzustand ist, ist Aither das reine Leuchten. Der Äther ist das Pendant zur Finsternis. Der glänzende Äther ist der Teil des Himmels, in dem nie Finsternis herrscht, jener Teil, der den Olympiern gehört. Der Äther ist ein außergewöhnlich intensives, nie überschattetes Licht. Im Unterschied dazu stützen sich Nacht und Tag durch ihre Gegensätzlichkeit aufeinander. Seitdem sich der Raum geöffnet hat, folgen Nacht und Tag in regelmäßigen Abständen aufeinander. Das Tor der Nacht, das zu ihrem Wohnsitz führt, befindet sich am Eingang des Tartaros. Dort werden Nacht und Tag nacheinander vorstellig, dort winken sie sich zu, laufen sich über den Weg, ohne sich je zu streifen oder zu berühren. Wenn es Nacht ist, gibt es keinen Tag, wenn es Tag ist, gibt es keine Nacht, doch gibt es keine Nacht ohne Tag.

Genau wie Erebos für die totale und endgültige Finsternis steht, verkörpert Aither die absolute Helligkeit. Alle Lebewesen auf Erden sind Schöpfungen von Tag und Nacht. Die totale Finsternis, die Nacht des Erebos, in die nie ein Sonnenstrahl dringt, ist ihnen unbekannt; sie lernen sie erst mit dem Tod kennen. Während Menschen, Tiere und Pflanzen sowohl nachts als auch tagsüber in dieser Vereinigung von Gegensätzen leben, ist den Göttern am höchsten Punkt des Himmels der Wechsel von Tag und Nacht unbekannt. Sie leben in einem ständigen, intensiven Licht. Oben im glänzenden Äther haben wir also die Himmelsgötter, unten die

Götter der Unterwelt oder jene, die besiegt und in den Tartaros verbannt wurden und in beständiger Nacht leben; ferner haben wir in dieser Welt, die bereits eine Mischwelt ist, die Sterblichen.

Kommen wir auf Uranos zurück. Er hat am obersten Ende der Welt seinen Wohnsitz aufgeschlagen. Die Zeiten sind vorbei, in denen er sich mit Gaia vereinte, mit Ausnahme der befruchtenden Regenzeit, in der sich der Himmel ergießt und die Erde gebärt. Dieser wohltuende Regen ermöglicht es der Erde, neue Geschöpfe, neue Pflanzen und neues Getreide hervorzubringen. Außerhalb dieses Zeitraums aber ist die Verbindung zwischen Erde und Himmel unterbrochen.

Als sich Uranos von Gaia entfernte, stieß er gegen seine Söhne einen fürchterlichen Fluch aus: »Ihr werdet Titanen heißen«, hatte er ihnen gesagt und dabei mit dem Verb *titaino* gespielt, »ihr habt eure Arme zu hoch *gestreckt*, ihr habt gegen euren Vater die Hand erhoben, und dieses Verbrechen werdet ihr sühnen müssen.« Aus den Blutstropfen, die aus seinem verstümmelten männlichen Glied traten, entstanden später die Erinnyen. Sie sind äußerst wichtige Rachegeister. Ihre Aufgabe besteht hauptsächlich darin, die Erinnerung an die Kränkung zu bewahren, die ein Verwandter einem anderen zufügte, und ihn dafür zu bestrafen, egal wieviel Zeit es dafür braucht. Es sind Gottheiten, die gegen Blutsverwandte begangene Verbrechen vergelten. Die Erinnyen symbolisieren den Haß, das Gedächtnis, die Erinnerung an die Schuld und die Forderung, daß ein Verbrechen gesühnt werden muß.

Außer den Erinnyen entstammen dem Blut aus Uranos' Wunde auch die Giganten und die *Meliai*, die Eschennymphen. Die Giganten sind hauptsächlich Krieger, sie personifizieren die Kriegsgewalt. Kindheit und Alter sind ihnen unbekannt, ihr ganzes Leben lang sind sie Erwachsene, die im Vollbesitz ihrer Kräfte stehen und zum Kriegstreiben geradezu berufen sind. Sie haben eine Vorliebe für mörderische Schlachten. Auch die Eschennymphen, die Meliaden, sind Kriegerinnen, auch sie sind zum Gemetzel berufen, denn das Holz der von den Kriegern im Kampf benutzten Speere stammt von den Bäumen, die sie bewohnen. Somit entstehen aus den Blutstropfen des Uranos drei Typen von Gestalten, die alle drei die Gewalt, die Strafe, den Kampf, den Krieg und das Gemetzel verkörpern. In den Augen der Griechen personifiziert ein Name diese Gewalt. Es ist *Eris*, die Zwietracht in jeder erdenklichen Form, oder – im Fall der Erinnyen – der Zwist innerhalb ein- und derselben Familie.

Zank und Liebe

Das Glied, das Kronos ins Meer, in den *Pontos* warf, versinkt nicht etwa in den Fluten, sondern schwimmt und treibt dahin, und der Schaum des Spermas mischt sich mit dem Schaum des Meeres. Aus dem Schaum, der sich im Umkreis des Gliedes sammelt, als dieses im Spiel der Wellen dahintreibt, entspringt ein herrliches Geschöpf: die Göttin Aphrodite, die aus dem Meer und dem Schaum geborene. Sie treibt eine Weile umher, bevor sie auf Zypern, ihrer Insel, Fuß faßt. Während sie auf dem Sand dahinschreitet, erblühen unter ihren Schritten die duftendsten und schönsten Blumen. In ihrem Gefolge schreiten *Eros* und *Himeros*, Liebe und Begehren. Bei diesem Eros handelt es sich schon nicht mehr um den Ureros, sondern um einen Eros, der die Existenz von Männlichem und Weiblichem voraussetzt. Mitunter heißt es, er sei der Sohn der Aphrodite. Die Funktion dieses Eros ist eine andere. Seine Aufgabe ist es nicht mehr wie zu Beginn des Kosmos, das ans Licht zu bringen, was die Urkräfte der Finsternis in sich bargen. Seine Rolle besteht jetzt darin, zwei individualisierte Wesen unterschiedlichen Geschlechts in einem erotischen Spiel zusammenzuführen. Das setzt eine Strategie der Verführung voraus, mit allem, was dies an Betörung, Zustimmung und Eifersucht bedeutet. Eros vereint zwei unterschiedliche Wesen, damit ein drittes aus ihnen entstehe, das weder dem einen noch dem anderen seiner Erzeuger gleicht, sondern eine Weiterführung beider darstellt. Demnach unterscheidet sich die Schöpfung jetzt von der der Urzeit. Mit anderen Worten, indem Kronos seinem Vater das Geschlecht abschnitt, hat er zwei Kräfte eingeführt, die sich für die Griechen ergänzen: *Eris*, die Zwietracht und *Eros*, die Liebe.

Eris versinnbildlicht den Kampf innerhalb ein- und derselben Familie oder innerhalb ein- und derselben Menschheit, sie verkörpert den Streit, den Zwist im Zentrum dessen, was vereint war. Eros dagegen symbolisiert das Einvernehmen und die Vereinigung dessen, was einander ungleich ist, so ungleich, wie etwa Frau und Mann es sein können. Eris und Eros sind das Ergebnis ein- und desselben begründenden Aktes. Dieser Akt öffnete den Raum, brachte die Zeit ins Laufen und gab den nachfolgenden Generationen die Möglichkeit, die Bühne der Welt zu betreten, die jetzt offen vor ihnen lag.

Jetzt werden sich die göttlichen Gestalten mit Eris auf der einen und Eros auf der anderen Seite gegenübertreten und bekämpfen. Weniger, um das Universum zu formen, dessen Fundamente bereits gelegt sind, als vielmehr, um den Gebieter über dieses Universum zu bestimmen. An die Stelle der Fragen nach der Entstehung der Welt – wie: »Wann hat die Welt begonnen? Weshalb gab es zunächst einen Abgrund? Wie ist all das entstanden, was das Universum enthält?« – treten nun andere Fragen. Und andere, weitaus dramatischere Erzählungen versuchen, diese Fragen zu beantworten. Wie werden die neu geschaffenen Götter, die ihrerseits Kinder zeugen, sich bekämpfen und zerfleischen? Wie werden sie sich einigen? Wie werden die Titanen das Vergehen sühnen, das sie ihrem Vater Uranos antaten? Wie werden sie bestraft? Wer wird die Stabilität einer Welt gewährleisten, die aus einem Nichts heraus erbaut wurde, das Alles war, aus einer Nacht heraus, der das Licht entsprang, einer Leere, der das Volle und das Feste entwuchs? Wie wird die Welt zu einer stabilen, durchorganisierten Welt, die individualisierte Wesen bevölkern? Uranos eröffnet durch seinen Rückzug einen kontinuierlichen Generations-

wechsel. Wenn sich die Götter in jeder Generation aber neu bekämpfen, wird die Welt nie stabil werden. Damit eine endgültige
Weltordnung errichtet werden kann, muß der Krieg der Götter
ein Ende nehmen. Über den Kämpfen um die göttliche Vorherrschaft hebt sich der Vorhang.

Der Kampf der Götter und Zeus' königliche Herrschaft

Das Theater der Welt hat sein Bühnenbild. Der Raum hat sich geöffnet, die Zeit vergeht, die Generationen wechseln einander ab. Unten liegt die Unterwelt, die weite Erde, die Fluten, der Strom Okeanos, der alles umschließt, und oben ein fester Himmel. So wie die Erde den Menschen und Tieren einen ständigen Wohnsitz bietet, so ist der ätherische Himmel weit oben ein sicherer Aufenthaltsort für die Götter. Die Titanen, die streng genommen die ersten Götter und die Kinder des Himmels sind, können über die Welt frei verfügen. Sie lassen sich oben auf den Bergen nieder, wo auch unbedeutendere Gottheiten wie die Naiaden (Wassernymphen), die Dryaden (Baumnymphen), die Oreaden (Bergnymphen) ihren festen Wohnsitz haben. Jeder nimmt dort seinen Platz ein, wo er zum Zuge kommen wird.

Die Titanen befinden sich am äußersten Rand des Himmels. norden Uraniden genannt, denn sie sind die Kinder des Uraste Tiren und Mädchen. An ihrer Spitze steht Kronos, der jünges, der sų listiger, durchtriebener und grausamer Gott. Er war Durch dies Vater ohne zu zögern das Geschlecht abschnitt. Raum und braagten Akt gab er das Universum frei, schuf den Doch dieser positine differenzierte, organisierte Welt hervor. zeitig ein Vergehen it hat auch eine dunkle Seite, weil er gleich- Himmel es auch nicht, gerächt werden muß. So versäumte der sierten Götter, einen Fluch seine Kinder, die ersten individuali- endgültigen Platz zurückzustoßen, bevor er sich an seinen lichen, und die Erinnyen, die außer Fluch wird sich verwirk- entsprungen sind, werden sich sęVerstümmelung des Uranos wird Kronos den Erinnyen, den Rächerannehmen. Eines Tages Schuld bezahlen müssen. en seines Vaters, seine

Kronos also, der jüngste, aber auch der kühnste von Gaias Söhnen, jener, der ihr dabei half, ihre List in die Tat umzusetzen, den Himmel beiseite zu schieben und ihn von ihr fernzuhalten, wird König der Götter und der Welt. Ihn umgeben die Titanen, die ihm zwar unterlegen, aber auch Komplizen sind. Kronos befreite sie, daher stehen sie unter seinem Schutz. Aus der Vereinigung des Uranos und der Gaia waren zwei weitere Dreiergespanne hervorgegangen, die wie ihre Brüder, die Titanen, zunächst im Schoß der Erde festsaßen. Es sind die drei Kyklopen und die drei Hekatoncheiren (Hundertarmigen). Was ihr Schicksal anbelangt, so läßt alles darauf schließen, daß Kronos, der eifersüchtige, gemeine, stets auf Lauer liegende Gott sie in Ketten legt, aus Furcht, man könne ihm übel mitspielen. Er bindet die drei Kyklopen und die drei Hekatoncheiren fest und verbannt sie in die Unterwelt. Die Titanen und Titanninnen dagegen, die Brüder und Schwestern sind, paaren sich miteinander, und Kronos ganz besonders mit einer von ihnen, mit Rhea. Rhea scheint eine Art Zweitausgabe von Gaia zu sein. Sie sind zwei Urkräfte, die sich nahestehen. Etwas unterscheidet sie jedoch: Gaia hat einen Namen, der jedem Griechen verständlich ist. Gaia heißt Erde und *ist* die Erde; Rhea indes erhielt einen eigenen, individualisierten Namen, der es, Naturgewalt verkörpert. Rhea weist ein anthropom... unde menschlicheres, spezifischeres Aussehen auf als Gaia... hen sich sind Gaia und Rhea jedoch wie Mutter und Tochter nahe, sie sind Artgenossen.

Im väterlichen Bauch

Kronos paart sich mit Rhea. Sie bilden eine neue Generation seits Kinder zur Welt br... von Gottheiten, die zw... tern, die ihre eigen... eigenen Einfluß...

...na nun selbst Kinder, die ihrer- ...eneration von individualisierten Göt- ...men, ihre eigenen Beziehungen, ihren ...ch haben. Der mißtrauische, eifersüchtige, um seine Macht besorgte Kronos schenkt seinen Kindern indessen kein Vertrauen. Er mißtraut ihnen um so mehr, als Gaia ihn zur Vorsicht mahnte. Als Mutter aller wichtigen Gottheiten ist sie in die Geheimnisse der Zeit eingeweiht und weiß, was in ihren finsteren Winkeln verborgen ist und nach und nach an den Tag treten wird. Sie kennt die Zukunft im voraus. Gaia hat ihren Sohn wissen lassen, daß auch er Opfer eines seiner Kinder zu werden droht. Eines seiner Kinder, das stärker sei als er, werde ihn vom Thron verdrängen. Kronos' Herrschaft ist demzufolge eine Herrschaft auf Zeit. So trifft er voller Sorge seine Vorkehrungen. Sobald ein Kind ans Licht kommt, verschluckt und verschlingt er es und steckt es in seinen Bauch. Sämtliche Kinder von Kronos und Rhea werden auf diese Weise dem väterlichen Bauch einverleibt.

Verständlicherweise ist Rhea über dieses Verhalten genauso ungehalten wie Gaia über das von Uranos, als dieser seine Kinder daran hinderte, ans Licht zu treten. Uranos und Kronos werfen ihre Nachkommenschaft gewissermaßen ins Dunkel des Vorgeburtlichen zurück. Sie wollen verhindern, daß die Nachkommenschaft sich im Lichte entfaltet, wie etwa ein Baum ein Leben zwischen Himmel und Erde führt, indem er den Boden durchstößt. Auf Gaias Ratschlag hin beschließt Rhea, Kronos' skandalösem Verhalten ein Ende zu setzen. Sie ersinnt eine List, eine Täuschung, einen Betrug, eine Lüge. Damit setzt sie Kronos genau das entgegen, was ihn auszeichnet, denn er ist ein Gott der List, ein Gott der Lüge und der Doppelzüngigkeit. Kurz vor der Geburt ihres letzten Kindes, ihres jüngsten Sohns – auch Kronos war Uranos' jüngster Sohn –, begibt sich Rhea nach Kreta, wo sie heimlich von Zeus entbindet. Sie vertraut das Neugeborene der Obhut göttlicher Wesen an, den Naiaden. Diese übernehmen es, Zeus im Innern einer Höhle aufzuziehen, damit Kronos nichts ahnt, damit er den Säugling nicht wimmern hört. Da die Schreie des Kindes schnell anschwellen, bittet Rhea die Kureten, die männliche Gottheiten sind, sich vor die Höhle zu stellen und Kriegstänze aufzuführen. Das Klirren der Waffen wie auch die verschiedensten Geräusche und Gesänge sollen die Stimme des jungen Zeus überdecken. Kronos argwöhnt nichts. Nun weiß er aber, daß Rhea schwanger war, und so wartet er darauf, daß sie ihm den kleinen Letztgeborenen zeigt, von dem sie entbunden wurde. Was aber tut Rhea? Sie bringt ihm einen in einem Wickeltuch versteckten Stein. »Gib acht, er ist ganz zart, er ist winzig klein«, sagt sie zu Kronos. Doch da hat Kronos schon den eingewickelten Stein hinuntergeschluckt. Damit liegen alle Kinder von Kronos und Rhea mit dem Stein obendrauf in Kronos' Bauch.

Unterdessen wächst Zeus in Kreta zu einem starken Mann heran. Als er das Erwachsenenalter erreicht hat, kommt ihm der Gedanke, Kronos für das Vergehen, das er an seinen eigenen Kindern wie auch an dem von ihm gefährlich verstümmelten Uranos begangen hat, zu bestrafen. Allein kann er das aber nicht bewerkstelligen. Deshalb plant Zeus, daß Kronos die gesamte Kinderschar, die er im Bauch trägt, ausspeien und erbrechen soll. Daß ihm das gelingt, hat er erneut einer List zu verdanken, einer von jenen, die die Griechen *metis* nennen und die jene Form der Klugheit bezeichnet, die schon im voraus alle möglichen Vorgehensweisen miteinander zu kombinieren weiß, um den Gegner zu täuschen. Zeus' List besteht darin, Kronos ein *pharmakon* zu verabreichen, ein Medikament, das wie ein Zaubermittel aussieht, in Wirklichkeit aber ein Brechmittel ist. Rhea verschafft es ihm. Kaum hat Kronos es verschluckt, als er zunächst den Stein, dann Hestia, schließlich die ganze Schar der Götter und Göttinnen in umgekehrter Reihenfolge zu ihrem Alter erbricht. Der Älteste steckt ganz unten, die Jüngste kommt unmittelbar nach dem Stein. Mit diesem Auswurf bringt Kronos die von Rhea geborenen Kinder noch einmal zur Welt.

Eine Speise der Unsterblichkeit

Mit seinen Geschwistern hat Zeus nun eine Gruppe von Göttern und Göttinnen an seiner Seite, die für ihn Partei ergreifen wird. Damit beginnt eine Konfrontation, die man als Krieg der Götter bezeichnen kann. Es ist ein Kampf, der lange unentschieden bleibt und ungefähr zehn Große Jahre, das heißt unendlich viele Jahre dauern wird, denn das Große Jahr umfaßt manchmal einhundert, manchmal sogar eintausend Jahre.

Auf der einen Seite steht Kronos, um den sich die anderen Titanen versammelt haben, auf der anderen Zeus, um den sich die sogenannten Kroniden oder Olympier scharen. Jede Seite hat ihren Wohnsitz, ihr Lager auf den Gipfeln eines Berges errichtet, von denen aus sie sich lange bekämpfen, ohne daß sich der Sieg eindeutig zu der einen oder anderen Seite neigen würde. Das Theater der Welt ist jetzt nicht nur errichtet, es ist auch bewohnt und durch den unendlichen Krieg zwischen dem ersten Göttergeschlecht und seinen Kindern gespalten. Auch hier kommt die List zum Zuge. Die seltsame Schlacht zwischen den göttlichen Mächten besteht aus mehreren Stufen. Sicher ist, daß der Sieg dem Lager zuteil werden wird, das sich nicht nur durch rohe Gewalt, sondern auch durch scharfsinnige Klugheit auszeichnet. Weder Gewalt noch übermäßige Kraft spielen in dieser unentschiedenen Schlacht die ausschlaggebende Rolle, sondern Schlauheit und List. Deshalb muß Prometheus, der Titan genannt wird, obwohl er der zweiten Generation angehört und der Sohn des Titan Iapetos ist, auf die Seite von Zeus wechseln. Er bringt ihm genau das, woran es dem jungen Gott noch fehlt, nämlich die List. Die *metis*, der kluge und durchtriebene Verstand, ermöglicht es, Pläne auszuhecken, die schon im voraus den erwünschten Verlauf der Ereignisse festsetzen.

Gaia, die große Mutter, die dunkel und leuchtend, stumm und besonders redselig zugleich ist, erklärt Zeus, daß er, wenn er den Sieg davontragen will, jene Wesen für sich gewinnen muß, die mit den Titanen zwar verwandt sind, aber ihrem Lager nicht angehören. Gemeint sind die drei Kyklopen und die drei Hundertarmigen. Diese titanischen Götter sind Urgottheiten, die noch die ganze Brutalität von Naturgewalten besitzen. Um die Mächte der Unordnung zu besiegen und zu unterwerfen, ist es notwendig, sich ihre Kraft einzuverleiben. Rein rationell und methodisch denkenden Wesen würde das nicht gelingen. Deshalb braucht Zeus in seinem Lager Mächte, welche wie die Titanen große Brutalität und glühendes Durcheinander verkörpern.

So befreit Zeus die Kyklopen und bindet die Hundertarmigen los, die von da an durchaus bereit sind, ihm tatkräftig zur Seite zu stehen. Der Konflikt ist deswegen allerdings noch nicht beendet. Wenn Zeus in ihnen treue Verbündete finden will, muß er ihnen nicht nur ihre Bewegungsfreiheit wiedergeben, sondern ihnen auch versprechen, daß sie, wenn sie an seiner Seite kämpfen, Nektar und Ambrosia, die Nahrung der Unsterblichkeit, erhalten werden.

Hier tritt erneut das Thema der Nahrung in Erscheinung, das schon vorher eine wichtige Rolle gespielt hat: Kronos verschluckte heißhungrig seine Kinder und machte sie zu seiner Nahrung; er war so darauf bedacht, sich seinen Bauch zu füllen, daß er selbst den Stein hinunterschlang, den man ihm statt des Säuglings gab. Zeus macht die Hundertarmigen und Kyklopen, die der Generation der Titanen angehören, zu wirklichen olympischen Gottheiten, indem er ihnen das Privileg der Nahrung der Unsterblichkeit gewährt. Denn was die Götter des Olymp auszeichnet, ist, daß sie im Unterschied zu den Tieren, die Allesfresser sind, und im Unterschied zu den Menschen, die sich von Brot, Wein und rituell geopfertem Fleisch ernähren werden, keine beziehungsweise eine unsterbliche Nahrung zu sich nehmen, die ihrer inneren Lebenskraft entspricht. Im Unterschied zu der der Menschen geht ihre Lebenskraft nie zur Neige und kennt auch keine Müdigkeit. Die Menschen haben nach einem Kraftaufwand Hunger und Durst. Sie müssen ihre Batterien neu aufladen. Die Götter haben diese ständige Sorge nicht. Im Gegenteil, ihre Daseinsform ist kontinuierlich. Gibt man den Hundertarmigen und den Kyklopen Nektar und Ambrosia als Speise, so ist das die Bestätigung dafür, daß sie nun wirklich zu den Gottheiten gehören. Auf der einen Seite haben wir also den einfallsreichen Kniff, die List und auf der anderen die Brachialgewalt, die Wucht und die Entfesselung des Durcheinanders, die mit Hilfe der Kyklopen und der Hundertarmigen gegen die Titanen gerichtet wird, die alle diese Aspekte verkörpern. Nach zehn Großen Jahren eines Kampfes mit ungewissem Ausgang neigt sich die Waage schließlich zur Seite der Olympier, die so genannt werden, weil sie vom Gipfel des Olymp aus kämpfen.

Die Kyklopen verhelfen Zeus zum Sieg, indem sie ihm eine unbesiegbare Waffe, den Blitzstrahl, zum Geschenk machen. Die Mittel zu seiner Herstellung gibt ihnen Gaia, so wie sie einst das weiße Stahl für die Sichel aus ihrem Schoß gezogen hatte, die Kronos' Hand wappnete. Auch hier ist sie diejenige, die das Material liefert. Die Kyklopen gleichen mit ihrem einzigen Auge Schmieden und sind eine Art Hephaistos vor der Zeit. Sie stellen Zeus den Blitzstrahl, der sich in ihrem Besitz befindet, zur Verfügung, damit er sich seiner jederzeit bediene. In der Hand von Zeus ist er ein unglaublich mächtiges und wirksames Konzentrat aus Licht und Feuer. Man versteht, weshalb die Kyklopen nur ein einziges Auge haben: ihr Auge selbst ist schon wie Feuer. Für die Menschen des Altertums, für diejenigen, die sich diese Geschichten ausdachten, ist der innere Blick eines Wesens das Licht, das aus dem Auge tritt. Das Licht aber, das von nun an aus Zeus' Auge treten wird, ist ein Blitzstrahl. Jedesmal wenn er sich in wirklicher Gefahr befindet, wird sein Blick seine Gegner wie ein Blitzschlag vernichten.

Den Kyklopen ist das Auge, was den Hekatoncheiren, jenen riesigen Ungeheuern, deren Kraft sich hundertfach vervielfacht, die Arme sind – oder wie die Griechen, die hier keine Unterscheidung treffen, sagen würden – die Hände, *cheires*. Die Hekatoncheiren haben hundert Arme: sie sind der eiserne Griff. Mit diesen beiden Trümpfen, dem vernichtenden Auge des Kyklopen und der Kraft des beherrschenden Armes, wird Zeus wirklich unbesiegbar.

Als die Schlacht zwischen den Göttern ihren Höhepunkt erreicht, als Zeus seinen Blitzstrahl schleudert und die Hekatoncheiren über die Titanen herfallen, kehrt die Welt in einen chaotischen Zustand zurück. Die Berge stürzen ein, die Erde klafft auf, und man sieht, wie aus den Tiefen des Tartaros, dem Reich der Nacht, plötzlich Nebelschwaden aufsteigen. Der Himmel stürzt auf die Erde, wir kehren zum *Chaos* zurück, zum Urzustand des ursprünglichen Durcheinanders, als alles noch formlos war. Zeus besiegt nicht nur seinen Gegner und Vater Kronos, er schafft aus dem Chaos, aus der gähnenden Leere, in der nichts sichtbar, in der alles Unordnung ist, auch eine neue, geordnete Welt.

Es ist klar ersichtlich, daß eine von Zeus' Stärken in seiner Fähigkeit liegt, den Gegner zu bezwingen, ihn zu unterjochen, ganz gleich, ob es sich dabei um die Hand der Hundertarmigen oder um das Auge der Kyklopen handele. Zeus' Herrschaft ist die eines Königs, der sich auf die Zauberkunst versteht, seine Gegner in Bann zu halten. Richtet sich ein Gegner vor ihm auf, versetzt Zeus ihm mit seinem leuchtenden Blick einen Hieb, und sein Blitzstrahl fängt ihn ein. Bezwungen durch die Kraft des Auges, durch die Kraft des Armes, fällt der Gegner nieder. Als Zeus' Kraft ihren unheilverkündenden Höhepunkt erreicht, einen Höhepunkt, der als notwendige Etappe eine provisorische Rückkehr zum Chaos voraussetzt, werden die Titanen zu Boden geschmettert. Mit den Peitschenhieben von Zeus' Blitzstrahl und dem Griff der Hundertarmigen zwingt er sie in die Knie. Unter den Bergen riesiger Steinblöcke, die die Hundertarmigen auf sie wälzen, sind sie zur Bewegungslosigkeit verdammt. Die Götter, deren Macht auf ihrer Beweglichkeit und auf ihrer ununterbrochenen Präsenz beruhte, sind auf ein Nichts reduziert. Sie sind unter einer Gesteinsmasse, aus der sie sich nicht befreien können, gefangen und lahmgelegt. Ihre Kraft kann nicht mehr wirken. Die Hundertarmigen – Kottos,

Briareos, Gyes – bringen sie in ihre Gewalt und schaffen sie in die Unterwelt. Da die Titanen unsterblich sind, kann man sie nicht töten. Deshalb werden sie ins Chaos der Unterwelt verbannt, in den nebligen Tartaros, in jene klaffende gähnende Leere in der Tiefe der Erde, in der alles undeutlich und richtungslos ist. Damit sie nicht mehr an die Erdoberfläche gelangen können, wird Poseidon damit beauftragt, einen Schutzwall rund um jenen Engpaß zu errichten, der an der tiefsten Stelle des Erdbodens den schmalen Durchgang bildet, der in die unterirdische, schattige Welt des Tartaros führt. Durch diesen Engpaß, den man sich wie den Hals eines großen Tonkrugs vorstellen muß, zwängen sich die Wurzeln, mit denen die Erde in der Finsternis Fuß fast, um sicheren Halt zu finden. Poseidon errichtet eine dreifache eherne Wand und setzt die dem Zeus treuen Hundertarmigen als Wächter ein. Mit dem Verschluß dieser Öffnung sind alle Vorkehrungen dafür getroffen, um das Geschlecht der Titanen an der Rückkehr in die Welt des Lichtes zu hindern.

Zeus' Herrschaft

Der erste Akt ist hiermit zu Ende. Zeus ist nunmehr der Sieger. Er wurde von den Kyklopen und Hundertarmigen, aber auch von einigen anderen titanischen Gewalten unterstützt, namentlich von einer Göttin, die all das verkörpert, was die Unterwelt, die Höllenwelt und auch die Wasserwelt an gefährlichen Kräften enthalten mag. Es ist die Göttin Styx. Ihr Wasser strömt zunächst in den Tiefen der Erde, im Tartaros, bevor es an einer bestimmten Stelle an die Oberfläche tritt. Das Wasser der Styx ist von solcher Kraft, daß jeder Sterbliche, der davon trinken will, sogleich zu Boden geworfen wird und tot umfällt. Styx entscheidet sich im Laufe der Schlacht dazu, das Lager der Titanen, dem sie ihrer Herkunft nach angehört, zu verlassen und auf die Seite von Zeus zu wechseln. Als sie sich ihm anschließt, hat sie auch ihre beiden Kinder dabei, von denen das eine *Kratos*, das andere *Bia* heißt. Kratos verkörpert die beherrschende Macht, die unterwerfende Macht, die Macht, dem Gegner Respekt einzuflößen. Bia verkörpert die Brachialgewalt, die sich der List entgegenstellt. Nach seinem Sieg über die Titanen umgibt sich Zeus ununterbrochen mit Kratos, der universellen Herrschaft, und mit Bia, der Fähigkeit, eine Gewalt zu entfesseln, gegen die man sich nicht zur Wehr setzen kann. Egal wohin er geht, stets stehen ihm Kratos und Bia rechts und links zur Seite.

Als die Götter des Olymp, seine Geschwister, das sahen, beschlossen sie, daß Zeus die Herrschaft gebührt. Die Titanen haben für ihre Niederträchtigkeit bezahlt, jetzt übernimmt Zeus die Herrschaft. Er verteilt Ehrenämter und Vorrechte unter den Göttern und errichtet ein hierarchisch angelegtes, organisiertes göttliches Universum, das aus diesem Grund stabil sein wird. Das Theater der Welt ist errichtet, das Bühnenbild ist aufgestellt. An seiner Spitze steht Zeus, der eine ursprünglich chaotische Welt organisiert hat.

Doch nun stellen sich andere Fragen. Uranos und Kronos waren Wesen, die sich in vielerlei Hinsicht ähnelten. Beide zeichneten sich dadurch aus, daß sie nicht von ihren Kindern abgelöst werden wollten. Beide hinderten ihre Sprößlinge daran, das Licht der Welt zu erblicken. Dieses erste Göttergeschlecht lehnt es ab, daß ein anderes Göttergeschlecht seinen Platz einnimmt, daß ein Generationswechsel stattfindet. Vom Standpunkt der Fabel und der Erzählung aus gesehen hat die Figur des Uranos, abgesehen von diversen Analogien, jedoch nichts mit der Figur des Kronos zu tun. Uranos paart sich unendlich oft mit Gaia, die ihn gezeugt hat. Er kennt kein anderes Ziel, als sich in einem ununterbrochenen Koitus mit der zu vereinen, die ihn geboren hat. Uranos fehlt es an List, er ist machtlos. Keinen einzigen Augenblick malt er sich aus, daß Gaia sich an ihm rächen könnte.

Anders als Uranos sperrt Kronos seine Sprößlinge nicht in den Bauch der Mutter, sondern in seinen eigenen. Uranos gehorcht dem Trieb seines Ureros, der ihn lähmt und auf Gaia fixiert. Im Unterschied dazu wird Kronos' Tun von dem Willen bestimmt, die Macht zu behalten und Herrscher zu bleiben. Kronos ist der erste Politiker. Er ist nicht nur der erste Götterkönig, der erste Gott des Universums, sondern auch der erste, der aus Furcht, seines Zepters beraubt zu werden, listig und politisch denkt.

Mit Zeus zeichnet sich ein ganz anderes Universum ab. Er ist ein König, der von den Seinen dazu ausersehen wurde. Mit größter Gerechtigkeit verteilt er die Ehrenämter, die jedem zukommen. Bestimmten titanischen Kräften, die sich im Kampf der Götter nicht eindeutig auf die eine oder andere Seite gestellt hatten, gewährt er die Vorrechte weiter, die sie schon vor seinem Machtantritt besaßen. So hatte sich etwa *Okeanos*, der Ozean, jener Strom, der die Welt umgibt, weder für die Titanen noch für die Olympier ausgesprochen. Trotz seiner Neutralität wird er weiter über die äußeren Grenzen der Welt wachen, die er mit seinem flüssigen Ring umschließt.

Auch die weibliche Gottheit Hekate war nicht am Streit beteiligt gewesen. Zeus gewährte ihr nicht nur alle ihre Vorrechte weiter, er dehnt sie sogar aus. Hekate kommt in der von Zeus vorgenommenen Machtverteilung ein besonderer Platz zu. Sie ist keine spezifische Himmels- oder Erdgöttin, sondern verkörpert in einer streng organisierten männlichen Götterwelt eine Form des Spiels, der Lust und der Laune, des Zufalls. Nach Belieben verteilt sie Glück oder Unglück, ohne daß man genau wüßte, weshalb. Hekate gewährt Glück oder Unglück, wie es ihr gefällt. Sie läßt im Wasser die Fische gedeihen oder auch nicht, im Himmel die Vögel und auf Erden das Vieh. Sie führt ein Zufallselement, einen Hauch von Willkür in die Götterwelt ein. Zeus und Gaia stehen über der Zeit, sie wissen im voraus, was geschehen wird; Hekate gibt ein wenig Öl ins Getriebe, sie macht es möglich, daß die Welt einen größeren Freiraum, einen Spielraum an Unvorhergesehenem erhält. Ihre Vorrechte sind gewaltig.

Man könnte annehmen, daß nunmehr alles geregelt ist, aber das ist natürlich nicht der Fall. Das neue Göttergeschlecht ist zur Stelle. An seiner Spitze steht Zeus, der König der Götter, der Kronos nicht nur abgelöst hat, sondern sein genaues Gegenteil verkörpert. Kronos war ohne Gerechtigkeit, er nahm auf seine Verbündeten keine Rücksicht. Zeus hingegen gründet seine Herrschaft auf eine gewisse Gerechtigkeit und bemüht sich bei der Begünstigung der anderen Gottheiten um Gleichberechtigung. Was an der Herrschaft von Kronos einseitig, persönlich und bösartig war, behebt er wieder. Zeus errichtet eine maßvollere, austarierte Herrschaftsform.

Mit der Zeit bekommt Zeus Kinder, die schnell zu kräftigen und mächtigen Geschöpfen heranwachsen. Nun gibt es aber einen Aspekt im Funktionsmechanismus der Welt, der eine Bedrohung für die Götterwelt darstellt. Jedes Wesen muß wachsen, um erwachsen zu werden; gleichzeitig aber nagt der Zahn der Zeit. Auch Zeus war einmal ein Kind gewesen, das in Windeln lag und von seinen Wächtern behütet in der Höhle schrie. Zwar ist er nun in den besten Jahren, doch werden nicht auch seine Kräfte nachlassen? Wird für die Götter, wird für den greisen König nicht wie für die Menschen einmal der Augenblick kommen, da er sich sagen muß, daß er nicht mehr das ist, was er einmal war, da er sieht, daß der junge, von ihm beschützte Sohn an seiner Seite ihn an Stärke übertrifft und daß jenem glückt, was ihm selbst jetzt mißlingt? Wird nicht auch Zeus ebendas zustoßen? Wird Zeus nicht auch von einem seiner Söhne entthront werden, ähnlich wie Kronos seinen Vater Uranos vom Thron stieß und später Zeus seinen Vater Kronos? Das ist durchaus möglich, ja, es muß sogar so sein, denn die zeitliche Ordnung hat es so vorbestimmt. Gaia und Rhea wissen darum. Und Zeus, dem man eine Warnung zukommen ließ, muß sich vor dieser Möglichkeit schützen. Die von ihm errichtete Ordnung muß so beschaffen sein, daß sie nicht durch einen Kampf um die Thronfolge in Frage gestellt werden kann. Zeus, der König der Götter, der Herrscher über die Welt, darf kein

Herrscher sein wie alle anderen. Er muß die Herrschaft als solche, eine beständige und endgültige Vorherrschaft verkörpern. Einer der Schlüssel für die Stabilität einer unveränderlichen Regierungsgewalt, die eine Reihe aufeinander folgender Herrschaften ersetzt, liegt in der Heirat des obersten Gottes.

Die Winkelzüge der Machthabenden

Zeus' erste Gattin trägt den Namen *Metis*. Er bedeutet jene Form der Klugheit, die Zeus, wie wir bereits gesehen haben, die Eroberung der Macht ermöglichte: *metis* ist die List, die Fähigkeit, die Ereignisse vorauszusehen, sich von nichts überraschen oder aus der Fassung bringen zu lassen, sich nie einem unerwarteten Angriff auszusetzen. Zeus heiratet also Metis, die bald darauf mit Athena schwanger ist. Zeus befürchtet, daß er seinerseits von einem Sohn entthront werden wird, und überlegt, wie sich das verhindern läßt. Hier finden wir erneut das Thema des Verschlingens. Kronos verschlang zwar seine Kinder, doch packte er das Übel nicht bei der Wurzel, denn durch eine *metis*, eine List, ließ ihn ein Brechmittel schließlich alle seine Kinder ausspeien. Zeus möchte das Problem grundsätzlich lösen. Er sagt sich, daß es nur eine einzige Lösung gibt. Es reicht nicht aus, Metis als Gattin an seiner Seite zu haben, er selbst muß zu Metis werden. Nicht eine Partnerin, eine Gefährtin ist es, die er braucht, sondern die *metis* höchstselbst. Was tun? Metis besitzt die Macht der Verwandlung, wie Thetis und andere Meeresgötter nimmt sie alle erdenklichen Formen an. Sie ist imstande, sich in ein wildes Tier zu verwandeln, in eine Ameise, einen Felsen, in was auch immer man will. Zwischen der Gattin Metis und dem Gatten Zeus kommt es zu einem Duell von Winkelzügen. Wer aber wird den Sieg über den anderen davontragen?

Es gibt guten Grund anzunehmen, daß Zeus auf ein Verfahren zurückgreifen wird, das uns schon aus anderen Fällen bekannt ist. Wenn man sich mit einer Hexe oder einem Zauberer messen will, die beide über außerordentliche Begabung und Macht verfügen, ist eine direkte Konfrontation zum Scheitern verurteilt. Versucht man es indes mit einer List, dann hat man vielleicht eine Chance, den Sieg davonzutragen. Also fragt Zeus Metis: »Kannst du wirklich jede Gestalt annehmen? Könntest du ein Löwe sein, der Feuer speit?« Stehenden Fußes wird Metis zu einer Löwin, die Feuer speit. Ein fürchterliches Schauspiel. Da fragt Zeus sie: »Könntest du auch ein Wassertropfen sein?« »Ja, natürlich.« »Dann zeig es mir.« Kaum hat sie sich in einen Wassertropfen verwandelt, schluckt er ihn hinunter. Metis ist nun in Zeus' Bauch. Die List hat auch hier gewirkt. Der Herrscher hat sich nicht damit begnügt, seine möglichen Nachfolger zu verschlucken. Er verkörpert von nun an im Lauf der Zeit, im Fluß der Zeit, jenes listige Wissen um die Zukunft, das es ermöglicht, im voraus die Pläne dessen zu vereiteln, der ihn zu überraschen, ihm zuvorzukommen versucht. Seine mit Athena schwangere Gattin Metis steckt in seinem Bauch. Athena wird demnach nicht dem Schoß ihrer Mutter entsteigen, sondern dem großen Kopf ihres Vaters, der die Stelle von Metis' Bauch eingenommen hat. Zeus schreit vor Schmerzen. Prometheus und Hephaistos eilen ihm zu Hilfe. Mit einem Doppelbeil versetzen sie Zeus einen kräftigen Schlag auf den Kopf. Mit einem lauten Schrei entspringt Athena dem Kopf des Gottes, eine Jungfrau in voller Rüstung, mit Helm, Lanze, Schild und bronzenem Brustpanzer. Athena ist die einfallsreiche, trickreiche Göttin. Doch zugleich ist alle List der Welt von nun an in Zeus konzentriert. Er ist in Sicherheit, niemand kann ihm jetzt noch etwas anhaben. Damit ist die wichtige Frage der Vorherrschaft geklärt. Die Götterwelt hat einen Herrn, den nichts mehr in Frage stellen kann, denn er selbst ist der Inbegriff der Vorherrschaft. Die kosmische Ordnung kann jetzt nichts mehr bedrohen. Indem Zeus Metis verschluckt und so *Metioeis* wird, der ganz aus *metis* geschaffene Gott, die Vorsicht in Person, ist der Konflikt beigelegt.

Chaos und die Mutter der Welt

Der Kampf der Götter ist hiermit zu Ende. Die Titanen sind bezwungen, die Olympier haben gesiegt. Das Problem ist damit aber nicht wirklich gelöst, denn nach Zeus' Sieg bringt Gaia just in dem Moment, wo die Welt endlich befriedet ist, wo eine endgültige, stabile und gerechte Ordnung zu herrschen scheint, ein neues, jüngeres Wesen zur Welt, das einmal Typhoeus, ein andermal Typhon genannt wird. Den Überlieferungen zufolge, zeugte sie ihn auf Betreiben der »goldenen Aphrodite« im Liebesbund mit einer männlichen Gestalt, mit Tartaros. Es handelt sich dabei um jenen Abgrund, der im Innern der Erde, in ihrer Tiefe, eine Art Ersatz, ein Echo des Urchaos' darstellt. Tartaros gehört einem Geschlecht an, das sich von den Himmelsmächten wie etwa den olympischen Göttern oder selbst den Titanen gänzlich unterscheidet.

Kaum hatte man die Titanen aus dem Himmel vertrieben und auf den Grund des Tartaros befördert, um sie dort für immer und ewig einzuschließen, beschloß Gaia, mit einem neuen und letzten Sprößling aufzuwarten und sich ausgerechnet mit jenem Tartaros zu vereinen, der genau auf der andern Seite des Himmels liegt. Als Plattform der Welt befindet sich Gaia auf halbem Wege zwischen dem ätherischen Himmel und dem in Finsternis gehüllten Tartaros. Ließe man einen ehernen Amboß vom Himmel fallen, bräuchte er neun Tage und neun Nächte, um die Erde zu erreichen, auf die er am zehnten Tag fiele. Und fiele derselbe Amboß von der Erde in die Tiefe, bräuchte er noch einmal die gleiche Zeit, um bis zum Tartaros zu gelangen. Indem sie einst Uranos schuf und sich mit ihm vereinte, zeugte Gaia das gesamte Geschlecht der Himmelgötter. Sie ist die Mutter der Welt, die Alleszeugende, die Allesvoraussehende. Sie verfügt über die Gabe der Prophetie und eine Form des Wissens um die Zukunft, die es ihr ermöglichen, dem von ihr Begünstigten bei Kämpfen die geheimen, versteckten und trickreichen Wege zu offenbaren, die zum Sieg führen. Aber Gaia ist auch die dunkle, nebulöse Erde. Etwas Chaotisches und Primitives ist ihr geblieben. Sie erkennt sich in den Göttern, die im leuchtenden, nie überschatteten Äther ihr Lager aufgeschlagen haben, nicht völlig wieder. Sie fühlt sich von den Gestalten, die vom Gipfel des Othrys' und vom Gipfel des Olymp aus einen erbarmungslosen Kampf um die Vorherrschaft der Welt führen, nicht gebührlich respektiert.

Am Anfang, man erinnere sich, war das Chaos. Ihm folgte die Erde. Gaia, die Mutter der Welt, ist das Gegenteil des Chaos. Zugleich hängt sie an ihm. Nicht nur, weil sich mit Tartaros und Erebos in ihren Tiefen ein chaotisches Element wiederfindet, sondern auch, weil sie unmittelbar nach dem Chaos entsteht. Außer ihr enthält der Kosmos nichts anderes als Chaos.

Das Wesen, das sie zeugte und das nicht nur Zeus, sondern das gesamte System der olympischen Götter in Frage stellen wird, ist ein chthonisches, ein Erdwesen. *Chthon* ist nicht die Erde in ihrer Funktion als Mutter, das sichere Fundament aller Lebewesen, auf dem sie laufen und auf das sie sich stützen, sondern die Erde in ihrem dunklen, nächtlichen Aspekt. Das riesige, urwüchsige Ungeheuer ist in der Form, in der Gaia es hervorbringt, eine einzigartige Figur, eine Art furchterregendes Tier, das sowohl menschliche als auch nicht-menschliche Aspekte enthält. Seine Stärke ist erschreckend. Es besitzt die Kraft des Chaos, der Urgewalt, der Unordnung. Es hat Glieder von der Kraft der Hundertarmigen, an seinen Schultern hängen Arme von schrecklicher Robustheit, Geschmeidigkeit und Kraft. Seine unermüdlichen Füße, immerfort in Bewegung, finden im Boden sicheren Halt. Es ist ein Wesen der Bewegung, der Mobilität. Es ist nicht jene gewichtige und träge Masse, für die sich in bestimmten Mythen des Nahen Ostens Beispiele finden lassen, eine Masse, die nur zu bestimmten Zeitpunkten anschwillt und ausschließlich als Widerstandskraft wirkt, welche den ganzen Raum zwischen Erde und Himmel einzunehmen droht. Im Gegenteil, Typhon ist die ganze Zeit dabei, sich zu regen, Hiebe zu versetzen, seine Beine und Füße in Bewegung zu halten. Er hat hundert Drachenhäupter, aus deren Maul hundert schwarze Zungen schnellen. Jedes der hundert Häupter hat ein Augenpaar, das Funken sprüht, eine Helligkeit ausstrahlt, die die Drachenhäupter erleuchtet, gleichzeitig aber all das verbrennt, worauf ihr Blick sich richtet.

Das schreckliche Ungeheuer macht von zahlreichen Stimmen Gebrauch. Ab und an spricht es die Sprache der Götter, mitunter auch die der Menschen. Andere Male ahmt es die Schreie aller erdenklichen wilden Tiere nach: Es brüllt wie ein Löwe, muht wie ein Bulle. Die Vielförmigkeit, die Verschiedenheit und das Heterogene seiner Stimme wie auch seiner Redeweise entsprechen dem Ungeheuren seines ganzen Aussehens. Sein Wesen steht weniger für eine besondere Spezies als vielmehr für eine wirre Mischung von allem Möglichen, es steht für ein Individuum, das die widersprüchlichsten Aspekte und die unverträglichsten Züge in sich vereint. Hätte dieses in seinem Aussehen, seiner Sprache, seinem Blick, seiner Beweglichkeit und seiner Stärke wüste ungeheuerliche Etwas den Sieg davongetragen, Zeus' Ordnung wäre vernichtet gewesen.

Nach dem Kampf der Götter und Zeus' Thronbesteigung stellt Typhons oder Typhoeus' Geburt eine Gefahr für die olympische Ordnung dar. Sein Sieg hätte die Rückkehr der Welt zum chaotischen Urzustand besiegelt. Der lange Kampf der Götter wäre ausgelöscht worden. Die Welt wäre in eine Art Chaos zurückgekehrt. Nicht in das anfängliche Urchaos, denn aus diesem war ja eine organisierte Welt entstanden, sondern in ein fürchterliches Durcheinander.

Typhon oder die Krise an der Machtspitze

Typhon greift Zeus an. Der Kampf ist grauenhaft. Wie schon im Krieg der Olympier gegen die Titanen erlangt Zeus den Sieg durch eine Art Erdbeben, durch eine Erschütterung der Naturgewalten. In dem Augenblick, in dem Zeus losdonnert und das Ungeheuer mit seinem Blitzstrahl zu zerschmettern und zu bändigen versucht, brechen die Fluten über die Erde herein, stürzen die Gebirge in sich zusammen. Selbst im Innern des Hades, der Kluft der Toten und der Nacht, gerät alles durcheinander, ist alles jäh aufgerissen. Der Kampf Typhons gegen Zeus, das ist der Kampf des Ungeheuers mit den hundert funkensprühenden Augen gegen das blitzende Strahlen des göttlichen Blicks. Aber natürlich bekommt Zeus' vernichtendes Auge mit dem von ihm geschleuderten Licht die Flammen in den Griff, die die hundert Drachenhäupter des Ungeheuers ihm entgegenwerfen. Hundert Augen gegen eins. Es ist Zeus, der gewinnt.

Eine Anekdote erzählt davon, daß Zeus in seinem Palast eingeschlummert war. Obwohl gerade sein Blick stets hätte wachsam sein müssen, hatte seine Aufmerksamkeit nachgelassen. Typhon kommt näher, erblickt die Stelle, an der Zeus den Blitzstrahl niedergelegt hat, und will nach ihm greifen. Just in dem Moment, in dem er mit der Hand nach der siegbringenden Waffe fassen will, öffnet Zeus die Augen und vernichtet blitzschnell seinen Feind. Zwei Kräfte, die chaotische und die olympische, stehen einander gegenüber: Welche von beiden wird der anderen durch ihre Wachsamkeit und ihr strahlendes Blitzen zuvorkommen? Auch in dieser Version wird Typhon schließlich niedergestreckt. Das, was in ihm die kämpferische Lebenskraft verkörperte, die Kraft seiner Arme und Beine, wurde vom Blitzstrahl besiegt. Nun ist er gelähmt, von Felsbrocken begraben, und in den nebligen Tartaros verbannt, wo er herstammt.

Recht merkwürdige andere Erzählungen bringen Typhons furchterregenden Charakter anders zum Ausdruck. Diese Geschichten kamen erst spät, im 2. Jahrhundert n. Chr., auf. Die Unterschiede zwischen Hesiods Typhon aus dem 7. Jahrhundert v. Chr. und dem, von dem jetzt die Rede sein wird, liegen zum großen Teil an orientalischen Einflüssen.

Gaia, der olympischen Götter müde, zeugt mit Typhon ein Ungeheuer. Dieses wird als riesiger Koloß beschrieben, mit Füßen, die sich in die Erde graben, und einem Körper, der gar nicht wieder aufhören will, so daß seine Stirn gegen den Himmel stößt. Breitet er seine Arme aus, berührt die eine Hand den äußersten Osten, die andere den äußersten Westen. In seiner Natur liegt es, unten und oben, Himmel und Erde, rechts und links, Ost und West in sich zu vereinen und durcheinanderzuwerfen. Dieser wüste Haufen nun macht sich auf, den Olymp zu erobern. Als die Olympier ihn erblicken, verwandeln sie sich, von unwiderstehlichem Grauen gepackt, in Vögel und fliegen davon. Zeus, der allein zurückgeblieben ist, trotzt der riesigen Bestie, die hoch wie die Welt und breit wie das Universum ist. Zeus donnert los und schlägt auf Typhon ein, der zurückweichen muß. Da greift Zeus nach der *harpe*, der Sichel, und will ihn besiegen, doch greift er ihn direkt an, von Mann zu Mann, und so ist es Typhon, der diesmal den Sieg davonträgt. Dank seiner Masse gelingt es ihm, Zeus zu umklammern und zu lähmen. Typhon zertrennt ihm die Sehnen an Armen und Beinen. Dann trägt er Zeus auf seinem Rücken fort und bringt ihn in eine Höhle nach Kilikien, wo er ihn nebst Sehnen und Blitzstrahl versteckt.

Man könnte annehmen, daß damit alles verloren ist, daß diesmal das Universum der totalen Unordnung den Sieg davonträgt. Und in der Tat steht die Bestie glücklich und zufrieden vor dem armen Zeus, der, in der Höhle eingeschlossen, kraftlos daliegt, seines Blitzstrahls beraubt, jeder Bewegung unfähig, mit zertrennten Sehnen. Doch wie schon zuvor bei den Olympiern und bei Zeus sind es die List, der Kniff, der Betrug und der Verstand, welche den Sieg davontragen. Von Typhon unbemerkt, glückt es zwei Gestalten, Hermes und Aigipan, Zeus' Sehnen wieder zurückzuholen. Wie einen Hosenträger, den man zurechtrückt, paßt Zeus sie wieder an Ort und Stelle ein und bringt den Blitzstrahl wieder an sich. Als Typhon, der eingeschlummert war, aufwacht und entdeckt, daß Zeus nicht mehr in der Höhle ist, beginnt der Kampf von vorn, endet aber nun mit der endgültigen Niederlage des Ungeheuers.

Andere vergleichbare Fassungen erzählen, wie Zeus, vorübergehend besiegt und gefangengenommen, kraftlos und ohne Blitzstrahl zurückbleibt. Der listige Kadmos jedoch durchkreuzt die Manöver des Ungeheuers. Im Glauben, alles sei bereits geregelt, verkündet Typhon, er sei der König des Universums und werde den Urgöttern ihre Macht zurückgeben. Er will die Titanen befreien und Zeus' Herrschaft auslöschen. Typhon, der Bastard, der Humpelkönig, ist der König der Unordnung, der Zeus, den König der Gerechtigkeit, entthronen will. Da beginnt Kadmos sein Flötenspiel. Typhon, der ihm zuhört, ist von seiner Musik verzaubert. Er schlummert ein und fällt in einen tiefen Schlaf. Ihm kommen Geschichten in den Sinn, in denen erzählt wird, wie Zeus bestimmte Sterbliche entführt, um sich von ihrer Musik und Poesie bezaubern zu lassen. Er will es ihm gleichtun und schlägt Kadmos vor, ihn zu seinem Sänger zu machen, zum Sänger nicht etwa der olympischen Ordnung, sondern seines Chaos. Kadmos willigt ein, möchte aber ein besseres Musikinstrument, eins, das es ihm erlaubt, auch zu singen. »Was brauchst du denn?« fragt Typhon. »Ich bräuchte Saiten für meine Lyra.« – »Ich habe, was du willst, wunderbare Saiten«, verkündet Typhon, der sogleich Zeus' Sehnen holt. Kadmos beginnt sein höchst bewundernswertes Spiel und Typhon schläft ein. Zeus nutzt das unverhoffte Glück aus, holt sich die Saiten der Lyra oder vielmehr seine Sehnen zurück, paßt sie wieder an ihrem Platz ein, schnappt sich den Blitzstrahl und rüstet sich erneut für den Kampf. Als Typhon, der Gegenkönig, der falsche Monarch des Universums, erwacht, kann ihn Zeus, im Vollbesitz seiner Kräfte, aufs neue angreifen und ihn besiegen.

Es gibt eine weitere Geschichte, in der die List auf ähnliche Weise wirkt. Typhon hingegen erscheint in ihr nicht mehr als vielgestaltiges Biest oder als Koloß, sondern als ein Meerestier, als ein riesiger Wal, der den gesamten Meeresraum ausfüllt. Typhon lebt in einer Unterwasserhöhle, in der er nicht bekämpft werden kann, denn Zeus' Blitzstrahl kann den Meeresgrund nicht erreichen. Neuerlich wendet ein Kniff die Lage. Da es sich um ein heißhungriges Tier handelt, bereitet Hermes, der Schutzpatron der Fischer – er war es, der seinen Sohn Pan den Fischfang gelehrt hatte –, eine Mahlzeit aus Fischen zu, um das Meeresungeheuer anzulocken. Typhon verläßt seinen Schlupfwinkel tatsächlich und schlägt sich den Bauch so voll, daß er nicht in seinen Unterschlupf zurückkehren kann, so sehr ist er angeschwollen. Ans Ufer gespült, bildet er eine ideale Zielscheibe für Zeus, der ihn mühelos niederstreckt.

Diese vielleicht ein wenig seltsamen Geschichten enthalten alle dieselbe Lektion. Just in dem Moment, in dem sich eine Herrschaft endgültig etabliert zu haben scheint, tritt an der Machtspitze eine Krise auf. Plötzlich erscheint eine Kraft, die all das verkörpert, wogegen die Ordnung errichtet wurde – gegen das Chaos, das Durcheinander, die Unordnung – und bedroht den Herrn der Welt. Zeus scheint entwaffnet. Um den Thron zurückzuerobern, muß er an untergeordnete Figuren appellieren. Nach nichts aussehend, dem Anschein nach wenig gefährlich, jagen sie den Kräften der Unordnung keine Angst ein, erregen sie kein Mißtrauen. Trotzdem hat Zeus es gerade den Listen dieser unbedeutenderen Götter oder einfachen Sterblichen zu verdanken, daß er wieder die Oberhand gewinnt und im Besitz der höchsten Macht bleibt.

Doch Zeus hat noch nicht endgültig die Vormachtstellung erlangt. Die Geschichte von Zeus' Kampf um die Vorherrschaft hat ein Nachspiel in Form eines Kampfes mit Gestalten, die man *Gigantes*, die Giganten, nennt.

Der Sieg über die Giganten

Es sind weder völlig menschliche noch völlig göttliche Wesen. Sie haben einen Zwischenstatus. Die Giganten sind junge Krieger. Im Universum symbolisieren sie die kriegerische Funktion und die militärische Ordnung im Gegensatz zu Zeus' königlicher Ordnung. Sie gleichen den Hundertarmigen. Auch diese weisen durch die Stärke und Gewalt, die sie einsetzen, Aspekte einer Kriegsmacht auf. Wir haben gesehen, daß die Hundertarmigen auf die Seite von Zeus gewechselt sind, daß sie sich ihm beugen und seine Autorität anerkennen. Die Giganten hingegen, welche die Kraft der Waffen verkörpern, die Gewalt im Reinzustand, den robusten Körper und die sportliche Jugend, fragen sich, weshalb eigentlich nicht sie die oberste Macht innehaben. Dieses Thema hat der Krieg der Giganten zum Inhalt.

Es ist ein äußerst gefährlicher Krieg, denn auch die Giganten wurden von der Erde geboren. In vielen Erzählungen entspringen sie ihr direkt, in Gestalt von bereits erwachsenen Kämpfern. Sie sind weder Knaben noch Jungen, aber auch keine Greise: Schon wenn sie der Erde entwachsen, bieten sie den Anblick vollendeter junger Kämpfer. Bei ihrer Geburt sind sie voll bewaffnet, sie tragen den Helm und die Kleidung der Hopliten, mit dem Wurfspeer in der einen und dem Schwert in der anderen Hand. Sobald sie geboren sind, bekämpfen sie sich. Später vereinigen sie sich und treten in den Krieg gegen die Götter ein. In diesem Kampf, der oft beschrieben und dargestellt worden ist, sieht man die Olympier gegen die Giganten vorgehen. Athena, Apollon, Dionysos, Hera, Artemis oder Zeus, ein jeder kämpft mit seinen Waffen. Doch Gaia erklärt Zeus, daß es den Göttern nicht gelingen wird, ihre Gegner zu besiegen. Und in der Tat: Auch wenn die Olympier ihren Gegnern erheblichen Schaden zufügen, es gelingt ihnen nicht, sie zu vernichten. Trotz der ihnen zugefügten Verletzungen und Verluste sind die Giganten noch immer am Angreifen.

Die Stärke der Giganten ist ihr Alter. Sie sind die ewigen Jugendlichen, die an der Schwelle zum Leben als Krieger stehen. Die Götter des Olymp bedürfen eines Geschöpfes, das nicht zu den Göttern zählt, um den Sieg davonzutragen. Zeus ist neuerlich gezwungen, sich auf einen einfachen Sterblichen zu verlassen, um die Giganten zu besiegen. Wahrscheinlich braucht er einen Sterblichen, weil die jungen Giganten, die nie Kinder waren und die nie Greise sein werden, das Aussehen von Menschen haben. Sie bekämpfen die Götter, ohne von diesen vernichtet werden zu können. Sie stehen auf halbem Wege zwischen der Sterblichkeit und der Unsterblichkeit. Ihr Status ist ebenso unbestimmt wie der eines jungen Mannes in der Blüte seiner Jugend: Er ist noch kein Mann, aber auch kein Kind mehr. Das trifft auch auf die Giganten zu.

Die vergänglichen Früchte

Um ihren Kampf zu einem erfolgreichen Ende zu führen, versichern sich die Olympier des Beistands von Herakles. Herakles ist ein Sohn des Zeus aus der Verbindung mit einer Sterblichen, Alkmene. Herakles selbst ist sterblich. Noch ist er kein Gott, noch ist er nicht zum Olymp aufgestiegen. Herakles ist es, der unter der *phyle*, dem Geschlecht, dem Stamm, dem Volk der Giganten verheerende Schäden anrichten wird. Trotz dieser Schäden ist der Kampf nicht entschieden. Auch hier spielt Gaia eine zweideutige Rolle, denn sie will verhindern, daß die Geschöpfe, die sie in voller Rüstung hervorgebracht hat, vernichtet werden. So macht sie sich auf die Suche nach einem Kraut, einer in der Nacht wachsenden Pflanze, die Unsterblichkeit verleiht. Sie nimmt sich vor, sie gleich bei Tagesanbruch zu pflücken und sie den Giganten zu schenken, damit diese unsterblich werden. Denn sie möchte, daß die Olympier dieser rebellischen Jugend Rechnung tragen, daß sie sich gütlich mit ihr einigen, daß sie sie nicht mehr vernichten können. Doch Zeus, der von Gaias Plan unterrichtet ist, glückt es, ihr zuvorzukommen. Kurz bevor der Morgen anbricht, bevor das Licht auf den Boden fällt, bevor die Pflanze allzu deutlich sichtbar wird, pflückt er sie. Von der Pflanze der Unsterblichkeit gibt es auf der Erde nun kein einziges Exemplar mehr. Die Giganten können sie folglich nicht mehr zu sich nehmen. Ihr Niedergang ist unausweichlich.

Zu diesem Detail kommt ein weiteres Element, das man bald der Geschichte der Giganten, bald der des Typhon zuordnet. Man erzählt, daß Typhon auf der Suche nach einem *pharmakon* war, nach einer Droge, die Gift und Medikament zugleich wäre. Diese Art von Arznei, die töten oder den Kranken heilen kann, ist im Besitz der *Moirai*, der Moiren. Dies sind weibliche Gottheiten, die über die Zuteilung der Schicksale bestimmen. Sie zeigen Typhon eine Droge, von der sie behaupten, daß sie ihm zur Unsterblichkeit verhelfen würde. Sie versprechen ihm zehnmal so viel Stärke und Kraft sowie den Sieg über Zeus. Typhon schluckt den Trank hinunter, doch statt einer Unsterblichkeitsdroge haben ihm die Göttinnen »eine vergängliche Frucht« verabreicht, das heißt, eine Pflanze, die für die Sterblichen bestimmt ist. Es ist die Nahrung der Sterblichen, die von der Hand in den Mund leben und deren Kräfte verschleißen. Die vergänglichen Früchte sind das Merkmal der Sterblichkeit. Nicht Nektar und Ambrosia, nicht der Rauch der Opfergaben, welchen die Menschen den Göttern emporschikken, wird Typhon zuteil, sondern eine vergängliche Nahrung, die ihn wie einen Menschen anfällig und verwundbar macht. Auch die Giganten kennen Müdigkeit und Verwundbarkeit. Sie verfügen nicht über die unveränderliche und nie versiegende Lebenskraft der Götter.

Man sieht durchaus, daß im Hintergrund all dieser Geschichten der Gedanke eines göttlichen, mit besonderen Vorrechten ausgestatteten Universums steht. Nektar und Ambrosia sind die Nahrung der Unsterblichen. Zeus gestand den Kyklopen und Hundertarmigen die unsterbliche Nahrung zu, damit sie zu vollwertigen Göttern würden und sich auf seine Seite stellten. Im Gegensatz dazu reicht Zeus allen Prätendenten auf die oberste Macht eine vergängliche Nahrung, diejenige, die von den sterblichen und verwundbaren Wesen verzehrt wird. Wenn im Kampf der Sieg ungewiß zu sein scheint, zögert Zeus nicht, seinen Gegnern das zu essen zu geben, was sie schwach wie die Menschen werden läßt, damit der Sieg zugunsten der Olympier ausfalle.

Im Gericht des Olymp

Nach dem Sieg über die Giganten kann man sagen, daß Zeus' Vormachtstellung nun wirklich gesichert ist. Die Götter, die an seiner Seite kämpfen, verfügen jetzt für immer über die Vorrechte, mit denen sie begünstigt wurden. Ihnen gehört der Himmel, ein Ort, der nur das reine Licht kennt. In der Unterwelt dagegen, im Tartaros oder Hades, herrscht die Nacht und die Finsternis. Die Götter dort sind Besiegte, bezwungene Ungeheuer, Giganten, zur Unbeweglichkeit verdammt, angekettet oder wie Kronos in tiefen Schlaf versetzt. Sie stehen gewissermaßen im Aus, sie stehen außerhalb des Kosmos. Außer den Göttern gibt es auf der Welt noch die Tiere und die Menschen. Diese Geschöpfe kennen sowohl den Tag als auch die Nacht, das Gute als auch das Böse, das Leben als auch den Tod. Ihr Leben ist mit dem Tod verwoben, wie die verderblichen Speisen, die sie hinunterschlingen.

Betrachtet man den Ablauf dieser Geschichte, dann hat man folgenden Eindruck: Damit eine differenzierte Welt mit ihren Hierarchien und ihrer Organisation entstehen konnte, bedurfte es einen ersten Aktes der Rebellion. Diesen vollbrachte Kronos, indem er Uranos entmannte. Damals stieß Uranos gegen seine Kinder einen Fluch aus, eine Verwünschung, die ihnen mit einer Schuld drohte, einer *tisis*, für die sie zu zahlen hatten. So ist der Lauf der Zeit ins Stocken geraten, er läßt Raum für Böses und für Rache, für die Erinnyen, welche die Verbrechen vergelten, und für die Keren, die Todesgeister. Die aus Uranos' kastriertem Glied herabgefallenen Blutstropfen haben alle Kräfte der Gewalt hervorgebracht, die auf der Erdoberfläche existieren. Aber die Dinge liegen noch komplizierter, noch zweideutiger. Die Kräfte der Nacht haben sich aufgrund des ersten, einen organisierten Kosmos begründenden Aktes – Uranos' Verstümmelung – im Universum ausgebreitet. Zwischen ihnen und den Kräften der Eintracht gibt es eine Art Verbindung. Auf der einen Seite stehen die Erinnyen, die Giganten und die Kriegsnymphen, auf der anderen Aphrodite.

Das Chaos zeugte die Nacht, und die Nacht gebar alle Kräfte des Bösen. Das sind zunächst der Tod, die Parzen, die Keren, der Mord, das Gemetzel, das Blutbad. Und es sind ferner alle Übel: das Elend, die Bedrängnis, der Hunger, die Müdigkeit, der Kampf, das Alter. Zu den Flüchen, die auf dem Universum liegen, zählen *Apate*, die Täuschung, und *Philotes*, der Liebesbund. Sie wurden neben Mord und Totschlag von der Nacht gezeugt. All diese finsteren Frauen nun werfen sich auf das Universum und machen aus dem harmonischen Raum der Welt einen Ort des Schreckens, des Verbrechens, der Vergeltung und der Unaufrichtigkeit. Wenden wir uns nun Aphrodites Nachkommenschaft zu, so finden wir die positiven Mächte, neben ihnen aber auch die bösen Kräfte wieder. Es gibt Eros und Himeros, Begehren und Zarte Liebe – hier ist alles in Ordnung –, aber auch die Lüge oder die Täuschungen, *exapatai*, die Fallen der Verführung, welche das Geschnattere der jungen Mädchen verbirgt, und neuerlich die Liebevolle Zärtlichkeit, *philotes*.

Zwischen den Kräften des Bundes, der Eintracht, der Sanftheit, die unter Aphrodites Schutz stehen, und den Nachkommen einer nächtlichen Macht, die alle nur erdenklichen Übel hervorbringt, gibt es Kreuzungen, Überschneidungen, Verdopplungen: Die verführerischen Worte und der Liebesbund, die sich unter den Kindern der Nacht finden, entsprechen im Gefolge von Aphrodite dem bezaubernden Lächeln der jungen Mädchen und den unmittelbar angrenzenden Lügen in der liebevollen Vereinigung. Für den betrogenen, hereingelegten Mann kann sie durchaus Unglück sein. Nicht alles ist auf der einen Seite weiß und auf der anderen Seite schwarz. Das Universum ist das Resultat einer ständigen Mischung von Gegensätzen.

Indem die Nacht den Zorn der vergeltenden Kräfte hervorruft, trägt sie dazu bei, die Klarheit einer Ordnung wiederherzustellen, die von Verstößen verdunkelt worden war. Auch die leuchtende, goldene Aphrodite geht mit *Melainis* einher, einer schwarzen, nächtlichen, finsteren Aphrodite, die ihre Listen im Dunkeln ersinnt.

Zeus ist beim Ordnen des Universums sorgfältig darauf bedacht, die Nacht, die Finsternis und den Konflikt aus der Welt zu räumen. Er schafft eine Herrschaft, in der die Götter zwar streiten, ihre Streitereien jedoch nicht in einem offenen Konflikt enden können. Er hat den Krieg aus dem göttlichen Territorium verjagt und den Menschen geschickt. Alle bösen Kräfte, die Zeus aus der olympischen Welt verstieß, werden zum täglichen Brot des Menschen. Poseidon bat er, eine dreifache eherne Mauer zu errichten und das Tor zum Tartaros verschlossen zu halten, damit die Nacht und die Kräfte des Bösen nicht mehr zum Himmel vordringen können. Es mag sie geben auf der Welt, doch hat Zeus seine Vorkehrungen getroffen.

Erhebt sich zwischen den Göttern ein Streit, der außer Kontrolle zu geraten droht, werden sie flugs zu einem großen Gastmahl bestellt. Auch Styx wird gebeten zu kommen. Sie eilt mit einer goldenen Kanne herbei, welche Wasser aus dem Fluß der Unterwelt enthält. Die beiden Götter, die miteinander in Streit geraten waren, nehmen die Kanne, gießen etwas Wasser auf den Boden und bringen eine Libation, ein Trankopfer dar. Dann trinken beide von dem Wasser und schwören jeweils unter Eid, für den Streit keine Verantwortung zu tragen und für eine gerechte Sache eingetreten zu sein. Es ist klar, daß eine der beiden Gottheiten lügt. Kaum hat diese das göttliche Wasser getrunken, da fällt sie in ein Koma, in einen Zustand völliger Lethargie. Ihr Zustand gleicht dem der besiegten Götter. Wie Typhon oder die Titanen hat sie keine Tatkraft mehr, keinen Schwung, keine Energie. Sie ist nicht tot, denn die Götter sind unsterblich, doch hat sie all das verloren, was sie zu einem göttlichen Wesen machte. Sie kann sich nicht mehr regen, sie kann ihre Macht nicht mehr ausüben, sie ist im Aus. Sie befindet sich gewissermaßen außerhalb des Kosmos, ist in eine Lethargie gehüllt, die sie vom göttlichen Dasein ausschließt. In diesem Zustand verharrt sie für einen Zeitraum, den die Griechen das Große Jahr nennen. Auch wenn sie aus ihrem Koma erwacht, hat sie noch nicht das Recht, am Bankett teilzunehmen. Nektar und Ambrosia sind ihr weiterhin verwehrt. Diese göttliche Kraft ist also weder sterblich noch unsterblich und befindet sich in einer Lage, die sich mit der der Titanen, der Giganten oder der des Typhon vergleichen läßt. Sie ist ausgeschlossen.

Anders gesagt, Zeus hat in dieser göttlichen, vielgestaltigen, mannigfaltigen Welt die Gefahren eines Konfliktes vorausgesehen. Als wachsamer Gott hat er nicht nur eine politische, sondern gewissermaßen auch eine Rechtsordnung geschaffen, damit kein Streit die Pfeiler der Welt zu erschüttern droht. Die Gottheiten, die sich schuldig gemacht haben, werden aus dem Olymp vertrieben, bis ihre Strafe verbüßt ist. Danach erwachen sie aus ihrer Lethargie, doch bevor sie erneut Anrecht auf Nektar und Ambrosia haben, müssen sie sich für eine Dauer, die dem Zehnfachen ihrer Strafe entspricht, in Geduld üben. So lautet die Weisung bei den Göttern, nicht jedoch bei den Menschen.

Ein unabänderliches Übel

Typhon ist also besiegt, begraben unter all dem, was Zeus über ihn schüttete. Vielleicht wurden seine Überreste in den Tartaros geschickt, dorthin, wo schon die Titanen festsaßen. Das wäre einleuchtend, schließlich ist Typhon der Sohn des Tartaros. Vielleicht blieb er auch unter den enormen Felsbrocken liegen, die man auf ihn herabgewälzt hatte. Viele vermuten, er sei unter dem Ätna begraben. Typhon sitzt also am Grund des Ätna fest, ist von dem Vulkan gefesselt, dem von Zeit zu Zeit Rauchschwaden, kochende Lava oder Flammen entweichen. Sind es die Überreste von Zeus' Blitzstrahl, die ihn weiter anheizen? Oder ist es der Ausdruck der Gesetzlosigkeit, die Typhon verkörpert? Wenn wirklich er es ist, der sich in den Stößen, in der Lava des Ätna bemerkbar macht, aus den Tiefen heraus, aus denen etwas Kochendes an die Oberfläche gelangt, dann wäre das der Beweis dafür, daß die Figur des Typhon als Kraft der Unordnung weder nach ihrer Niederlage noch nach ihrer Lähmung oder ihrem Tod gänzlich verschwunden ist.

Eine der Versionen dieser Erzählung, die es hervorzuheben lohnt, berichtet, daß Typhons Überresten Winde und Windstöße entwichen. An der Erd- und vor allem an der Meeresoberfläche sind sie ein Ausdruck dessen, wofür Typhon im Universum gestanden hätte, wenn er als Sieger hervorgegangen wäre. Hätte Typhon den Sieg über Zeus davongetragen, wäre ein unabänderliches, absolutes Übel über das Universum gekommen. Und obwohl er nun besiegt ist, ins Aus befördert wurde, bleibt etwas von ihm bestehen, nicht etwa bei den Göttern, sondern bei den armen Menschen. Von Typhon aus erhoben sich unerwartet und unvorhersehbar schreckliche Winde, die nie in nur eine Richtung wehen wie die anderen Winde. Notos, Boreas und Zephyros sind gleichmäßige Winde, die mit dem Morgen- und dem Abendstern in einer Beziehung stehen. In diesem Sinne sind sie Götterkinder. Diese Winde zeigen den Seeleuten den Weg auf See, zeichnen gewaltige Luftbahnen auf die Erd- oder Meeresoberfläche. Auf dem unendlichen Raum des Wassers, das wie ein flüssiges Chaos ist, weisen die gleichmäßigen Winde die sichere Richtung, in der die Seefahrer ihre Rettung finden. Diese Winde wehen nicht nur stets in die gleiche Richtung, sondern auch nur zu bestimmten Jahreszeiten. Boreas weht zu einer, Zephyros zu einer anderen Zeit, so daß die Seefahrer, wenn sie auf Reisen gehen müssen, wissen, welche Jahreszeit für eine Fahrt in diese oder jene Richtung am günstigsten ist.

Im völligen Gegensatz zu ihnen stehen die Windböen, die Windstöße, welche den Nebel mit sich führen. Sinkt er aufs Meer herab, fehlt jede Sicht. Jählings herrscht die Nacht, die vom Weg abbringt. Es gibt keine Himmelsrichtung, keine sichere Orientierung mehr. Diese Winde sind Wirbel, die alles durcheinanderwerfen. West und Ost, oben und unten, alles gerät in Unordnung. Geraten die Schiffe in die Mitte dieses chaotischen Meeresraums, so sind sie verloren, gehen sie unter. Diese Winde sind Typhons unmittelbares Werk, sie sind die Spur, die er im Universum hinterläßt, zunächst auf den Seewegen, dann auf dem Festland. Diese gänzlich unverständlichen und unvorhersehbaren Windböen wehen in der Tat nicht nur auf dem Wasser. Es gibt auch solche, die ganze Ernten vernichten, Bäume entwurzeln, die Mühe der Menschen zunichte machen. Die in geduldiger Arbeit bestellten Felder und die eingebrachte Ernte werden dem Erdboden gleichgemacht: Typhon ist ein Übel, dem wirklich nicht beizukommen ist.

Wie man sieht, setzt Zeus' Sieg dem, was Typhon als chaotische Kraft im Kosmos zum Ausdruck bringt, nicht völlig ein Ende. Die Olympier haben ihn zwar aus ihrer göttlichen Sphäre vertrieben, doch nur, um ihn den Menschen zu schicken, wo er sich der Zwietracht, dem Krieg und dem Tod dazugesellt. Die Götter vertreiben zwar alles aus ihrer Domäne, was der Welt des Ursprünglichen und der Unordnung angehört, aber sie zerstören es nicht, sie räumen es lediglich aus dem Weg. Typhon wütet jetzt bei den Menschen, mit einer Gewalt, der sie machtlos gegenüberstehen. Er ist ein unabänderliches Übel, gegen das es, um mit den Griechen zu sprechen, kein Rezept gibt.

Das goldene Zeitalter: Menschen und Götter

Zeus besteigt den Thron des Universums. Die Welt ist von nun an strukturiert. Die Götter haben sich geschlagen, einige von ihnen haben triumphiert. Alles, was es im ätherischen Himmel an Bösem gab, wurde verjagt, entweder in den Tartaros gesperrt oder zu den Sterblichen auf die Erde hinabgeschickt. Doch wer sind die Menschen eigentlich und was geschieht mit ihnen?

Die hier folgende Geschichte setzt nicht mit der Entstehung der Welt ein, sondern zu einer Zeit, als Zeus bereits König ist, das heißt zu einer Zeit, als sich die göttliche Ordnung bereits gefestigt hat. Die Götter leben nicht nur auf dem Olymp, sondern teilen sich bestimmte Erdflecken mit den Menschen. So Mekone, einen Ort in Griechenland unweit von Korinth, eine Ebene, in der Götter und Menschen durcheinandergewürfelt zusammenleben. Sie nehmen zusammen die Mahlzeiten ein, sitzen an den gleichen Tischen, tafeln gemeinsam. Das bedeutet, daß jeder Tag, den die Götter und Menschen miteinander verbringen, ein Festtag, ein Glückstag ist. Man ißt, man trinkt, man erfreut sich, man hört den Musen zu, wie sie Zeus' Ruhm und die Abenteuer der Götter besingen. Kurz, alles steht zum Besten.

Die Ebene von Mekone hat einen Boden voller Reichtum und Überfluß. Alles wächst dort von alleine. Einem Sprichwort zufolge reicht es aus, in diesem Tal ein Fleckchen Erde zu besitzen, um zu Reichtum zu kommen, denn es ist weder der Willkür des schlechten Wetters noch der der Jahreszeiten unterworfen. Dies ist das goldene Zeitalter, in dem die Götter und die Menschen noch nicht voneinander getrennt waren. Ein goldenes Zeitalter, das man mitunter auch die Zeit des Kronos nennt, jene Zeit, die dem Augenblick vorausging, als zwischen Kronos und den Titanen einerseits und Zeus und den Olympiern andererseits der Kampf ausbrach, als die göttliche Welt noch nicht der rohen Gewalt preisgegeben war. Dies ist der Zustand des Friedens, eine Zeit vor der Zeit, in der auch die Menschen ihren Platz haben. Die Menschen sitzen nicht nur an den gleichen Tafeln wie die Götter, ihnen sind auch die Übel unbekannt, die der Gattung der Sterblichen, der Vergänglichen heute zu schaffen machen, jener Gattung, die von der Hand in den Mund lebt, ohne zu wissen, was am nächsten Tag sein wird, die aber auch in keiner wirklichen Kontinuität zum Geschehen des Vortags steht, jener Gattung, die sich unaufhörlich verändert, die geboren wird, heranwächst, erstarkt, schwächer wird und stirbt.

Zu jener goldenen Zeit blieben die Menschen jung. Arme und Beine behielten ihre ursprüngliche Gestalt. Für sie gab es keine Geburt im eigentlichen Sinne. Vielleicht erhoben sie sich aus der Erde. Vielleicht hatte Gaia, Mutter Erde, sie ähnlich wie die Götter geboren. Vielleicht gab es sie auch einfach, ohne daß die Frage nach ihrem Ursprung aufgekommen wäre, den Göttern gleich, unter die sie gemischt waren. Zu jener Zeit also kannten die stets jungen Menschen weder die Geburt noch den Tod. Sie waren nicht der Zeit unterworfen, welche die Kräfte verschleißt und alt macht. Nach mehreren hundert, vielleicht sogar mehreren tausend Jahren schliefen sie ein. Sie gingen, wie sie kamen, mit dem Aussehen derer, die sie in der Blüte ihres Lebens gewesen waren. Sie waren zwar nicht mehr da, aber auch nicht wirklich tot. Ebensowenig gab es Arbeit, Krankheit oder Leid. Die Menschen brauchten keine Feldarbeit zu verrichten: In Mekone waren alle Speisen und Güter verfügbar. Das Leben glich dem, was manche Geschichten von den Äthiopen berichten: Jeden Morgen wartete eine Sonnentafel auf sie, auf der Essen und Getränke angerichtet waren. Und Nahrung und Fleisch standen nicht nur stets bereit, das Korn wuchs nicht nur ohne Pflege, die Gerichte waren zudem auch noch zubereitet. Die Natur gab von sich aus, sie spendete alle Güter des häuslichen Lebens, selbst die erlesensten und kultiviertesten. So lebten die Menschen in jener fernen Zeit. Sie kannten das Glück.

Die Frauen waren noch nicht erschaffen. Es gab zwar das Weibliche in der Gestalt der Göttinnen, aber keine sterblichen Frauen. Die Menschen waren einzig männlich und kannten weder Krankheit, Alter, Tod und Arbeit noch die Vereinigung mit den Frauen. Von dem Augenblick an, in dem der Mann sich für die Zeugung eines Kindes mit einer Frau, seinem Ebenbild und Gegenteil, vereinigen muß, gehören Geburt und Tod zum Los der Menschheit. Geburt und Tod bilden zwei Stadien ein- und desselben Daseins. Soll es keinen Tod geben, darf es auch keine Geburt geben.

In Mekone lebten Götter und Menschen zusammen. Doch der Augenblick der Trennung war gekommen. Sie wurde zeitlich gesehen nach der großen Verteilung vorgenommen, die unter den Göttern stattgefunden hatte und bei der die Frage nach der Ehre und den Vorrechten, die jedem zustehen, zunächst gewaltsam geklärt worden war. Die Trennung zwischen den Titanen und den Olympiern war das Ergebnis eines Kampfes gewesen, in dem Kraft und brutale Dominanz überwogen. Nach dieser ersten Aufteilung schickten die Olympier die Titanen in den Tartaros, sperrten die Tore dieses unterirdischen und nächtlichen Gefängnisses hinter ihnen zu und ließen sich daraufhin im Himmel nieder. Nun galt es, die Probleme untereinander zu regeln. Zeus wird mit der Machtverteilung beauftragt, die nicht mehr mittels brutaler Gewalt erfolgen soll, sondern mit Hilfe einer Vereinbarung, die von allen Olympiern getragen wird. Unter den Göttern geht der Verteilung entweder ein offener Konflikt oder eine Vereinbarung voraus. Wenn die Verteilung auch nicht zwischen Gleichgestellten erfolgt, so doch zwischen Verbündeten und Verwandten, die der gleichen Sache verbunden sind, die am gleichen Kampf teilnehmen.

Die Welt der Menschen

Prometheus, das Schlitzohr

Wie aber können die Plätze zwischen den Göttern und den Menschen verteilt werden? Die Anwendung brutaler Gewalt ist ausgeschlossen. Die Menschen sind zu schwach, schon ein kleiner Schubs könnte ausreichen, um sie außer Gefecht zu setzen. Andererseits können sich die Unsterblichen auch nicht so mit den Sterblichen einigen, wie sie es untereinander täten. Es bedarf also einer Lösung, die weder aus einem Übermaß an Kraft noch aus einer Einigung unter Gleichgestellten resultiert. Für die Durchführung eines solchen Verfahrens, das zwangsläufig ein Kompromiß und Winkelzug ist, wendet sich Zeus an eine Figur namens Prometheus. Er hat mit der seltsamen Methode zu tun, die bei der Aufhebung der Gleichheit zwischen Göttern und Menschen, bei der Regelung des Wettbewerbs zwischen ihnen zur Anwendung kommt. Prometheus ist der rechte Mann am rechten Platz, denn seine Stellung in der Welt der Götter ist zweideutig, nicht genau definiert, widersprüchlich. Man nennt ihn den Titanen. In Wirklichkeit ist er der Sohn von Kronos' Bruder Iapetos, das heißt, er ist der Sohn eines Titanen. Prometheus ist kein wirklicher Titan, aber auch kein Olympier, denn er gehört ihrem Geschlecht nicht an. Titan ist er seinem Wesen nach, wie sein Bruder Atlas, den Zeus ebenfalls bestrafen wird.

Prometheus besitzt einen rebellischen, pfiffigen und undisziplinierten Verstand. Ständig hat er etwas auszusetzen. Weshalb beauftragt Zeus dann aber ausgerechnet ihn mit der Klärung dieser Angelegenheit? Weil Prometheus, der Titan ist, ohne wirklich Titan zu sein, sich im Kampf gegen Zeus nicht den Titanen angeschlossen hatte. Er war neutral geblieben, er hatte sich nicht am Kampf beteiligt. In vielen Überlieferungen heißt es sogar, daß Prometheus Zeus behilflich gewesen sei und daß dieser sich ohne die Ratschläge, die Prometheus ihm reichlich zuteil werden ließ – schließlich ist er ein Schlitzohr, ein Filou –, nicht aus der Affäre gezogen hätte. In gewisser Hinsicht ist er ein Verbündeter des Zeus. Ein Verbündeter, aber kein Glied seiner Truppe: er steht nicht in Zeus' Lager, er ist autonom, selbständig.

Zeus und Prometheus haben mehrere Wesenszüge gemeinsam, besonders was ihre Intelligenz und ihren Verstand anbelangt. Beider Verstand zeichnet sich durch Scharfsinnigkeit, Durchtriebenheit und Pfiffigkeit aus, jene Eigenschaften, die Athena bei den Göttern und Odysseus bei den Menschen verkörpern wird. Dem Schlitzohr gelingt es, sich selbst in solchen Fällen aus der Affäre zu ziehen, in denen die Lage völlig hoffnungslos erscheint, oder dort einen Ausweg zu finden, wo alles ausweglos scheint. Bei der Durchführung seiner Pläne schreckt er vor Lügen nicht zurück. Er legt Schlingen, um seinen Gegner in die Falle zu locken, und verwendet alle Tricks, die man sich nur vorstellen kann. Zeus ist so, und Prometheus auch. Beide haben diesen Zug gemeinsam. Gleichzeitig ist der Abstand zwischen ihnen unendlich groß. Zeus ist ein König und Herrscher, in seinen Händen konzentriert sich alle Macht. In dieser Hinsicht ist Prometheus alles andere als sein Rivale. Rivalen der Olympier waren die Titanen, Rivale des Zeus war Kronos, der Herrscher bleiben wollte, als Zeus es an seiner Stelle zu werden gedachte. Prometheus indes zog es nie in Betracht, König zu werden, diesbezüglich stand er nie im Wettstreit mit Zeus. Prometheus gehört zwar der von Zeus geschaffenen Welt an, jener aufgeteilten und hierarchisierten Welt, die sich nach Stufen wie nach Unterschieden in Stellung und Ehre ordnet, doch ist sein Platz in ihr nur schwer definierbar. Dies ist er um so mehr, als beider Beziehung zwischen Feindschaft und Einvernehmen schwankt. Erst läßt Zeus Prometheus verdammen und in Ketten legen, dann gibt er ihn wieder frei und söhnt sich mit ihm aus. Man könnte sagen, daß Prometheus in diesem geordneten Universum den inneren Protest ausdrückt. Seine Absicht besteht nicht darin, Zeus' Platz einzunehmen, sondern in der von Zeus errichteten Ordnung eine kleine Stimme des Protests zu sein, eine Art Mai 68 auf dem Olymp, im Innern der göttlichen Welt.

Prometheus ist ein Komplize, ein Wesensverwandter des Menschen. Seine Stellung gleicht der ihren, denn auch die Menschen sind zweideutige Wesen, auch sie besitzen einen sowohl göttlichen Anteil – sie teilten ihr Dasein anfänglich mit den Göttern – als auch einen animalischen, bestialischen. Auch der Mensch weist wie Prometheus widersprüchliche Aspekte auf.

Eine Schachpartie

Stellen wir uns also die Szene vor. Wie gewöhnlich haben sich Götter und Menschen versammelt. Zeus sitzt in der vordersten Reihe und beauftragt Prometheus, mit der Verteilung anzufangen. Wie wird er vorgehen? Prometheus führt ein großes Horntier, einen prächtigen Stier herbei, den er schlachtet und zerlegt. Er teilt das Tier anstatt in drei nur in zwei Teile. Die beiden Portionen werden durch Prometheus' Art der Zubereitung die Standesunterschiede zwischen Göttern und Menschen zum Ausdruck bringen. Mit anderen Worten, anhand der zerlegten Stücke wird sich die Grenze abzeichnen, die Menschen von den Göttern trennt.

Prometheus geht bei der Opfergabe genau wie die Griechen vor: Er schlachtet das Tier, zieht die Haut ab und beginnt mit seiner Zerlegung. Der erste Schritt besteht darin, die langen Knochen, die Knochen der vorderen und hinteren Gliedmaßen (ostea leuka), auszulösen und säuberlich vom Fleisch zu trennen. Nachdem er diese Arbeit verrichtet hat, legt Prometheus die weißen Knochen des Tieres zusammen hin und macht daraus eine Portion, die er in eine dünne, appetitlich wirkende weiße Fettschicht wickelt. Sie bildet das erste Paket. Danach bereitet er aus dem Fell des Tieres ein zweites Paket vor, in das er alle eßbaren Fleischstükke (krea) wickelt. Dieses Paket wiederum, welches die gesamte eßbare Nahrung des Tieres enthält, packt er samt dem Fell in die *gaster*, in den klebrigen, häßlichen, abstoßenden Magen des Rindes.

Die Verteilung nimmt Gestalt an: Auf der einen Seite liegt das appetitlich wirkende weiße Fett, in das lediglich weiße, nackte Knochen gehüllt sind, auf der anderen ein nicht gerade verlockender Magen, der in seinem Innern alle eßbaren Teile birgt. Prometheus legt Zeus beide Teile auf den Tisch. Die Grenze zwischen Menschen und Göttern wird sich, je nachdem, ob dieser sich für das eine oder das andere Paket entscheidet, diesen oder jenen Verlauf nehmen. Zeus schaut die Teile an und sagt: »Ach Prometheus, du Schlaumeier, du Schlitzohr, ausgerechnet du hast so ungerecht geteilt.« Prometheus schaut ihn lächelnd an. Natürlich hat Zeus die List im voraus erkannt, doch er akzeptiert die Spielregeln. Man hat ihm angeboten, als erster zu wählen, und so willigt er ein. Zufrieden greift er nach dem schöneren Teil, nach dem appetitlichen weißen Fettpaket. Alle schauen ihm beim Auspacken zu. Als er die weißen, völlig nackten Knochen entdeckt, wird Zeus von blinder Wut gegen den gepackt, der ihn an der Nase herumführen wollte.

Der erste Akt dieser Geschichte, die mindestens drei enthält, ist damit beendet. Im ersten Abschnitt der Erzählung wird die Art festgelegt, in der die Menschen mit den Göttern in Verbindung treten, nämlich durch die Opfergabe, so wie von Prometheus dargelegt, als er das Tier zerlegte. Man legt auf einen Altar vor den Tempel Gewürzpflanzen, die beim Verbrennen einen wohlriechenden Duft abgeben. In den duftenden Rauch legt man dann die weißen Knochen. Diese mit Fett bestrichenen, glänzenden Knochen, die rauchförmig gen Himmel steigen, sind der Anteil der Götter. Die Menschen dagegen erhalten den Rest des Tieres, den sie entweder gebraten oder gekocht verzehren. Die Fleischstücke, vor allem die Leber und andere leckere Teile, werden auf lange eiserne Spieße gereiht und direkt über dem Feuer gebraten. Andere Stücke wiederum gart man in großen Kesseln. Ob die Menschen das Fleisch der Opfertiere nun aber braten oder kochen, ist letztlich gleichgültig. In jedem Fall müssen sie es verzehren und den Göttern ihren Anteil, den duftenden Rauch, emporschicken.

Diese Geschichte ist insofern erstaunlich, als sie darauf hinzudeuten scheint, daß Zeus hinters Licht geführt werden kann. Prometheus schien dazu in der Lage gewesen zu sein, als er den Menschen den guten Teil der Opfergabe überließ. Prometheus schenkte den Menschen den eßbaren Teil, der hinter einem unverzehrbaren, abstoßenden Äußeren verborgen ist, und den Göttern den ungenießbaren Teil, der unter einer leuchtenden Fettschicht versteckt einen verlockenden Anblick bietet. Prometheus hat bei der Verteilung betrogen, denn der Anschein ist ein falscher Schein. Das Gute verbirgt sich hinter dem Häßlichen, und das Schlechte nimmt das Aussehen des Schönen an. Aber ist der Teil, den er den Menschen zukommen ließ, wirklich der bessere? Nichts ist zweideutiger. Die Menschen erhalten zwar den eßbaren Teil des Opfertiers, aber nur deshalb, weil die Sterblichen etwas zu essen brauchen. Ihre Lage ist der der Götter entgegengesetzt. Sie können nicht leben, ohne sich regelmäßig zu ernähren. Die Menschen genügen sich nicht selbst und würden zugrunde gehen, würden sie nicht aus den Energiequellen ihrer Umgebung schöpfen. Die Menschen zeichnet aus, daß sie Brot und Opferfleisch essen und den Wein des Weinbergs trinken. Die Götter hingegen brauchen nicht zu essen. Sie kennen weder Brot noch Wein noch das Fleisch der Opfertiere. Sie leben ohne Nahrung, sie verzehren lediglich so etwas wie eine Pseudo-Nahrung, Nektar und Ambrosia, die Nahrung der Unsterblichkeit. Die Lebenskraft der Götter ist demnach von ganz anderer Beschaffenheit als die der Menschen, die eine minderwertigere Lebenskraft ist, eine minderwertigere Existenz, eine minderwertigere Kraft: Sie ist eine Energie, die schwindet, die fortwährend erneuert werden muß. Nach einer Anstrengung fühlt sich ein Mensch müde, erschöpft, hungrig. Und es stellt sich heraus, daß in der von Prometheus vorgenommenen Verteilung der beste Teil derjenige ist, in dem sich hinter einem verlockenden Anblick die nackten Knochen verbergen. Die Knochen stellen in der Tat das dar, was das Tier oder der Mensch an wirklich Kostbarem, Unsterblichem besitzt. Sie sind das unverwesliche Gerüst des Körpers. Im Unterschied zum Fleisch, das zerfällt und verwest, stellt das Skelett das Beständige dar. Was sich vom Tier nicht verzehren läßt, ist das, was unsterblich ist, das Unwandelbare, das, was dem Göttlichen demnach am nächsten kommt. In den Augen derer, die sich diese Geschichten ausdachten, sind die Knochen um so wichtiger, als sie das Knochenmark enthalten, jene Flüssigkeit, von der die Griechen annahmen, sie stünde in Verbindung mit dem Gehirn und dem männlichen Samen. Das Knochenmark versinnbildlicht die Lebenskraft eines Tieres, seinen Fortbestand über Generationen. Es stellt die Fruchtbarkeit und die Nachkommenschaft sicher. Es ist das Zeichen, daß man als Individuum nicht allein steht, sondern Kinder gebären kann.

Was den Göttern letztlich durch den von Prometheus ersonnenen Betrug geschenkt wird, ist die Lebenskraft des Tieres, während das Fleisch, das die Menschen erhalten, nur totes Tier ist. Die Menschen müssen sich von einem Stück totem Fleisch ernähren. Der sterbliche Charakter, den sie durch diese Teilung erhalten, ist ausschlaggebend. Die Menschen sind von nun an Sterbliche, Vergängliche, im Gegensatz zu den Göttern, den Unsterblichen. Durch die Verteilung der Nahrung wird den Menschen der Stempel der Sterblichkeit aufgedrückt, den Göttern dagegen der der Langlebigkeit. Das hatte Zeus ganz richtig gesehen.

Hätte Prometheus nur zwei Portionen vorbereitet und die Knochen auf die eine und das Fleisch auf die andere Seite gelegt, ohne sie zu verpacken, dann hätte Zeus von vornherein die Knochen und das Leben des Tieres wählen können. Da der Anschein aber trügerisch, das Fleisch in der *gaster*, im Magen versteckt und die Knochen unter glänzendem Fett verborgen waren, erkannte Zeus, daß Prometheus ihn betrügen wollte, und beschloß, ihn zu bestrafen. Natürlich versuchen Zeus und der Titan in dem listigen

Wettstreit, der daraufhin zwischen ihnen einsetzt, beide, den anderen an der Nase herumzuführen. Beide sind Gegner in einem Schachspiel, in dem jeder Zug den Gegner aus dem Sattel heben, ihn schachmatt setzen soll. Zeus trägt in dieser Kraftprobe letztlich den Sieg davon, auch wenn ihn die Schliche des Titanen aus dem Gleichgewicht werfen.

Ein tödliches Feuer

Im Verlauf des zweiten Aktes wird Prometheus für seinen Betrug zahlen. Zeus beschließt nämlich, von jenem Tag an sowohl das Feuer als auch das Korn vor den Menschen zu verstecken. Wie in einem Schachspiel antwortet ein Zug auf den anderen. Prometheus hatte das Fleisch in etwas Abstoßendem verborgen, die Knochen hingegen in etwas scheinbar Wohlgefälligem. Jetzt ist es an Zeus, sich zu rächen. Im Rahmen der zwischen Göttern und Menschen anberaumten Teilung will Zeus den Menschen jene Dinge entziehen, über die sie vorher frei verfügten, zum Beispiel das Feuer. Früher hatte Zeus das Feuer seines Blitzstrahls in den Wipfel bestimmter Bäume gelegt, aus denen die Menschen es nur herauszuholen brauchten. Diese Bäume, die Eschen, hatten die Funktion von Verteilern, insofern als das Feuer durch sie zwischen Göttern und Menschen zirkulierte. Die Menschen verfügten über das Feuer, wie sie auch über die Nahrung verfügten, über das von allein wachsende Korn oder über das Fleisch, das schon in dem Augenblick, in dem es in Erscheinung trat, gar war. Zeus versteckt das Feuer und bringt die Menschen in eine unangenehmere Lage. Diese möchten das Fleisch des Opfertiers, das ihnen zur Verfügung steht, zubereiten. Die Sterblichen sind weder Kannibalen noch wilde Tiere, die rohes Fleisch verzehren. Sie können das Fleisch nur essen, wenn es zubereitet ist, wenn es gekocht oder gebraten wurde.

Für die Menschen ist es eine Katastrophe, ohne Feuer dazustehen. Zeus freut sich von ganzem Herzen. Da findet Prometheus eine Antwort. Als wäre nichts gewesen, steigt er in den Himmel und tut, als sei er ein Reisender, der mit einer Pflanze in der Hand, einer außen saftiggrünen Fenchelstaude, spazierengeht. Der Fenchel besitzt eine besondere Eigenschaft. Sein Aufbau ist dem der Bäume in gewisser Hinsicht genau entgegengesetzt. Die Bäume sind außen, auf der Seite der Rinde, trocken und innen, wo der Saft zirkuliert, feucht. Im Unterschied dazu ist der Fenchel außen feucht und grün, im Innern jedoch völlig trocken. Prometheus bringt einen Funken von Zeus' Feuer *(sperma puros)* an sich und läßt ihn in das Innere seines Fenchels gleiten. Dieser beginnt das Innere der Staude entlang hochzubrennen. Prometheus steigt wieder zur Erde hinab, noch immer in der Art des uneigennützigen Reisenden, der unter dem Doldenschirm seines Fenchels spazierengeht. Doch im Innern der Pflanze brennt das Feuer. Dieses Feuer nun, das er aus einigen Funken des Himmelsfeuers gewonnen hat, macht Prometheus den Menschen zum Geschenk, die es auf ihren Küchenherden anfachen, um das Fleisch zu garen. Zeus, der sich im Himmel nach dem Coup, den er mit dem versteckten Feuer gelandet hat, äußerst zufrieden ausstreckt, sieht plötzlich einen Widerschein von Feuer in allen Häusern leuchten. Ihn packt die Wut. Bemerkenswert ist, daß Prometheus hier auf die gleiche Weise vorgeht wie bei der Verteilung des Opfertiers. Er spielt erneut mit dem Gegensatz zwischen Innen und Außen, mit dem Unterschied zwischen der äußeren Erscheinung und der inneren Wirklichkeit.

Gleichzeitig mit dem Feuer hatte Zeus auch *bios*, das Leben, vor den Menschen verborgen. Mit Leben ist hier die Nahrung des Lebens gemeint, das Korn, der Weizen, die Gerste. Er gewährt kein Feuer und auch kein Korn mehr. Zur Zeit des Kronos, in der Welt von Mekone, war das Feuer auf den Eschen den Menschen frei verfügbar, das Getreide wuchs von allein, die Erde erforderte keine Feldarbeit. Es gab keine Arbeit, die Mühsal existierte nicht. Der Mensch brauchte sich nicht körperlich zu betätigen, um seine

Nahrung zu ernten. Weder Anstrengung noch Müdigkeit noch Erschöpfung waren ihm auferlegt, um sich jene Nahrung zu verschaffen, die für seine Lebenskraft notwendig war. Durch Zeus' Wahl ist das, was sich aus freien Stücken darbot, jetzt mühsam und schwer zu bekommen. Das Korn ist verborgen.

Genau wie Prometheus einen Funken des Feuers in seinem Riesenfenchel verbergen mußte, um es den Menschen zu bringen, müssen die armen Menschen die Saat des Weizens und die Körner der Gerste von nun an im Bauch der Erde verbergen. Sie müssen eine Furche in den Boden ziehen und die Saat vergraben, damit die Ähren aufgehen können. Kurz, es ist die Landwirtschaft, die plötzlich notwendig wird. Die Menschen müssen ihr täglich Brot im Schweiße ihres Angesichts verdienen, über den Furchen schwitzend, während sie ihre Saat aussäen. Sie müssen aber auch darauf achten, die Saat von einem Jahr aufs andere aufzuheben, nicht alles zu verzehren, was sie eingebracht haben. Um die Ernten zu lagern, bedarf es im Haus des Bauern großer Tonkrüge, die nicht völlig geleert werden dürfen. Ein Vorrat ist unerläßlich, damit die Menschen im Frühjahr, in der schwierigen Übergangszeit zwischen dem Winter und der neuen Ernte, nicht bar jeder Nahrung sind.

Genau wie das *sperma* des Feuers gibt es das *sperma* des Getreides. Die Menschen sind von nun an gezwungen, ihr Leben mit Arbeit zu verbringen. Sie bekommen zwar ein Feuer zurück, doch wie das Getreide ist es nicht mehr das, was es einmal war. Das Feuer, das Zeus verbarg, war das Himmelsfeuer, eines, das er ständig in der Hand trug, ein Feuer, das nie versiegt, nie verlöscht: Es ist unsterblich. Das Feuer, das den Menschen jetzt zur Verfügung steht, ist ein Feuer, das »geboren« wurde, das einem Funken entwuchs und demzufolge ein Feuer ist, das stirbt. Man muß es am Brennen halten und überwachen. Nun besitzt es einen Appetit, der dem der Sterblichen gleicht. Wenn es nicht kontinuierlich unterhalten wird, erlöscht es. Die Menschen bedürfen seiner, nicht nur zum Heizen, sondern auch zum Essen. Anders als die

Tiere essen sie kein rohes Fleisch, sondern garen es. Ihre Küche folgt einem Ritual, sie besitzt Vorschriften, die befolgt werden müssen. Eine dieser Vorschriften besagt, daß die Nahrung gekocht werden muß.

Für die Griechen ist der Weizen eine Pflanze, welche durch die Glut der Sonne, aber auch durch die Arbeit der Menschen und anschließend beim Bäcker im Ofen gebacken wird. Das Feuer ist demnach wirklich das Merkmal der menschlichen Kultur. Das prometheische Feuer, durch List entwendet, ist ein »technisches« Feuer, eine Prozedur des Intellekts, welche die Menschen von den Tieren unterscheidet und sie zu zivilisierten Wesen macht. Doch da sich dieses Menschenfeuer, anders als das der Götter, nähren muß, um zu leben, kann es auch die Gestalt eines wilden Tieres annehmen, das nicht mehr zu bremsen ist, wenn es einmal tobt. Es verbrennt nicht nur die Nahrung, die man ihm reicht, sondern auch die Häuser, die Städte, die Wälder. Es ist eine Art hitziges, ausgehungertes Tier, das nichts sättigen kann. Mit seinem außerordentlich doppeldeutigen Charakter unterstreicht das Feuer das Spezifische des Menschen, es ruft ununterbrochen sowohl seinen göttlichen Ursprung als auch seine tierische Prägung wach. Es fußt auf beidem, wie der Mensch selbst.

Pandora oder die Erfindung der Frau

Man könnte glauben, die Geschichte ist damit nun zu Ende. Dem ist jedoch nicht so. Der dritte Akt beginnt. Vor Prometheus' Eingreifen lebten die Menschen wie Ameisen in Höhlen, sie schauten ohne zu sehen, sie horchten ohne zu hören. Dank Prometheus, der ihnen die dazu erforderliche Technik lieferte, wurden die Menschen zu zivilisierten Wesen, die sich von Tieren und Göttern unterscheiden. Der listige Wettstreit zwischen Zeus und Prometheus ist damit allerdings noch nicht zu Ende. Zeus verbarg das Feuer, und Prometheus stahl es ihm. Zeus verbarg das Korn, und die Menschen müssen arbeiten, um ihr Brot zu verdienen. Doch Zeus ist noch immer nicht zufrieden, er findet, daß die Niederlage seines Gegners nicht komplett ist. Zeus bricht in schallendes Gelächter aus, wie er es gern tut, wenn er sich eine neue Demütigung für Prometheus ausdenkt. Vorhang auf, der dritte Akt beginnt!

Zeus bestellt Hephaistos, Athena, Aphrodite und niedere Gottheiten wie die *Horai*, die Horen, zu sich. Hephaistos befiehlt er, Lehm mit Wasser zu befeuchten und eine Art Gliederpuppe zu modellieren. Sie soll die Gestalt einer *parthenos* erhalten, die Gestalt einer Frau oder vielmehr eines jungen Mädchens, einer noch unverheirateten, vor allem noch kinderlosen Frau im heiratsfähigen Alter. Hephaistos macht sich also daran, eine Art Gliederpuppe oder Statue zu modellieren, welche die anmutigen Züge einer Jungfrau trägt. Hermes' Aufgabe ist es dann, dieser Leben einzuhauchen, ihr die Kraft und die Stimme eines Menschen nebst anderen Besonderheiten zu verleihen, von denen in dieser Erzählung noch die Rede sein wird. Anschließend bittet Zeus Athena und Aphrodite, sie zu bekleiden, ihre Schönheit durch den Glanz jener Zierden zu steigern, die man gewöhnlich mit dem weiblichen Körper assoziiert, dem Schmuck, dem Geschmeide, dem Büstenhalter, der Krone. Athena hüllt sie in ein prächtiges, glänzendes, wie jenes weiße Fett leuchtendes Kleid, das im ersten Abschnitt unserer Erzählung die Knochen umgab. Die Jungfrau erstrahlt in ihrem ganzen Glanz. Hephaistos setzt ihr einen Stirnreif aufs Haupt, an dem der Schleier einer Braut befestigt ist. Den Stirnreif ziert eine Darstellung der Tiere dieser Welt, der Vögel, Fische, Tiger und Löwen. Die Stirn des jungen Mädchens strahlt die Lebenskraft all dieser Tiere aus. Sie ist prächtig anzuschauen, *thauma idesthai*, ein Wunder, das die Menschen vor Staunen erstarren und ihr Herz entflammen läßt.

Vor den noch miteinander versammelten Göttern und Menschen steht nun die erste Frau, eine künstlich hergestellte Gliederpuppe, die nicht nach dem Bild einer Frau geschaffen werden konnte, da es noch keine Frauen gab. Sie ist die Urfrau, der Archetyp der Frau. Das Weibliche dagegen existierte bereits in Gestalt der Göttinnen. So formte man dieses weibliche Wesen wie eine *parthenos*, nach dem Bild der unsterblichen Göttinnen. Dem von ihnen erschaffenen Wesen aus Wasser und Erde gaben die Götter die Kraft *(sthenos)* und die Stimme *(phone)* eines Menschen. Doch Hermes legte auch verlogene Worte in ihren Mund, stattete sie mit einer hündischen Seele und einer diebischen Natur aus. Diese Gliederpuppe, die erste Frau, aus der das gesamte »Geschlecht der Frauen« hervorging, weist wie die Opferteile oder der Fenchel ein trügerisches Äußeres auf. Von ihrem Anblick ist man unweigerlich verzaubert und versteinert. Man ist geblendet, wie Hesiod sagt. Sie besitzt die Schönheit unsterblicher Göttinnen, ihr Aussehen ist göttlich. Ihre Schönheit, gesteigert noch durch die Geschmeide, den Stirnreif, das Kleid und den Schleier, versetzt in Entzücken. *Charis* umstrahlt sie, ein unendlicher Reiz, ein Glanz, der ihren Betrachter überwältigt und niederwirft. Ihre *charis* ist unendlich und vielfältig *(polle charis)*. Menschen und Götter geraten in ihren Bann. Doch im Innern verbirgt sich etwas anderes. Ihre Stimme wird ihr zwar ermöglichen, die Gefährtin des Mannes, sein Pendant zu werden und sich mit ihm zu unterhalten. Doch gab man ihr nicht das Wort, um Wahres zu sprechen und Gefühle zu äußern, sondern um Falsches zu sagen und Empfindungen zu verschleiern.

Wie wir bereits gesehen haben, entstanden in der Nachkommenschaft der Nacht sämtliche Übel: der Tod, das Gemetzel, die Erinnyen natürlich, aber auch Wesen, die soviel bedeuten wie »verlogene und verführerische Worte« oder »liebevolle Vereinigung und Zärtlichkeit«. Doch auch Aphrodite begleiten seit ihrer Geburt verlogene Worte und die Anziehungskraft der Liebe. Finsteres und Leuchtendes, Glückstrahlendes und düsterer Kampf treffen in Form dieser Lügen, dieser verführerischen Kraft der Liebe aufeinander. Da steht nun Pandora, die erste Frau, leuchtend wie Aphrodite, dunkel wie ein Kind der Nacht, gestrickt aus Lügen und Koketterie. Nicht für die Götter wurde die *parthenos* von Zeus' Hand geschaffen, sondern einzig für die Sterblichen. Genau wie Zeus den Sterblichen Streit und Gewalt hinabgeschickt hatte, um sich ihrer zu entledigen, gedachte er ihnen auch diese weibliche Figur zu.

Prometheus sieht sich neuerlich besiegt. Er versteht sofort, was dem armen Menschengeschlecht, das er zu begünstigen versuchte, bevorsteht. Wie sein Name Pro-metheus besagt, ist er der, der im voraus versteht, der im voraus bedenkt, während sein Bruder, der Epi-metheus heißt, der ist, der im nachhinein *(epi)*, zu spät bedenkt, der Enttäuschte, der hinters Licht Geführte, der nichts hat kommen sehen. Wir armen unglücklichen Sterblichen sind stets prometheisch und epimetheisch zugleich. Wir sind vorausschauend, wir machen Pläne, doch laufen die Dinge nicht wie erwartet, sind wir überrascht und stehen schutzlos da. Prometheus aber versteht, was geschehen wird, und warnt seinen Bruder: »Hör zu, Epimetheus, falls dir die Götter ein Geschenk machen sollten, nimm es bloß nicht an und schicke es dahin zurück, wo es herkam.« Epimetheus schwört natürlich, sich nicht hereinlegen zu lassen. Doch da schickt ihm die Götterversammlung die bezauberndste Person, die man sich nur vorstellen kann. Sie klopft an seine Tür, und Epimetheus öffnet ihr. Vor ihm steht Pandora, das Geschenk der Götter an die Menschen. Verzückt und hingerissen läßt er sie eintreten. Tags darauf ist er verheiratet und Pandora durch die Heirat bei den Menschen eingeführt. Mit ihr beginnen alle Übel.

Die Menschheit hat jetzt zweierlei Natur, sie setzt sich nicht mehr nur aus der männlichen Gattung, sondern aus zwei unterschiedlichen Geschlechtern zusammen, die beide für die menschliche Fortpflanzung notwendig sind. Von dem Augenblick an, da die Götter die Frau schufen, sind die Menschen nicht mehr einfach da, sie werden von den Frauen geboren. Für ihre Fortpflanzung müssen die Sterblichen sich paaren. Dies löst eine andere Bewegung in der Zeit aus.

Weshalb aber hat Pandora, die erste Frau, in den griechischen Erzählungen ein hündisches Herz und eine diebische Natur? Hier gibt es einen Zusammenhang mit den ersten beiden Teilen dieser Geschichte. Die Menschen verfügen über Korn und Feuer nicht mehr wie ehedem, als sie sich damit ganz natürlich, mühelos und fortwährend versorgen konnten. Die Mühsal ist von nun an Bestandteil des Lebens; die Menschen führen ein schwieriges, dürftiges, ungewisses Dasein, in dem sie sich unentwegt einschränken müssen. Der Bauer plagt sich ab auf seinem Feld und erntet nicht viel. Da den Menschen nie etwas in ausreichender Menge zur Verfügung steht, ist Sparsamkeit und Vorsicht geboten, sie dürfen nur das Allernötigste verbrauchen. Pandora aber, wie auch das gesamte »Geschlecht« *(genos)* der Frauen, das aus ihr hervorging, zeichnet sich nun eben dadurch aus, stets unzufrieden, wählerisch und geschwätzig zu sein. Mit dem wenigen Vorhandenen gibt sie sich nicht zufrieden, sie möchte, daß man ihren Hunger stillt und ihre Wünsche erfüllt. Nun präzisiert die Geschichte, daß Hermes sie mit einer hündischen Seele versah. Ihr hündisches Wesen ist zweierlei Gestalt. Es betrifft zunächst die Nahrung. Pandora hat einen solchen Heißhunger, daß sie mit dem Essen gar nicht wieder aufhört, stets muß sie tafeln. Vielleicht hat sie eine vage Erinnerung an die gesegnete Zeit, vielleicht träumt sie vom goldenen Zeitalter in Mekone, als die Menschen tatsächlich ohne Unterlaß tafelten und keinen Finger krümmen mußten. Sobald eine Frau ein Haus bewohnt, zieht unstillbarer Hunger ein. So ist die Situation mit dem vergleichbar, was sich in Bienenstöcken abspielt. Auf der einen Seite gibt es die fleißigen Bienen, die gleich am Morgen auf die Felder fliegen, sich auf den Blumen niederlassen und den Pollen sammeln, den sie in ihren Bienenstock bringen. Auf der anderen Seite gibt es die Drohnen, die ihre Heimstatt nie verlassen und deren Hunger nie gestillt ist. Sie verzehren den ganzen Pollen, der von den Arbeiterinnen draußen in geduldiger Arbeit eingesammelt wurde. Das gleiche gilt für die Behausungen der Menschen. Auf der einen Seite gibt es die

Männer, die draußen auf den Feldern schwitzen, sich beim Ziehen der Furchen abplagen, das Korn überwachen und einsammeln, auf der anderen Seite die Frauen, die den Drohnen gleich die Ernte im Innern der Häuser verschlingen. Das ist auch der Grund, weshalb eine Frau versucht, einen Mann zu verführen. Sie hat es auf die Scheune und die Vorräte abgesehen. Mit der Gewandtheit ihrer verführerischen Worte, mit ihrer verlogenen Seele, ihrem Lächeln und ihrem, wie Hesiod schreibt, »herausgeputzten Hintern« singt sie dem Junggesellen das Lied von der Verführung, während sie in Wirklichkeit nach den Kornvorräten äugt. Und jeder Mann, von ihrem Anblick verzaubert und verblüfft, läßt sich wie vor ihm schon Epimetheus um den kleinen Finger wickeln.

Zu der Gier der Frau nach Nahrung, die die Gesundheit ihres Mannes ruiniert, weil er nie genügend Kost nach Hause bringt, gesellt sich die unersättliche geschlechtliche Begierde. Es ist kein Zufall, wenn Klytaimnestra und andere Ehefrauen, die ihren Mann betrogen haben, von sich sagen, die Hündin gewesen zu sein, die das Haus bewachte. Diese hündische Natur ist natürlich in ihrer sexuellen Bedeutung zu verstehen.

Selbst die besten Frauen, jene, die ihrem Wesen nach besonnen sind, haben, so erzählen es die Griechen, diese besondere Eigenschaft von Natur aus. Dadurch, daß sie aus Lehm und Wasser gefertigt wurden, gehörten sie einem feuchten Universum an. Die Natur der Männer hingegen sei eher mit dem Trockenen, dem Warmen, dem Feuer verwandt.

Zu bestimmten Zeiten des Jahres und besonders an den heißesten Tagen, den sogenannten Hundstagen, wenn das Sternbild des Großen Hundes Sirius unweit der Erde am Himmel erscheint, wenn Sonne und Erde in gerader Linie zueinander stehen, ermatten die Männer, trocken wie sie sind, in der glühenden Hitze. Die Frauen indessen blühen dank ihrer Feuchtigkeit auf. Von ihrem Gatten verlangen sie unermüdlich, die Erfüllung der ehelichen Pflichten, die diesen völlig erschlagen.

Wenn Prometheus eine List ersonnen hatte, die darin bestand, Zeus das Feuer zu stehlen, so zog er sich eine Antwort zu, die von der Frau verkörpert wird. Sie ist ein Synonym für das Diebesfeuer und wurde von Zeus geschaffen, um den Menschen zu peinigen. Die Frau und vor allem die Ehefrau ist in der Tat ein Feuer, welches Tag für Tag an ihrem Mann zehrt, welches ihn austrocknet und vorzeitig altern läßt. Pandora ist das Feuer, das Zeus in die Häuser brachte und das die Männer verbrennt, ohne entfacht werden zu müssen. Die Frau, das Diebesfeuer ist die Antwort auf das Feuer, das gestohlen wurde. Wäre die Frau aber wirklich nur jene hündische Seele, jene Lügnerin, die nach der Scheune äugt und mit ihrem »herausgeputzten Hintern« ihre Ehemänner vorzeitig ins Grab bringt, dann hätten diese sicherlich versucht, auch ohne Ehefrau auszukommen. Doch auch hier sind Inneres und Äußeres entgegengesetzt. Die Frau ist durch ihre animalische Gier nach Nahrung und Geschlechtsverkehr eine *gaster*, ein Magen, ein Bauch. Sie stellt in gewisser Hinsicht das Animalische der menschlichen Gattung dar, ihre bestialische Seite. Als *gaster* verschlingt sie sämtliche Reichtümer ihres Mannes. Als Prometheus den Teil der Nahrung, den er den Menschen zudachte, in die *gaster* des Rindes hüllte, hätte er nicht gedacht, daß seine Tat so wirksam sein würde. Doch auch hier ist er das Opfer seiner eigenen List. Das Dilemma ist fortan das folgende: Heiratet ein Mann, kann er so gut wie sicher sein, daß sein Leben zur Hölle wird, es sei denn, er stößt auf eine gutmütige Gattin, was jedoch äußerst selten vorkommt. Das Eheleben ist eine Hölle, in der ein Übel zum anderen kommt. Heiratet der Mann dagegen nicht, könnte er zwar ein glückliches Leben führen, hätte er von allem mehr als genug, würde es ihm nie an etwas fehlen, doch würde sein gesamtes Hab und Gut bei seinem Tod verteilt werden und gelänge in die Hände ferner Verwandter, für die er keine besondere Zuneigung hegt. Heiratet er, ist es eine Katastrophe, heiratet er nicht, ist es eine andere Form der Katastrophe.

Das Wesen der Frau ist zweifacher Natur. Sie ist der Magen, der

Bauch, der alles verschlingt, was ihr Mann mühsam in harter, qualvoller und ermüdender Arbeit geerntet hat. Ihr Bauch kann jedoch auch als einziger das hervorbringen, was das Leben eines Menschen weiterführen kann, ein Kind. Der weibliche Bauch symbolisiert paradoxerweise sowohl den Anteil der Nacht im menschlichen Leben, die Erschöpfung, als auch den der Aphrodite, die Geburt neuen Lebens. Die Gattin verkörpert die Gefräßigkeit, die vernichtet, und die Fruchtbarkeit, die erzeugt. Sämtliche Widersprüche unseres Daseins vereint sie in sich. Wie das Feuer ist sie das Merkmal des eigentlich Menschlichen, denn einzig die Menschen heiraten. Die Heirat unterscheidet sie von den Tieren, die sich anläßlich zufälliger Begegnungen paaren und alles fressen, worauf sie stoßen. Die Frau ist demnach das Merkmal des kultivierten Lebens. Gleichzeitig wurde sie nach dem Bild der unsterblichen Göttinnen geschaffen. Schaut man eine Frau an, sieht man Aphrodite, Hera und Athena. Durch ihre Schönheit, ihre Verführungskraft und ihre *charis* ist sie in gewisser Hinsicht die Präsenz des Göttlichen auf Erden. Die Frau vereint in ihrer Person sowohl die hündische Seite des menschlichen Lebens als auch die göttliche und schwingt zwischen beiden Seiten hin und her.

Der Fluß der Zeit

Kommen wir mit einer Anekdote auf die Geschichte zurück. Pandora betrat Epimetheus' Haus und wurde die erste menschliche Ehefrau. Zeus flüstert ihr ins Ohr, was sie tun soll. Wie in jedem Haus eines griechischen Bauern gibt es auch in Epimetheus' Haus eine Unmenge großer Tonkrüge. Unter den Krügen ist nun einer, der nicht angerührt werden darf. Seine Herkunft ist ungewiß. Angeblich haben Satyrn ihn ins Haus gebracht. Eines Tages, als ihr Mann das Haus verlassen hat, raunt Zeus Pandora ins Ohr, sie solle den Deckel dieses Tonkrugs öffnen und ihn gleich danach wieder schließen. Genau das tut sie. Sie nähert sich den vielen Krügen, von denen einige Wein enthalten, andere wiederum Korn oder Öl. Alle Lebensmittelvorräte sind in ihnen versammelt. Als Pandora den Deckel des Kruges abhebt, entweichen noch in derselben Sekunde alle Übel, alle schlechten Dinge und breiten sich über das Universum aus. Als Pandora den Deckel wieder schließt, ist im Innern lediglich *elpis* zurückgeblieben, die Hoffnung, die Erwartung künftiger Ereignisse. Sie war nicht dazu gekommen, den Tonkrug zu verlassen.

Wenn sich die Übel über die Welt ausbreiteten, dann nur wegen Pandora. Allein Pandoras Anwesenheit war schon die Verkörperung allen Übels gewesen. Durch den geöffneten Krug sind sie jetzt noch zahlreicher geworden. Müdigkeit, Krankheiten, Tod und Unfälle gibt es jetzt zuhauf. Die Übel sind unglaublich mobil, sie sind unaufhörlich in Bewegung, verbreiten sich in alle Richtungen, bleiben nie an Ort und Stelle. Sie sind unsichtbar, geräusch- und formlos, anders als Pandora, die nicht nur sichtbar, sondern wunderschön anzuschauen ist und der man gerne lauscht. Zeus gab den Übeln weder Gesicht noch Stimme, damit die Menschen sich nicht vor ihnen schützen oder sie von sich fernhalten können. Weil die Menschen um die Entsetzlichkeit der Übel wissen und sie versuchen würden, sie zu vermeiden, bleiben diese Übel im Unsichtbaren versteckt. Die Frau, das Übel, das man sieht und hört, das von ihrer verführerischen Schönheit, ihrer Sanftmut und ihren Reden kaschiert wird, zieht an und bezaubert, anstatt zu erschrecken. Eines der Merkmale des menschlichen Daseins ist die Trennung zwischen der äußeren Erscheinungsform des Sicht- und Hörbaren und ihrem tatsächlichen Wesen. Dies ist Zeus' Antwort auf Prometheus' Kniffe.

Prometheus selbst kommt weitaus schlechter weg. Zeus fesselt ihn auf halber Höhe zwischen Himmel und Erde an einen Berg, an eine Felsspitze, legt ihn in Ketten und bindet ihn fest. Prometheus, der den Menschen das Fleisch, die sterbliche Nahrung gebracht hatte, dient jetzt dem Adler des Zeus als Nahrung, der der Träger seines Blitzstrahls ist, der Bote seiner unbesiegbaren

Macht. Jetzt ist Prometheus das Opfer, dessen Fleisch kunstgerecht zerlegt wird. Jeden Tag frißt Zeus' Adler an seiner Leber, bis nichts mehr von ihr übrig ist. Da der Titan unsterblich ist, wächst nachts die Leber nach, so daß sich der Adler jeden Tag aufs neue von Prometheus' Fleisch ernähren kann und jeden Morgen aufs neue seine Kost unberührt vorfindet. Dies geht so lange weiter, bis Herakles ihn mit Zeus' Zustimmung losbindet. Prometheus hatte seine Unsterblichkeit von dem Kentauren Chiron erhalten. Chiron, der zivilisierende Held, der Achilleus und so viele andere gelehrt hat, wie man sich als Held vervollkommnet und mit Verletzungen umgeht, litt selbst an einer unheilbaren Verletzung und konnte nicht sterben, obwohl er es sich wünschte. So fand ein Austausch statt. Chiron schenkte Prometheus seine Unsterblichkeit und erhielt im Gegenzug Prometheus' Tod. Beide waren erlöst.

Prometheus wird da gestraft, wo er gesündigt hat. Er wollte den Sterblichen das Fleisch und insbesondere die Leber schenken. Im Opfertier stellt dieses Organ ein ausgewähltes Stück dar, denn an ihm läßt sich ablesen, ob die Götter das Opfer angenommen haben oder nicht. Mit seiner Leber wird Prometheus nun seinerseits zu einer Lieblingsspeise, der von Zeus' Adler. Der Adler symbolisiert den göttlichen Blitzstrahl, er trägt Zeus' vernichtendes Feuer. Das Feuer, das der Titan einst gestohlen hat, kehrt in gewisser Hinsicht in seine Leber zurück, um sich dort seinen Teil des sich stetig erneuernden Festmahls zu nehmen.

Ein weiteres Detail verdient Beachtung. Prometheus ist ein zweideutiges Wesen, dessen Platz in der Götterwelt unklar ist. Die Geschichte von der Leber, die jeden Tag verzehrt wird und jede Nacht wieder nachwächst, zeigt, daß es mindestens drei Zeit- und Lebensformen gibt. Es gibt die Zeit der Götter, die Ewigkeit, in der sich nichts ereignet, in der alles bereits vorhanden ist, in der nichts vergeht. Es gibt die Zeit der Menschen. Sie ist eine lineare Zeit, die stets in derselben Richtung verläuft. In ihr wird man geboren, wächst heran, erreicht das Erwachsenenalter, altert und stirbt. Alle lebenden Wesen sind ihr unterworfen. Wie Platon sagt, ist es eine Zeit, die geradeaus läuft. Bei der dritten Zeit schließlich muß man an Prometheus' Leber denken. Sie ist kreis- oder zick-zackförmig und weist auf eine Daseinsform hin, die der des Mondes nahekommt, der endlos zunimmt, abnimmt und neu entsteht. Diese prometheische Zeit gleicht dem Lauf der Sterne, das heißt jenen Kreisläufen, die sich in die Zeit einfügen und mit deren Hilfe sich diese messen läßt. Es ist weder die Ewigkeit der Götter noch die Zeit auf Erden, jene Zeit der Sterblichen, die stets in derselben Richtung verläuft. Es ist eine Zeit, von der die Philosophen sagen werden, sie sei das bewegte Bild der unbewegten Ewigkeit. Auch die Figur des Prometheus steht wie seine Leber zwischen der linearen Zeit der Sterblichen und dem ewigen Sein der Götter. Seine Vermittlerfunktion tritt in dieser Geschichte deutlich zutage. Nicht umsonst steht er zwischen Himmel und Erde, auf halber Höhe einer Felsspitze, in einem Zwischenraum. Er ist die Nahtstelle, an der ein vorsintflutliches Zeitalter, in dem es in einem organisierten Kosmos noch keine Zeit gab, in dem Götter und Menschen miteinander lebten und in dem der Nicht-Tod, die Unsterblichkeit waltete, mit einem Zeitalter in Berührung kommt, in dem die Götter von den Sterblichen getrennt leben und letztere dem Tod und der vergehenden Zeit unterworfen sind. Prometheus' Leber ist ein Ebenbild der Sterne, es gleicht dem, was der göttlichen Ewigkeit Rhythmus und Maß verleiht und so zwischen der Welt der Götter und der der Menschen eine Vermittlerrolle spielt.

Der Trojanische Krieg

Anders als Jean Giraudoux behauptete, hat der Trojanische Krieg tatsächlich stattgefunden. Aber wozu ihn nacherzählen, wenn er schon durch einen Dichter, Homer, bekannt geworden ist! Das kann nur eine schlechte Zusammenfassung werden. Dagegen kann man versuchen, von den Gründen und der Bedeutung dieses Konflikts zu erzählen. Die Auseinandersetzung hat ihre Wurzeln in einer Vergangenheit, die weit zurückliegt. Um sie zu verstehen, muß man sich in eine Reihe von Gebirgen begeben, die am Anfang dieses Dramas stehen, das die Sterblichen erlebt haben. Es sind der Pelion in Griechenland, der Ida in Troas und der Taygetos in Sparta. Diese Bergmassive sind Hochgebirge und damit Orte, an denen die Entfernung zwischen Göttern und Menschen weniger groß ist als an anderen und an denen die Grenzen zwischen Sterblichen und Unsterblichen gleichsam durchlässig werden, ohne völlig zu verschwinden. Manchmal kommt es auch vor, daß das, was göttlich, und das, was menschlich ist, ineinander übergehen. Mitunter nutzen die Götter diese Nähe aus – so im Trojanischen Krieg –, um den Menschen jene Übel, jene Katastrophen weiterzureichen, derer sie sich selbst entledigen wollen. Sie werfen sie dann aus der leuchtenden Sphäre, in der sie ihren Wohnsitz errichtet haben, heraus, damit sie sich auf der Erdoberfläche festsetzen.

Alles beginnt auf dem Pelion, als Peleus, König von Phthia, und Thetis, die Nereïde, Hochzeit feiern. Thetis ist wie ihre fünfzig Schwestern, die mit ihrer wohltuenden und anmutigen Gegenwart die oberen Wasser und den Grund des Meeres bevölkern, die Tochter des Nereus, der auch der »Alte Mann des Meeres« genannt wird. Nereus selbst ist der Sohn des Pontos, des Meeresstroms. Gaia erzeugte ihn zu Anbeginn des Universums, zur gleichen Zeit wie Uranos. Durch ihre Mutter Doris sind die Nereïden Nachfahren des Okeanos, jenes kosmischen Urstroms, der das Universum umgürtet, indem er es im Kreislauf seiner Gewässer umspannt. Thetis ist neben Amphitrite vielleicht eine der repräsentativsten Nereïden. Wie andere Meeresgöttinnen besitzt sie eine unglaubliche Gabe der Verwandlung. Sie kann alle erdenklichen Formen annehmen, sie kann in die Gestalt des Löwen, der Flamme, der Palme, des Vogels oder in die des Fisches schlüpfen. Ihr Repertoire an Verwandlungsmöglichkeiten ist gewaltig. Als Meeresgöttin besteht sie wie das Wasser nur aus Flüssigem, keine Form kann sie umschließen. Sie kann jederzeit von einem Gewand ins nächste wechseln, ihrem eigenen Anblick entrinnen wie Wasser, das durch die Finger rinnt und sich nicht festhalten läßt. Vielleicht ist gerade die extrem große Geschmeidigkeit dieser Göttin, ihre nicht zu fassende Flüssigkeit der Grund dafür, daß sie in den Augen der Griechen eine Form der Macht verkörpert, die nur wenigen Gottheiten zuteil wurde. Ebensolche Macht verkörpert vielleicht noch die Göttin Metis, die Zeus in erster Ehe geheiratet hatte. Wie wir bereits gesehen haben, war Zeus auch mit anderen Göttinnen verheiratet. Metis hat er zu seiner Gattin gemacht, weil er wußte, daß das Kind, welches Metis von ihm empfangen würde, aufgrund ihrer unglaublichen Geschmeidigkeit, ihrer Finesse und ihres Flusses eines Tages schlauer und stärker sein würde als er selbst. Dies ist auch der Grund, weshalb er die Göttin, kaum daß sie von ihm schwanger war, durch List eilends hinunterschluckte. Metis sollte Teil von ihm werden. Das Kind, das zur Welt kommen wird, ist Athena, und es sollte das einzige bleiben.

Die wogende und feinsinnige Kraft, die Metis verkörpert, wohnt von nun an gänzlich Zeus' Person inne. Folglich wird es keinen Jungen geben, der zum entsprechenden Zeitpunkt seinen Vater besiegt. So verkehrt sich das, was streng genommen das Schicksal der Menschen ist, in sein Gegenteil: So stark, kräftig, klug, königlich und souverän ein Mann auch sein mag, es wird der Tag kommen, an dem die Zeit ihm zu schaffen machen, das Alter auf ihm lasten wird und an dem der von ihm gezeugte

Sprößling, jener Knabe, den er auf seinen Knien reiten ließ, den er beschützte und ernährte, ihn an Stärke übertreffen und dazu bestimmt sein wird, seinen Platz einzunehmen. Dagegen wird es in der Welt der Götter nach Zeus' Inthronisierung in niemandes Macht stehen, ihn aus dem Weg zu räumen, um den Thron zu besetzen.

Thetis nun ist mit ihrer Gabe der magischen Verwandlung ein bezauberndes, äußerst verführerisches Geschöpf, in das sich zwei bedeutende Götter, Zeus und Poseidon, verliebten. Beide streiten sich um sie, beide rechnen fest damit, sie zu heiraten. In jenem anderen Streit, in dem sich Zeus und Prometheus feindlich gegenüberstehen, hat der Titan eine Waffe in der Hinterhand, einen Trumpf im Spiel. Er allein ist im Besitz eines schrecklichen Geheimnisses, das den Streit zwischen Zeus und Poseidon betrifft: Wenn sich Zeus' Wunsch verwirklicht, wenn es ihm gelingt, sich mit Thetis zu vereinigen, dann wird ihr Kind ihm eines Tages das zufügen, was er selbst seinem Vater Kronos und dieser seinem Vater Uranos zugefügt hat. Der Kampf zwischen den Generationen, der die Jungen zu Rivalen der Alten macht, den Sohn zum Rivalen des Vaters, würde dann für immer in der göttlichen Welt Einzug halten und endgültig die Ordnung in Frage stellen, von der Zeus wollte, daß sie unveränderlich sei und so bliebe, wie er als Souverän sie errichtet hatte.

Wie nun gelang es Zeus, dieses Geheimnis zu lüften? In einer Erzählung heißt es, daß Herakles Prometheus erlösen wollte und Zeus um dessen Zustimmung bat. Zeus war hierzu unter der Bedingung bereit, daß der Titan sein Geheimnis preisgibt. Prometheus willigt ein, und so werden Zeus und nach ihm Poseidon vor der Gefahr gewarnt. Daraufhin verzichten die Götter darauf, sich mit Thetis zu vereinigen. Doch Thetis soll deswegen nicht ewig Jungfrau bleiben und nie die Liebe kennenlernen. Nein, die Götter sind großmütig, sie werden das unabwendbare Schicksal, das darin besteht, im gegebenen Moment den Platz für die Jungen räumen zu müssen, auf die Menschen abwälzen. Thetis wird ein außergewöhnliches sterbliches Kind zur Welt bringen, das seinen Erzeuger in jeder Hinsicht übertreffen wird: Als vorbildlicher Held wird es in der Welt der Menschen den Gipfel kriegerischer Tugenden darstellen. Es wird der Beste sein, der nicht zu Übertreffende. Dieses Kind ist Achilleus, Sohn der Thetis und des Peleus und eine der zentralen Gestalten des Trojanischen Krieges, dessen Ausbruch auf diese Geschichte zurückzuführen ist.

Peleus' Hochzeit

Zeus und die Götter kommen zu einem einhelligen Entschluß. Thetis muß den Thessalier Peleus, König von Phthia, heiraten. Wie aber kann man ihr Einverständnis erlangen? Wie kann man die Göttin davon überzeugen, freiwillig ihren Rang einzubüßen, indem sie einen einfachen Sterblichen heiratet, auch wenn es sich dabei um einen König handelt? Einzugreifen, um einer der ihren eine derart unstandesgemäße Heirat aufzuzwingen, steht den Göttern nicht an. Peleus muß folglich alleine damit zurechtkommen, seine Gattin zu erobern, und nimmt sich ein Beispiel an den anderen Helden, denen es gelang, Meeresgottheiten zu unterwerfen und von ihnen das Gewünschte zu erhalten. Einer dieser Helden war Menelaos, der siegreich gegen Proteus und dessen Verwandlungen angekämpft hatte. Dem Ritual gemäß muß Peleus Thetis entführen, um sie von ihrem Meereswohnsitz in das Haus, den Palast, den Wohnsitz und das Heim ihres zukünftigen Gatten zu bringen.

Also macht sich Peleus eines schönen Tages zum Meer auf. Da taucht plötzlich Thetis vor ihm auf. Er spricht mit ihr, erwischt sie am Arm, zieht sie an sich. Thetis nimmt alle erdenklichen Formen an, um ihm zu entfliehen. Doch Peleus ist vorgewarnt: Das einzige Mittel, um mit diesen wogenden, sich wandelnden Gottheiten fertig zu werden, besteht darin, sie in einen unnachgiebigen Griff zu nehmen und festzuhalten. Egal ob sie sich in ein

Wildschwein, in einen kräftigen Löwen, in eine heiße Flamme oder in Wasser verwandeln, man muß sie mit ineinander fest verschränkten Händen in einen eisernen Griff nehmen und darf sie nicht mehr loslassen, komme was wolle. Die besiegte Gottheit wird dann darauf verzichten, ihr gesamtes Formenarsenal zu entfalten, über das sie zwar frei verfügen kann, das jedoch nicht unerschöpflich ist. Wenn sie den gesamten Zyklus der geliehenen Erscheinungen durchlaufen hat, findet sie zu der ursprünglichen, eigentlichen Gestalt einer jungen und schönen Göttin zurück; dann ist sie besiegt. Die letzte Gestalt, die Thetis annimmt, um sich aus dem eisernen Griff zu befreien, ist die des Tintenfischs. Seitdem trägt die Landzunge, auf der sich der voreheliche Kampf zwischen Peleus und Thetis abspielte, den Namen Sepiaskap, das Kap der Tintenfische. Thetis verwandelte sich in einen Tintenfisch, weil dieser in dem Augenblick, wo man ihn zu packen sucht oder in dem ein Meerestier ihn bedroht, gewöhnlich schwarze, ihn völlig verschleiernde Tinte verspritzt, so daß er verschwindet, als sei er in der von ihm selbst hervorgerufenen und verbreiteten Dunkelheit ertrunken. Es ist Thetis' letzter Trumpf, wie der Tintenfisch muß sie ihre Tinte verspritzen. Trotz des finsteren Nebels, in den Peleus gehüllt ist, hält er stand, lockert nicht seinen Griff, und so ist es Thetis, die schließlich nachgeben muß. Die Hochzeit findet statt. Sie wird auf den Gipfeln des Pelion gefeiert. Doch der Pelion ist nicht nur das Gebirge, das Götter und Menschen einander näherbringt, das sie nach einem ungleichen Tausch wieder zusammenführt. Was die Götter Peleus zusammen mit dem Privileg, sich mit einer Göttin zu vereinen, übersenden, sind alle Gefahren, welche diese Hochzeit für sie selber darstellte und die sie deshalb in die menschliche Welt abschieben. Alle Götter steigen vom Olymp, vom ätherischen Himmel, um sich auf den Gipfeln des Pelion zu versammeln, wo die Hochzeit gefeiert wird.

Das Gebirge ist ein zweideutiger Ort. Es ist nicht nur ein Treffpunkt für Götter und Menschen, sondern auch der Wohnsitz der

Kentauren, inbesondere der des Chiron, des ältesten und berühmtesten unter ihnen. Der Status der Kentauren ist ambivalent, ihre Position unklar: sie haben den Kopf eines Menschen, einen bereits pferdeähnlichen Oberkörper und den Rumpf eines Pferdes. Sie sind wilde, grausame Wesen, die unter dem Menschen stehen, zu Trunkenheit imstande sind und Frauen entführen. Zugleich stehen sie auch über ihnen, denn wie Chiron stellen sie ein Vorbild an Weisheit, Mut und jenen Tugenden dar, die ein junger Mann beherrschen muß, um zu einer wirklich heldenhaften Gestalt zu werden. Er muß in der Lage sein, zu jagen, mit Waffen umzugehen, zu singen, zu tanzen, zu urteilen und stets Herr seiner selbst zu bleiben. Diese Tugenden lehrte der Kentaur Chiron verschiedene Kinder, unter ihnen auch Achilleus. An diesem Ort im Gebirge also, der von Wesen bevölkert wird, die bestialisch und übermenschlich zugleich sind, wo die Götter sich unter die Menschen mischen, wird die Hochzeit gefeiert. Die Musen singen das Epithalamion, das Hochzeitslied. Jeder Gott hat ein Geschenk dabei. Peleus erhält eine Lanze aus Eschenholz, einen Brustpanzer, den Hephaistos persönlich für ihn geschmiedet hat, und zwei wunderbare, unsterbliche Pferde, Balios und Xanthos. Sie sind unverletzbar und schnell wie der Wind, und in bestimmten Augenblicken sprechen sie, anstatt zu wiehern. Wenn auf dem Schlachtfeld das Los des Todes, das die Götter den Menschen zudachten, droht, prophezeien sie mit menschlicher Stimme das künftige Geschehen, so als sprächen durch ihre Stimme hindurch die fernen Götter ganz aus der Nähe. So im Kampf zwischen Achilleus und Hektor, als die Pferde Achilleus nach Hektors Niederlage und Tod verkünden, daß er selbst bald sterben werde.

Mitten im Jubel, mitten in Gesang und Tanz, inmitten der großzügigen Geschenke, mit denen die Götter Peleus anläßlich seiner Hochzeit bedachten, erscheint auf dem Pelion eine Figur, die nicht eingeladen war: die Göttin Eris, die Zwietracht, die Eifersucht, der Haß. Obwohl sie nicht eingeladen war, platzt sie unvermittelt in die Hochzeitsfeier hinein und überreicht Peleus ein herrliches Liebesgeschenk: einen goldenen Apfel, Pfand der für das geliebte Wesen empfundenen Leidenschaft. Eris wirft das wunderschöne Geschenk mitten ins Fest, mitten unter die versammelten, tafelnden Götter, mitten unter die anderen, zur Schau gestellten Geschenke. Doch der Apfel ist durch eine Inschrift »für die Schönste« bestimmt. Die auf der Hochzeit anwesenden Göttinnen Athena, Hera und Aphrodite sind alle drei davon überzeugt, daß ihr der Apfel zusteht. Doch wer wird ihn erhalten?

Da liegt nun auf dem Gipfel des Pelion dieser goldene Apfel, dieses wunderbare, funkelnde Juwel, und wartet darauf, genommen zu werden. Götter und Menschen sind versammelt, Peleus war es gelungen, Thetis trotz ihrer Zauberkünste in den Ring seiner Arme zu schließen. Da taucht dieser Apfel auf, der den Trojanischen Krieg nach sich ziehen wird. Dieser Krieg hat seine Ursache nicht allein in den Wirren der Menschheitsgeschichte. Er leitet sich aus einer weit komplexeren Situation her, die mit dem Wesen der Beziehungen zwischen Göttern und Menschen zu tun hat. Die Götter wollen weder altern noch den Generationenkampf erleben und gedenken daher beides den Menschen in jenem Moment zu, in dem sie ihnen Göttinnen als Ehefrauen schenken. So entsteht folgende tragische Situation: Die Menschen können nicht Hochzeit feiern, ohne auch die Erfahrung von Trauerfeiern zu machen. In der Ehe selbst, in der Übereinkunft dieser so unterschiedlichen Wesen wie Mann und Frau, verbindet sich Ares, der entzweiende, trennende Gott des Krieges mit der Eintracht stiftenden, vereinenden Aphrodite. Liebe, Leidenschaft, Verführung und erotischer Genuß sind gleichsam die Kehrseite der Gewalt und des Verlangens, den Gegner zu besiegen. Wenn sich durch die Vereinigung der Geschlechter die Generationen auch erneuern, wenn sich die Menschen fortpflanzen und die Erde dank der Ehen neu bevölkert wird, besteht die Kehrseite der Medaille darin, daß sie zu zahlreich werden.

Wenn die Griechen über den Trojanischen Krieg nachdachten, sagten sie mitunter selbst, daß der wirkliche Grund für diesen

Krieg darin bestanden hatte, daß die Götter über die scharenweise Fortpflanzung der Menschen erzürnt waren und die Erdoberfläche von dieser lärmenden Menge befreien wollten, den babylonischen Erzählungen gleich, in denen die Götter beschließen, den Menschen die Sintflut zu schicken. Die Menschen machen entschieden zu viel Lärm. Auf der einen Seite gibt es die ätherische, stille Zone, in der die Götter sich besinnen und gegenseitig betrachten, auf der anderen die Menschen, die in heller Aufregung umherschwirren und sich vor Streitereien die Lunge aus dem Hals schreien. In den Augen der Götter hilft da nur ab und zu ein Krieg, und das Problem ist geregelt. Die Ruhe ist wieder eingekehrt.

Drei Göttinnen und ein goldener Apfel

So endet der erste Akt des Drehbuchs, das zum Trojanischen Krieg führen wird. Wem wird mit dem Apfel der Preis für göttliche Schönheit zugesprochen? Es ist eine Entscheidung, die nicht von den Göttern getroffen werden kann. Würde Zeus die Wahl treffen, wäre eine einzige Göttin auf Kosten der beiden anderen zufriedengestellt. Als unparteiisches Oberhaupt hat er bereits die Machtbereiche und Vorrechte festgelegt, die jeder der drei Göttinnen zukommen. Würde Zeus nun Hera bevorzugen, bezichtigte man ihn der Parteilichkeit zugunsten seiner Gattin, wählte er Athena, würde man ihm seine väterliche Ader vorwerfen, und spräche er sich für Aphrodite aus, sähe man darin den Beweis, daß er dem Verlangen der Liebe nicht zu widerstehen weiß. Innerhalb der Rangordnung gibt es keinen Anlaß für Veränderungen. Zeus kann das Urteil nicht fällen. Auch hier wälzen die Götter die Verantwortung für eine Entscheidung, die sie selbst nicht tragen wollen, auf die Menschen ab, so wie sie auch unerwünschte Übel oder verhängnisvolle Schicksale auf sie schieben. Auch hier wird ein einfacher Sterblicher die Aufgabe übernehmen müssen.

Zweiter Akt. Der Berg Ida. Es ist der Ort in Troas, an dem die heroische Jugend ihre militärische Ausbildung erhält. Wie der Pelion ist es ein Gebiet hochgelegener unbewirtschafteter Flächen, fern von Städten, bestellten Feldern, Weinbergen oder Obstgärten, ein harter und rauher Lebensraum, eine einsame Gegend, die keine andere Gesellschaft bietet als die der Hirten und ihrer Herden, eine Gegend, in der man Wild jagt. Dort muß der Jüngling, selbst noch ein Wildfang, die Tugenden erlernen, die den Mann zum Helden machen: Mut, Durchhaltevermögen und Selbstbeherrschung.

Paris heißt die Person, die dafür ausgewählt wurde, im Wettbewerb der drei Göttinnen den Richtspruch zu fällen. Er hat einen zweiten Namen, Alexandros, mit dem man ihn in seiner Jugend rief. Paris ist der jüngste Sohn des Priamos. Als Hermes, der Götterbote, gefolgt von den drei Göttinnen, zum Gipfel des Ida hinabsteigt, um Paris zu bitten, den Streit zu schlichten und zu sagen, welche in seinen Augen die schönste sei, hütet Paris gerade die königlichen Herden seines Vaters. Er ist eine Art blutjunger Hirtenkönig oder Königshirte, ein *kouros* in der Blüte seiner Jugend. Seine Kindheit und Jugend waren außergewöhnlich. Er ist der jüngste Sohn der Hekabe, der Gattin des Königs Priamos, des Herrschers über Troja, jener großen, überaus reichen, schönen und mächtigen asiatischen Stadt an der Küste Anatoliens.

Kurz vor ihrer Niederkunft träumte Hekabe, sie brächte anstatt eines Menschen eine Fackel zur Welt, welche die Stadt Troja in Brand setze. Verständlicherweise befragte sie einen Seher und Verwandte, die sich in der Traumdeutung hervorgetan hatten, was es damit auf sich habe. Man schlüsselte ihr die Bedeutung auf, die gleichsam auf der Hand lag: dieses Kind brächte Troja den Tod, bewirkte seine Zerstörung durch Feuer und Flamme. Was tun? Das, was die alten Griechen in solchen Fällen immer taten. Sie weihten das Kind dem Tod, ohne es zu töten: Sie setzten es aus. Priamos vertraut das Kind der Obhut eines Hirten an und befiehlt ihm, es schutzlos, ohne Nahrung, ohne Fürsorge in jener einsamen Gegend auszusetzen, in der sich die heroische Jugend übt, nicht in der bewirtschafteten und bevölkerten Tiefebene, sondern auf den Hängen des menschenfernen, wilden Tieren überlassenen Gebirges. Ein Kind auszusetzen bedeutet, es dem Tod zu weihen, es ins Jenseits zu befördern, es verschwinden zu lassen, ohne sich die Hände mit dessen Blut zu besudeln. Nun kommt es aber mitunter vor, daß das Kind nicht stirbt und wieder auftaucht. Dann kehrt es mit Eigenschaften wieder, die darauf zurückzuführen sind, daß das Kind diese Prüfung überstand und dem Tod zu entkommen vermochte. Die Tatsache, bei seiner Geburt die Pforten des Todes siegreich durchschritten zu haben, verleiht dem Überlebenden den Glanz eines außergewöhnlichen, auserwählten Wesens. Was geschah mit Paris? Es heißt, eine Bärin habe ihn zunächst einige Tage mit ihrer Milch genährt. Das Bärenweibchen wird aufgrund seiner Art zu laufen und sich um die Jungen zu kümmern oft als eine Art Menschenmutter angesehen. Die Bärin ernährt Paris, bis Schäfer, Hirten der königlichen Herden auf dem Ida, den Neugeborenen entdecken und zu sich nehmen. Sie ziehen ihn in ihrem Kreis groß, natürlich ohne zu wissen, um wen es sich handelt. Anstatt Paris, wie er von seiner Mutter und seinem Vater bei seiner Geburt genannt worden war, nennen sie ihn Alexandros.

Die Jahre vergehen. Eines Tages trifft ein Gesandter des Palastes ein, um den schönsten Stier der königlichen Herde für ein Totenopfer zu holen, das Priamos und Hekabe dem Kind darbringen wollen, das sie in den Tod schickten. Dieser Stier nun ist das Lieblingstier des jungen Alexandros. Er beschließt, den Stier zu begleiten und zu versuchen, ihn zu befreien. Wie jedesmal bei Trauerfeierlichkeiten zu Ehren eines Verstorbenen werden nicht nur Opfer dargebracht, sondern auch Begräbnisspiele und Wettkämpfe wie Wettlauf, Boxen, Ringen und Speerwerfen veranstaltet. Der junge Alexandros schreibt sich für den Wettkampf ein, um gegen die anderen Söhne des Priamos, gegen die Besten der trojanischen Jugend anzutreten. Er geht aus allen Wettbewerben als Sieger hervor.

Alle sind verblüfft und fragen sich, wer dieser junge, prächtig anzuschauende, derart starke, derart geschickte Hirte wohl sein mag. Deïphobos, ein anderer Sohn des Priamos, dem wir im Verlauf dieser Geschichte noch begegnen werden, ist wutentbrannt und beschließt, den Eindringling, der über alle den Sieg davongetragen hat, zu töten. Er verfolgt den jungen Alexandros, der sich in den Tempel des Zeus flüchtet, in dem sich auch ihrer beider Schwester Kassandra befindet, eine wunderschöne Jungfrau, in die sich Apollon verliebte, der von ihr jedoch abgewiesen wurde. Um sich zu rächen, schenkt der Gott ihr die Gabe der unfehlbaren Prophetie. Doch die Gabe nützt ihr nichts, im Gegenteil, sie verschlimmert noch ihr Unglück, denn niemand will ihren Weissagungen Glauben schenken. In vorliegenden Fall verkündet sie: »Gebt acht, dieser Unbekannte ist unser kleiner Paris.« Und Paris-Alexandros zeigt in der Tat das Wickeltuch vor, in das er gehüllt war, als man ihn aussetzte. Es reicht aus, um ihn wiederzuerkennen. Seine Mutter Hekabe ist außer sich vor Freude, und auch Priamos, ein gütiger betagter König, freut sich darüber, sein Kind wiedergefunden zu haben. Paris wird wieder in die königliche Familie aufgenommen.

Die drei Göttinnen werden von Hermes angeführt, den Zeus damit beauftragt hatte, die Angelegenheit in seinem Namen zu regeln. Als sie Paris aufsuchen, hat er seinen Platz im königlichen Geschlecht bereits wieder eingenommen, doch die Gewohnheit beibehalten, den Herden einen Besuch abzustatten. Schließlich hat er seine gesamte Jugend als Hirte verbracht. Er ist ein Mann des Ida. Als Paris Hermes und die drei Göttinnen näherkommen sieht, ist er ein wenig überrascht und beunruhigt. Denn wenn sich eine Göttin einem Menschen nackt zeigt, in ihrem wahren, unsterblichen Gewand, nimmt das für den Betrachter ein böses Ende: Man hat nicht das Recht, das Göttliche zu sehen. Es ist ein außerordentliches Privileg und zugleich eine Gefahr, von der man sich nicht wieder erholt. Teiresias etwa verlor beim Anblick der Athena das Augenlicht. Auf dem Ida hatte sich auch die vom

Himmel herabgestiegene Aphrodite mit Anchises vereint, dem Vater des Aeneas. Nachdem Anchises ihr wie einer einfachen Sterblichen beigelegen hatte, erblickte er sie am nächsten Morgen in ihrer ganzen göttlichen Schönheit. Von Entsetzen gepackt, flehte er sie an: »Ich weiß, ich bin verloren, nie wieder kann ich den Leib eines weiblichen Geschöpfes berühren. Wer sich einmal mit einer Göttin vereint hat, kann sich danach nicht mit den Armen einer einfachen Sterblichen zufriedengeben. Wenn nicht sein Leben oder seine Augen, seine Männlichkeit ist auf jeden Fall zerstört.«

Paris ist zunächst also entsetzt. Hermes beruhigt ihn. Er erklärt ihm, daß es ihm obliege, die Wahl zu treffen und den Preis zu verleihen – die Götter hätten so entschieden – und den Schiedsspruch dadurch zu fällen, daß er sage, wer in seinen Augen die Schönste sei. Paris ist in großer Verlegenheit. Jede der drei Göttinnen, deren Schönheit zweifellos gleich groß ist, versucht, ihn durch verlockende Versprechen für sich einzunehmen. Würde sie seine Auserwählte, so schwört eine jede von ihnen, gäbe sie ihm eine einzigartige und besondere Macht, eine Macht, die zu vergeben allein ihr zusteht.

Athena bietet ihm an: »Wenn du mich wählst, wirst du im Krieg siegreich aus den Kämpfen hervorgehen und erhältst die Weisheit, um die dich alle Welt beneiden wird.« Hera erklärt ihm: »Wenn du mich wählst, dann erhältst du die Krone, dann wirst du Herrscher über ganz Asien, denn als Gattin des Zeus wohnt meinem Bett die gesamte Herrschaft inne.« Was Aphrodite betrifft, so verkündet sie: »Wenn du mich vorziehst, wirst du der vollkommene Verführer sein, die schönsten Frauen werden dir zu Füßen liegen und insbesondere Helena, deren Ruf schon überallhin geeilt ist. Deinem Anblick wird sie nicht widerstehen. Du wirst der Liebhaber und Gatte der schönen Helena sein.« Der Sieg im Krieg, die Hoheitsgewalt, die schöne Helena, die Schönheit, der Genuß, das Glück an der Seite einer Frau ... Paris wählt Helena. Damit kommt vor dem Hintergrund des Beziehungsgeflechts zwischen Göttern und Menschen der Mechanismus in Gang, dessen Installierung den zweiten Akt dieser Geschichte ausgemacht hat.

Helena, schuldig oder unschuldig?

Der dritte Akt dreht sich ganz um Helena. Auch Helena ist die Frucht eines göttlichen Abstechers in die Menschenwelt. Ihre Mutter Leda, eine Sterbliche, ist die Tochter des Thestios, des Königs von Kalydon. Als junges Mädchen begegnet sie dem Lakedaimonier Tyndareos, den die Wechselfälle des politischen Lebens aus seiner Heimat vertrieben hatten und der Zuflucht bei Thestios fand. Doch bevor er nach Sparta zurückkehrt, um sich dort die Krone zurückzuholen, die man ihm geraubt hatte, verliebt er sich in Leda und bittet um ihre Hand. Mit großem Prunk wird die Hochzeit gefeiert. Doch die außergewöhnliche Schönheit des Mädchens hat nicht nur ihren Gatten betört. Auch Zeus hat sie von den Höhen seines Olymps aus erspäht. Ohne Rücksicht auf Hera oder eine andere seiner Gattinnen verfolgt er nur noch einen Gedanken: mit dieser jungen Frau den Liebesakt zu vollziehen. Am Tag der Hochzeit stößt Zeus nachts zu dem Lager, das Tyndareos und Leda teilen, nimmt die Gestalt eines Schwans an und vereint sich mit ihr. So wird Leda zur gleichen Zeit die Kinder des Tyndareos und die des Zeus in ihrem Schoß tragen. Insgesamt sind es vier Kinder, zwei Mädchen und zwei Jungen. Mitunter heißt es auch, in Wirklichkeit sei es eine Göttin gewesen, Nemesis, die von Zeus genötigt worden war. Um ihm zu entkommen, hatte sie die Form einer Gans angenommen und Zeus hatte sich in einen Schwan verwandelt, um sie zu begatten. Die Szene spielte sich auf den Höhen des Taygetos unweit von Sparta ab, auf dessen Gipfel die Gans gewordene Nemesis das Ei (oder die beiden Eier) legt, die ein Hirte eilends Leda bringt. Die Jungen schlüpfen im Palast der Königin aus ihrem Ei, und Leda macht sie zu ihren eigenen Kindern.

Nemesis ist eine gefährliche Gottheit, eine Tochter der Nacht, von der gleichen Art wie ihre Geschwister, die auch von der finsteren Macht hervorgebracht worden waren: der Tod (Thanatos), die Parzen, die Zwietracht (Eris) und in ihrem Gefolge der Mord, das Gemetzel, der Kampf. Doch Nemesis weist auch den anderen Aspekt, die weibliche Seite der Nacht auf: die Sanften Lügen *(Pseudea)*, die Liebevolle Zärtlichkeit *(Philotes)*, in der sich Sinnenfreuden und Untreue vereinen. Nemesis verkörpert die Vergeltung, die darüber wacht, daß Vergehen gesühnt werden. Sie kennt keine Ruhe, solange der Schuldige nicht gefunden und bestraft ist, solange der Dreiste, der zu weit emporgestiegen ist und durch seinen übermäßigen Erfolg die Eifersucht der Götter weckte, nicht gedemütigt wurde. Nemesis-Leda: in gewisser Hinsicht nimmt die Göttin Nemesis die Gestalt der einfachen Frau Leda an, um die Sterblichen dafür zahlen zu lassen, daß sie keine Götter sind.

Von den vier Kindern sind zwei Jungen, Kastor und Pollux, auch Dioskuren genannt, die »Kinder des Zeus« (die gleichzeitig aber auch Tyndariden, die Kinder des Tyndareos sind) und zwei Mädchen, Helena und Klytaimnestra. In ihnen sind das Menschliche und das Göttliche auf Gedeih und Verderb vereint, die Samen des Menschengatten Tyndareos und des göttlichen Liebhabers Zeus haben sich im Schoß von Nemesis-Leda vermengt, um das miteinander zu verbinden, was gleichzeitig verschieden und gegensätzlich ist. Von den männlichen Zwillingen stammt Pollux direkt von Zeus ab. Er ist unsterblich. Der andere, Kastor, kommt mehr nach Tyndareos. Kastor findet im Kampf gegen seine beiden Cousins Idas und Lynkeus den Tod und steigt in die Unterwelt hinab. Pollux ist Sieger, doch verletzt, und wird von Zeus glorreich in den Olymp erhoben. Trotz ihrer gegensätzlichen Vorfahren und Wesensarten bleiben die beiden Zwillingsbrüder ebenso unzertrennlich, ebenso einander verbunden wie die Enden der beiden vertikalen Balken, die sie in Sparta symbolisieren. Zeus kommt Pollux' Wunsch nach, die Unsterblichkeit zu gleichen Teilen zwischen ihm und seinem Bruder aufzuteilen, und somit profitiert jeder zur Hälfte von dem Aufenthalt im Himmel bei den Göttern und der Verbannung unter der Erde, in der Unterwelt, im Reich der Schatten, mit den Sterblichen zusammen. Auch Klytaimnestra und Helena entsprechen sich, als wären sie eine doppelte Strafe. Doch Klytaimnestra, von der es heißt, sie sei die rein sterbliche Tochter des Tyndareos, ist reines Schwarz: sie verkörpert das Unheil, das auf dem Geschlecht der Atriden liegt, sie ist der Rachegeist, sie bereitete Agamemnon, dem Besieger Trojas, einen schmachvollen Tod.

Helena indessen behält als ein Sprößling des Zeus bis in das von ihr verursachte Unglück hinein eine göttliche Aura. Der Glanz ihrer Schönheit, die sie durch ihre verführerische Macht zu einem unheimlichen Wesen macht, strahlt von ihrer Person aus und hüllt sie in ein Licht, in dem der Widerschein des Göttlichen zu funkeln scheint. Ist sie schuldig oder unschuldig, als sie ihren Gatten, ihren Palast und ihre Kinder verläßt, um dem jungen Fremden zu folgen, der ihr eine außereheliche Liebe in Aussicht stellt? Mal heißt es, daß sie dem Ruf des Begehrens und der Sinnesfreuden um so leichter folgte, als sie von dem Luxus, Reichtum, Überfluß und orientalischen Prunk fasziniert war, die der fremde Prinz zur Schau stellte. Mal heißt es im Gegenteil, daß sie gegen ihren Willen und trotz ihres Widerstands entführt wurde.

Wie dem auch sei, sicher ist, daß Helenas Flucht mit Paris den Trojanischen Krieg auslöste. Dieser Krieg wäre jedoch nicht zu dem geworden, was er war, hätte es sich lediglich um einen eifersüchtigen Ehemann gehandelt, der dazu entschlossen war, sich seine Frau zurückzuholen. Die Angelegenheit ist etwas komplizierter. Eintracht, Gastfreundschaft, nachbarschaftliche Beziehungen und Verpflichtungen werden durch Gewalt, Haß und Zwietracht bedroht. Als Helena das heiratsfähige Alter erreicht, sagt sich ihr Vater Tyndareos angesichts einer solchen Schönheit, angesichts eines so kostbaren Juwels, daß ihre Heirat keine Lappalie ist. Deshalb ruft er alle schönen jungen Leute, alle Prinzen und noch ledigen Könige Griechenlands dazu auf, sich bei ihm einzufinden, damit die Auswahl zwischen ihnen in Kenntnis der Dinge getroffen werden kann. Die Freier verweilen eine Zeitlang am königlichen Hof. Doch wie vorgehen? Tyndareos ist verlegen. An dieser Stelle muß sein äußerst gerissener Neffe erwähnt werden, Odysseus, denn auch er spielt in dieser Geschichte eine Rolle. Odysseus sagt Helenas Vater ungefähr folgendes: »Um dich aus der Affäre zu ziehen, gibt es nur ein Mittel. Deine Wahl wird mit Sicherheit für Aufruhr sorgen. Deshalb laß zuvor alle Anwärter ausnahmslos schwören, daß sie Helenas Wahl billigen werden, egal wie ihre Entscheidung ausfällt, und daß sie sich mit der Hochzeit gleichzeitig dazu verpflichten, dem Auserwählten beizustehen, sollte ihm in seinen ehelichen Beziehungen etwas zustoßen.« Alle leisten den Schwur. Dann bittet man Helena zu verkünden, wem ihre Vorliebe gilt. Sie entscheidet sich für Menelaos.

Menelaos und Paris kannten sich bereits. Menelaos war auf einer Reise durch Troas Paris' Gast gewesen. Als Paris von Aeneas begleitet seinerseits nach Griechenland reist, wird er von Helenas Brüdern, den Dioskuren, mit großem Prunk empfangen. Später führt Menelaos ihn in Sparta ein, wo sich Helena aufhält. Menelaos überschüttet seinen Gast Paris eine Zeitlang mit Geschenken und Aufmerksamkeiten. Dann muß er sich zum Begräbnis eines Verwandten begeben, weshalb er Helena aufträgt, ihn in seinen Aufgaben als Gastgeber zu vertreten. Wegen des Trauerfalls und Menelaos' Abreise wird der Gast von Helena persönlich empfangen. Wie man sich vorstellen kann, hatten die Frauen des Königspalastes von Sparta in Menelaos' Anwesenheit keinen näheren Kontakt mit einem Fremden. Das war die Angelegenheit des Königs. Jetzt ist es die von Helena.

Ohne Zeit zu verlieren, stechen Paris und Aeneas mit der gefügigen oder widerstrebenden Helena im Schiffsbauch wieder in See und begeben sich flugs nach Troja. Nach Sparta zurückgekehrt, eilt Menelaos zu seinem Bruder Agamemnon, um ihm zu verkünden, daß er von Helena verraten, vor allem aber von Paris hintergangen worden sei. Agamemnon beauftragt einige Personen, unter ihnen Odysseus, die ehemaligen Freier aufzusuchen und sie zusammenzutrommeln. Der Affront ist so gewaltig, daß sich über Menelaos und Agamemnon hinaus das gesamte Hellas versammeln muß, um Paris den Raub einer Frau bezahlen zu lassen, die nicht nur die schönste aller Frauen ist, sondern auch eine Griechin, eine Ehefrau, eine Königin. In Ehrensachen kann jedoch dem bewaffneten Kampf die Verhandlung vorausgehen und diesen bisweilen ersetzen. Also brechen Menelaos und Odysseus als Abordnung nach Troja auf und versuchen, eine gütliche Einigung zu erzielen, damit nach der Entrichtung von Strafgeldern und der Wiedergutmachung des angerichteten Unrechts die Harmonia, die Eintracht und die Gastfreundschaft aufs neue walten können. Sie werden in Troja empfangen. Einige der wichtigsten Männer Trojas, insbesondere Deïphobos, sind Anhänger dieser friedlichen Lösung. Die Entscheidung, die sogar die Macht des Königs überschreitet, muß von Trojas Altenversammlung getroffen werden. Die beiden Griechen werden von einer Versammlung empfangen, in der einige Nachfahren des Priamos nicht nur gegen jede Kompromißlösung intrigiert haben, sondern auch gegen Odysseus und Menelaos, die sie nicht lebendig zurückfahren lassen wollen. Doch Deïphobos, der sie als Gäste bei sich aufnahm, stellt sie weiter unter seinen Schutz. Unverrichteter Dinge kehren sie von ihrer Mission zurück und verkünden in Griechenland, daß der Versöhnungsversuch gescheitert ist. Dem Ausbruch des Konflikts steht nun nichts mehr im Wege.

Ein früher Tod, ein ruhmreiches Nachleben

Der Feldzug gegen Troja scheint bei den Griechen nicht von vornherein einstimmige Begeisterung hervorgerufen zu haben. Sogar Odysseus soll versucht haben, sich zu drücken. Penelope hatte ihm gerade einen Sohn geschenkt, Telemachos. Der Zeitpunkt schien ihm ungeeignet, um Mutter und Kind zu verlassen. Als man ihm ankündigt, daß er sich einzuschiffen habe, um die von dem trojanischen Prinzen entführte Helena mit Waffengewalt zurückzuholen, stellt er sich wahnsinnig, um der Verpflichtung zu entgehen. Der Weiseste, der Gerissenste von allen tut, als sei er ein Einfaltspinsel. Der alte Nestor, der bis nach Ithaka gereist ist, um ihm den Sammelbefehl zu überbringen, sieht, wie Odysseus einen Pflug zieht, vor dem ein Esel und ein Ochse angespannt sind, wie unser Held rückwärts geht und anstatt Korn Kieselsteine sät. Alle sind entsetzt, nur Nestor ist gewieft genug, um zu erraten, daß Odysseus gerade eines seiner üblichen Spielchen mit ihm treibt. Während Odysseus rückwärts laufend den Pflug voranschiebt, packt Nestor den kleinen Telemachos und legt ihn vor die Pflugschar. Da kommt Odysseus wieder zu Sinnen und nimmt das Kind in seine Arme, damit ihm nichts zustößt. Da er enttarnt ist, willigt er ein zu gehen.

Was den alten Peleus anbelangt, den Mann der Thetis, der zusehen mußte, wie mehrere seiner Kinder starben, so ist ihm der Gedanke unerträglich, daß Achilleus, der einzige ihm noch verbleibende Sohn, eines Tages in den Krieg ziehen könnte. Aus Vorsicht schickt er den Jungen deshalb nach Skyros, zu den Töchtern des Inselkönigs. Achilleus lebt in deren Gemach als Mädchen. Nachdem er als kleines Kind von Chiron und den Kentauren aufgezogen worden war, ist er jetzt in einem Alter, in dem die Geschlechtsunterschiede noch nicht sichtbar sind. Ihm ist noch kein Bart gewachsen, er hat noch keine Körperhaare, noch gleicht er einem jungen bezaubernden Mädchen, mit jener unentschiedenen Schönheit von Jugendlichen, in denen ein Junge und ein Mädchen zugleich steckt. Unbesorgt bleibt er bei seinen Gefährtinnen, als Odysseus ihn holen kommt. Man antwortet ihm, daß es an diesem Ort keinen Jungen gäbe. Odysseus, der sich mit seinen Kurzwaren als fahrender Händler ausgegeben hat, bittet um Eintritt. Er sieht fünfzig Mädchen, von denen Achilleus nicht zu unterscheiden ist. Als Odysseus aus seinem Tragekorb Stoffe, Stikkereien, Spangen und Schmuckstücke hervorholt, eilen neunundvierzig der Mädchen herbei, um die Waren zu bewundern, nur eins bleibt unbeteiligt abseits stehen. Da holt Odysseus einen Dolch hervor, auf den sich das junge, bezaubernde Mädchen stürzt. Als hinter den Mauern eine Kriegstrompete ertönt, bricht im Wohnbereich der Frauen Panik aus, neunundvierzig Mädchen laufen mit ihren Tüchern davon, ein einziges wendet sich, den Dolch in der Hand, der Musik zu und rüstet sich zum Kampf. Odysseus entlarvt Achilleus, genau wie er selbst von Nestor entlarvt wurde. Auch Achilleus ist jetzt bereit, in den Krieg zu ziehen.

Bei allen sieben Kindern, die Thetis vor Achilleus zur Welt brachte, vermochte sich die Göttin nicht damit abzufinden, daß sie einfache Sterbliche wie ihr Vater sein würden. Sie versuchte folglich, die Jungen gleich in den ersten Tagen ihres Lebens unsterblich zu machen. Sie legte sie ins Feuer, damit die gesamte Feuchtigkeit aus ihnen wiche, welche die Fäulnis in sich trägt und welche bewirkt, daß die Menschen keine reine leuchtende Flamme sind; doch ihre Söhne wurden vom Feuer verzehrt und kamen ums Leben. Der arme Peleus war entsetzt. Bei Achilleus' Geburt sagte er sich, daß er versuchen würde, wenigstens diesen zu retten. Als seine Mutter ihn ins Feuer legen will, greift der Vater ein und packt ihn sich. Das Feuer ist lediglich mit den Lippen des Kindes und einem Knochen der Ferse in Berührung gekommen, der abgestorben ist. Peleus bittet den Kentauren Chiron, sich auf den Pelion zu begeben, den Leichnam eines Kentauren auszugraben, der bei Wettläufen äußerst schnell war, dem Leichnam eine Ferse zu entnehmen und sie dem kleinen Achilleus einzusetzen, der so schon von Kindesbeinen an schnell laufen wird wie ein Hirsch. So lautet eine erste Version der Geschichte. Auch eine andere Version erzählt, daß Thetis ihn unsterblich werden lassen möchte. Doch da sie ihn nicht ins Feuer werfen kann, taucht sie ihn ins Wasser der Styx, jenen Höllenfluß, der die Lebenden von den Toten trennt. Es versteht sich von selbst, daß derjenige, der in die

Wasser der Styx getaucht wird und ihnen wieder entsteigt, außergewöhnliche Tugenden und Kräfte erhält. Der in die Höllenwasser getauchte Achilleus hält der Prüfung stand; nur die Ferse, an der ihn seine Mutter festhielt, kam nicht mit dem Wasser in Berührung. Achilleus ist nicht nur ein Krieger und schneller Läufer, er ist außer an einer Stelle auch gegen menschliche Verletzungen gefeit. Diese Stelle ist die Ferse, nur an ihr kann der Tod sich einschleichen.

Ein Ergebnis dieser ungleichen Ehe zwischen einer Göttin und einem Menschen ist, daß Glanz und Macht, die mit der göttlichen Thetis verbunden sind, zum Teil auf die Figur des Achilleus übergehen und ihn wie von einem Nimbus umgeben erstrahlen lassen. Auf der anderen Seite kann die Figur des Achilleus nur tragisch sein: Wäre er ein Gott, könnte Achilleus nicht wie ein normaler Mensch, wie ein einfacher Sterblicher leben, geschweige denn sterben. Doch macht die Tatsache, nicht das gewöhnliche Los der Menschheit zu teilen, noch lange kein göttliches Wesen aus ihm, das sich seiner Unsterblichkeit gewiß ist. Sein Schicksal, das für alle Krieger, für alle Griechen jener Zeit Modellwert besaß, fasziniert uns auch heute noch: Achilleus ruft in uns ein Echo wach, denn er macht uns bewußt, was das menschliche, begrenzte, zerrissene, gespaltene Dasein zu einem Drama macht, in dem Licht und Schatten, Freude und Schmerz, Leben und Tod unlösbar miteinander verbunden sind. Achilleus' exemplarisches Schicksal trägt den Stempel der Zweideutigkeit. Von Geburt aus halb Mensch und halb Gott, kann er weder das eine noch das andere ganz sein.

Schon an der Schwelle seines Lebens gabelt sich der Weg, den er beschreiten muß. Und wie die Richtung auch aussehen mag, die er einschlagen wird, in jeder von ihnen wird er einen wesentlichen Teil seiner selbst aufgeben müssen. Er kann nicht die Annehmlichkeiten des menschlichen, sonnenbeschienenen Daseins genießen und sich gleichzeitig das Privileg vorbehalten, ihrer nie beraubt zu werden, nie zu sterben. Das Leben ist das kostbarste

Gut der vergänglichen Geschöpfe, es ist einzigartig und mit keinem anderen vergleichbar, denn es ist das einzige, was man, hat man es einmal verloren, nicht wiedererlangen kann. Es zu genießen bedeutet, jede Hoffnung auf Unsterblichkeit aufzugeben. Unsterblich sein zu wollen bedeutet in gewisser Hinsicht, das Leben zu verlieren, noch bevor man es in vollem Umfang gelebt hat. Kommt Achilleus dem Wunsch seines alten Vaters nach und bleibt bei ihm in Phthia, im Kreise der Familie und in Sicherheit, steht ihm ein langes, friedliches und glückliches Leben bevor, im Laufe dessen er den gesamten Zyklus durchlaufen wird, der den Sterblichen zugemessen ist, bis ins hohe behütete Alter hinein. Doch selbst wenn sein Dasein glanzvoll gewesen sein wird, ja, erleuchtet sein wird von dem Glück, das der Aufenthalt auf Erden den Menschen bringen kann, es wird keine Spuren hinterlassen; sobald es zu Ende geht, verliert es sich in der Nacht, im Nichts. Und mit dem Leben verschwindet auch der Held, ganz und für alle Zeit. In den Hades getaucht, wird sein Name, sein Gesicht, die Erinnerung an ihn ausgelöscht, als habe er nie existiert.

Achilleus kann auch die entgegengesetzte Lösung wählen: ein kurzes Leben und langen Ruhm. Dann wird er in die Ferne ziehen, alles verlassen, alles aufs Spiel setzen, sein Leben von vornherein dem Tod weihen. Dann zählt er zu den wenigen Auserwählten, die sich weder um Bequemlichkeiten noch um Reichtum noch um gewöhnliche Ehrungen scheren, sondern die in Kämpfen triumphieren wollen, in denen ihr eigenes Leben auf dem Spiel steht. Dem abgehärtetsten Gegner auf dem Schlachtfeld zu trotzen bedeutet, sich selbst auf die Probe zu stellen in einem Wettbewerb von Rang, in dem jeder sich offenbaren und seine Vortrefflichkeit vor aller Augen unter Beweis stellen muß, eine Vortrefflichkeit, die in der kriegerischen Heldentat gipfelt und ihre Erfüllung im »schönen Tod« findet. Fallen sie im Kampf, in der Blüte ihrer Jugend, wird ihre noch intakte Manneskraft, ihre Tapferkeit, Energie und jugendliche Anmut nie den Verfall des hohen Alters kennen.

Als müsse die Flamme des Lebens, wenn sie in makellosem Glanz erstrahlen soll, bis zu einer solchen Glut erhitzt werden, daß sie im Augenblick ihres Aufleuchtens selbst schon verzehrt ist. Achilleus wählt den ruhmreichen Tod, in dem die Schönheit seiner Jugend bewahrt bleibt. Ein verkürztes, jäh beendetes, eingeschränktes Leben gegen unvergänglichen Ruhm. Achilleus' Name, seine Abenteuer, seine Geschichte bleiben in der menschlichen Erinnerung für immer lebendig, während die Menschen selber, Generation für Generation, in die Finsternis und Stille des Todes entschwinden.

Odysseus oder das menschliche Abenteuer

Die Griechen haben gesiegt. Nach langen Jahren der Belagerung, nach vielen Gefechten vor Trojas Mauern ist die Stadt endlich gefallen. Die Griechen gaben sich nicht mit dem Sieg und der Einnahme der Stadt zufrieden, sie plünderten sie, steckten sie dank einer List in Brand: die Rede ist von dem berühmten hölzernen Pferd, das die Trojaner in dem Glauben in die Stadt holten, es handle sich um eine fromme Opfergabe für die Götter. Einer Vorhut gelang es, dem Pferd an seiner Flanke zu entsteigen, die Tore der Stadt von innen zu öffnen, was der griechischen Armee ermöglichte, in die Stadt einzudringen und bei ihrem Durchzug alles niederzumetzeln. Die Männer wurden getötet, die Frauen und Kinder als Sklaven fortgeführt, nur Ruinen blieben zurück. Die Griechen denken, die Angelegenheit sei damit endlich geregelt, als die Kehrseite des großen Kriegsabenteuers zum Vorschein kommt. Die Verbrechen und Exzesse, die *hybris*, derer sich die Griechen gerade während ihres Sieges schuldig gemacht haben, müssen auf die eine oder andere Weise bezahlt werden. Schon vor dem Aufbruch zurück nach Griechenland kommt es zwischen Agamemnon und Menelaos zu Meinungsverschiedenheiten. Letzterer möchte sofort abfahren, so schnell wie möglich heimkehren. Agamemnon dagegen will an Ort und Stelle bleiben, um Athena ein Opfer zu bringen, die über ihren Sieg entschied, als sie ihre Sache bei den Göttern unterstützte. Odysseus beschließt, mit den zwölf von ihm bereitgestellten Schiffen unverzüglich Kurs auf Ithaka zu nehmen. Er schifft sich gemeinsam mit Menelaos auf einem Schiff ein, auf dem sich auch der alte Nestor befindet. Auf der Insel Tenedos jedoch bricht zwischen Odysseus und Menelaos ein Streit aus, und Odysseus kehrt nach Troja zurück, um sich dort Agamemnon anzuschließen. Gemeinsam brechen sie auf, in der Hoffnung, das griechische Festland zur gleichen Zeit zu erreichen. Die Götter entscheiden anders. Sie entfesseln die Winde, die Gewitter und Stürme. Die Flotte bricht auseinander; viele der Schiffe sinken und reißen die Mannschaften der Seeleute und Kämpfer mit sich in die Tiefe. Nur wenigen Griechen ist das Glück beschieden, nach Hause zurückzukehren. Und von denen, die das Meer verschont hat, finden einige an der Schwelle ihres Hauses den Tod. So Agamemnon. Kaum hat er den heimatlichen Boden betreten, als er auch schon in die Falle läuft, die ihm seine Frau Klytaimnestra und Aigisthos, der Liebhaber seiner untreuen Gemahlin, stellen. Agamemnon kommt arglos wie ein braver Ochse daher, überaus zufrieden, den Stall seiner Familie wiederzufinden. Erbarmungslos wird er von den beiden Komplizen geschlagen und niedergestreckt.

Der Sturm bewirkt, daß die Schiffe von Odysseus und Agamemnon, die den Großteil der Flotte gebildet hatten, auseinandergetrieben wurden. Odysseus ist jetzt mit seiner kleinen Flotte allein auf dem Meer. Er hält denselben Proben stand und macht die gleichen Stürme durch wie seine Leidensgefährten. Als er schließlich in Thrakien bei den Kikonen an Land geht, wird ihm ein feindseliger Empfang bereitet. Odysseus bringt ihre Stadt Ismaros in seine Gewalt. Den Besiegten gegenüber verhält er sich wie viele griechische Helden. Er tötet die meisten Bewohner der Stadt, doch einen verschont er: Maron, den Priester des Apollon. Zum Dank schenkt ihm Maron mehrere Ziegenschläuche, die nicht mit gewöhnlichem Wein, sondern mit einer Art göttlichem Nektar gefüllt sind. Odysseus läßt die Schläuche in die Vorratskammern seiner Schiffe bringen. Die zufriedenen Griechen schlagen ihr Nachtlager am Ufer auf, um bei Anbruch der Dämmerung abzureisen. Da werden sie im Morgengrauen von den Kikonen der umliegenden Dörfer angegriffen, die über die Ankunft der Feinde unterrichtet worden waren. Dem Angriff fallen die meisten zum Opfer. Die Überlebenden schiffen sich hastig ein und suchen mit den Schiffen, die sie zu Wasser gelassen haben, so schnell wie möglich das Weite.

Im Land des Vergessens

So sind sie wieder unterwegs, nun bereits mit einer stark dezimierten Flotte. Kurz darauf fährt Odysseus auf das Kap Malea zu. Als er es umsegelt, kann er bereits die Küsten seiner Heimat Ithaka erkennen. Schon wähnt er sich zu Hause. Just in dem Augenblick, wo er glaubt, seine Reise sei zu Ende, hebt sich der Vorhang über einem anderen Abschnitt von Odysseus' Seefahrt: Bis dahin hatte er lediglich die Reise eines Seefahrers hinter sich gebracht, der von einem kriegerischen Feldzug auf der anderen Seite des Meeres zurückkehrte. Doch als die Griechen am Kap Malea vorbeisegeln, werden sie von einem Sturm überrascht, der sieben Tage lang wütet und die kleine Flotte in eine Gegend verschlägt, die sich von der, in der sie bisher segelten, völlig unterscheidet. Künftig weiß Odysseus nicht mehr, wo er sich befindet, er begegnet nicht mehr Völkern wie den Kikonen, die ihm zwar feindlich gesinnt, jedoch seinesgleichen waren. Er läßt die Grenzen der bekannten Welt, des menschlichen *oikoumenos*, gleichsam hinter sich und betritt eine Gegend des Nicht-Menschlichen, eine Welt des Anderswo.

Odysseus wird jetzt nur noch Wesen begegnen, die entweder fast göttlicher Natur sind, die sich wie Kirke oder Kalypso von Nektar und Ambrosia nähren, oder Wesen, die unterhalb des Menschen stehen, Monstern wie den Kyklopen oder Kannibalen wie den Laistrygonen, die sich von Menschenfleisch ernähren. Für die Griechen ist das, was den Menschen auszeichnet, was ihn als solchen definiert, die Tatsache, daß er Brot ißt und Wein trinkt, einen bestimmten Typ Nahrung zu sich nimmt und die Gesetze der Gastfreundschaft achtet: der Fremde wird nicht verschlungen, sondern bewirtet. Das Universum, in das Odysseus und seine Seefahrer durch jenen schrecklichen Sturm verschlagen werden, ist das genaue Gegenteil der normalen Menschenwelt. Kaum hat der Sturm sich gelegt, als die Griechen Land erblicken. Sie betreten einen Boden, der ihnen völlig unbekannt ist. Weil er erfahren möchte, wer dort wohnt, und weil er sich mit Nachschub versorgen möchte, schickt Odysseus einige Seemänner als Boten, als Vorhut los, um mit den Einheimischen Kontakt aufzunehmen. Der Empfang ist überaus herzlich. Die Eingeborenen sind die Freundlichkeit in Person; sie bieten den fremden Seefahren sofort an, ihre übliche Nahrung mit ihnen zu teilen. Doch die Bewohner dieses Landes sind Lotophagen, Lotosesser. Genau wie sich die Menschen von Brot und Wein ernähren, essen sie die wohlschmeckende Lotosblüte. Wenn aber ein Mensch diese leckere Speise zu sich nimmt, vergißt er alles. Er erinnert sich nicht mehr seiner Vergangenheit, er vergißt jede Vorstellung davon, wer er ist, woher er kommt, wohin er geht. Wer den Lotos schluckt, hört auf, wie ein Mensch zu leben, samt der Erinnerung an die Vergangenheit und des Bewußtseins seiner selbst.

Als Odysseus' Abgesandte zu ihren Weggefährten zurückfinden, weigern sie sich, wieder in See zu stechen. Sie sind außerstande zu erzählen, was ihnen widerfahren ist. Sie sind von einer Art Glück betäubt, das jegliche Erinnerung zum Erliegen bringt. Sie wollen nur eins, nämlich an Ort und Stelle bleiben, ohne Anbindung an die Vergangenheit, ohne Zukunftspläne, ohne den Wunsch nach Heimkehr. Odysseus packt sie am Nacken, bringt sie auf die Schiffe zurück und macht sich aus dem Staub. Die erste Etappe also ist ein Land des Vergessens.

Im Lauf der langen Irrfahrt, die jetzt folgt, ist das Vergessen, das Verblassen der Erinnerung an die Heimat wie auch des Wunsches nach Heimkehr die stets gegenwärtige Gefahr, die den Hintergrund für die Abenteuer des Odysseus und seiner Gefährten bildet. In der Welt der Menschen zu sein, bedeutet im Licht der Sonne zu leben, die anderen zu sehen und von ihnen gesehen zu werden, gemeinschaftlich zu leben, sich seiner selbst und der anderen zu erinnern. In der Welt dagegen, die sie betreten, wird sich nach und nach der unheilvolle Schatten der Kräfte der Nacht, der Kinder der Nacht, wie Hesiod sie nennt, über Odysseus' Mannschaft und Odysseus selber ausbreiten. Über den Seefahrern schwebt stets eine

Wolke der Finsternis, die sie zu verschlucken droht, sollten sie die Rückkehr dem Vergessen anheimfallen lassen.

Odysseus als Niemand beim Kyklopen

Nachdem Odysseus' Schiff die Insel der Lotophagen hinter sich gelassen hat, wird die Flotte unversehens von einer Art Nebel eingehüllt, in dem nichts mehr zu erkennen ist. Der Tag neigt sich, das Boot kommt voran, ohne daß die Matrosen zu rudern brauchen oder sehen können, worauf sie zusteuern. Da stranden sie auf einer kleinen Insel, die sie nicht bemerkt hatten und von der sie nichts erkennen. Das Meer selbst – oder die Götter – haben das Schiff zu der unsichtbaren Insel getrieben, die sie in völliger Dunkelheit betreten. Alles ist in tiefste Finsternis gehüllt, selbst der Mond zeigt sich nicht. Da stehen sie nun, ohne daß sie hätten vorhersehen können, was ihnen widerfährt. Als ob sich nach der Insel des Vergessens nun das Tor der Finsternis, das Tor der Nacht vor ihnen einen Spaltbreit auftäte. In diesem Korridor werden sie neue Abenteuer erleben. Die kleine Insel mündet in einer Anhöhe, die das Vorgebirge zu den Kyklopen bildet, riesigen Ungeheuern, denen ein einziges Auge mitten auf der Stirn sitzt.

Odysseus bringt sein Schiff in einer Bucht in Sicherheit, bevor er mit einem Dutzend Männer den Hügel hinaufsteigt, auf dem er eine Höhle ausfindig gemacht hat, in der er Nachschub zu finden hofft. Sie betreten die riesige Höhle, in der sie Käsedarren, ja, eine ganze Schäferei entdecken. Es gibt zwar kein Getreide, dafür aber Schafherden, verschiedene Käsesorten und im hinteren Teil vielleicht sogar ein wenig wilden Wein. Odysseus' Gefährten haben nur einen Gedanken: sich einige Käselaibe zu raffen und die Höhle, die sie Schlimmes befürchten läßt, so schnell und so weit wie möglich hinter sich zu lassen. Sie bitten Odysseus: »Laß uns gehen!«, doch er weigert sich. Er will dort bleiben, um etwas zu sehen. Er will den Bewohner dieses Ortes kennenlernen. Odysseus ist nicht nur der Mann, der sich erinnern muß, sondern auch der Mann, der sehen, erfahren und ausprobieren will, was die Welt ihm zu bieten hat, einschließlich jener unter-menschlichen Welt, in die es ihn verschlagen hat. Odysseus' Neugierde treibt ihn immer weiter, in diesem Fall aber stürzt sie ihn beinahe ins Verderben, denn sie wird mehrere seiner Gefährten das Leben kosten. Kurz darauf kommt der Kyklop und betritt mit seinen Ziegen, Lämmern und seinem Widder die Höhle.

Der Kyklop ist so riesig und gigantisch, daß er die kleinen, wie Flöhe anmutenden Männer, die sich in den Felsspalten der Höhle verkrochen haben und vor Angst zittern, erst gar nicht wahrnimmt. Als er sie entdeckt, fragt er Odysseus, der ein wenig vor den anderen steht: »Wer bist du denn?« Natürlich tischt ihm Odysseus ein Märchen auf. Als erste Lüge erzählt er ihm, daß er kein Schiff mehr habe, während sein Schiff doch auf ihn wartet: »Mein Schiff ist zerschollen, ich bin völlig in deiner Gewalt, ich flehe dich um Gastfreundschaft für mich und die Meinen an. Wir sind Griechen, wir kämpften mit Agamemnon mutig an Trojas Küste, wir nahmen die Stadt ein, und jetzt sind wir unglückselige Schiffbrüchige.« Der Kyklop erwidert: »Das ist ja alles gut und schön, aber was scheren mich diese Geschichten.« Darauf packt er zwei von Odysseus' Gefährten an den Füßen, schleudert sie gegen die Felswand, zertrümmert ihre Köpfe und verschlingt sie gleich so. Die anderen Matrosen sind starr vor Entsetzen. Odysseus fragt sich, in welche Lage er sich da wohl gebracht hat, und dies um so mehr, als es keine Hoffnung gibt, ihr zu entkommen. Der Kyklop hat den Eingang seines Schlupfwinkels für die Nacht mit einem gewaltigen Felsbrocken verschlossen, den keiner der Griechen, selbst eine große Mannschaft nicht, von der Stelle rücken könnte. Am nächsten Morgen wiederholt sich das Geschehen, der Kyklop frißt vier weitere Männer, zwei am Morgen, zwei am Abend. Damit hat er bereits sechs Männer, die Hälfte der Mannschaft, verschlungen. Der Kyklop ist begeistert. Als Odysseus versucht, ihn mit honigsüßen Worten milde zu stimmen, entsteht zwischen ihnen eine bestimmte Form von Gastfreundschaft. Odysseus sagt ihm: »Ich habe ein Geschenk für dich, das dich, so glaube ich, mit Zufriedenheit erfüllen wird.« So entsteht ein Dialog, in dessen Verlauf eine persönliche, gastfreundschaftliche Beziehung Gestalt annimmt.

Der Kyklop stellt sich vor, er heißt Polyphemos. Er ist ein redegewandter Mann, der großes Ansehen genießt. Er fragt Odysseus nach seinem Namen. Um ein gastfreundschaftliches Verhältnis aufzubauen, ist es üblich, daß man einander sagt, wer man ist, woher man kommt, wie die Eltern und das Heimatland heißen. Odysseus erklärt ihm, er heiße *Outis*. *Outis* bedeutet Niemand. Er sagt ihm: »Der Name, den mir Freunde und Verwandte geben, ist *Outis*.« Es handelt sich dabei um ein Wortspiel, denn in den beiden Silben *ou-tis* klingt für einen Griechen ein anderes Wort mit, *me-tis*. *Ou* und *me* sind im Griechischen die beiden Formen der Verneinung, doch anders als *outis* (»niemand«), bezeichnet *metis* die List. Ist von *metis* die Rede, denkt man natürlich sofort an Odysseus, den Helden der *metis* schlechthin, den listigen Helden, der in der Lage ist, selbst in verzwickten Situationen Auswege zu finden, zu lügen, die Leute hereinzulegen, ihnen dummes Zeug zu erzählen und sich so gut wie möglich aus der Affäre zu ziehen. »*Outis*, Niemand«, ruft der Kyklop, »da du Niemand bist, mache auch ich dir ein Geschenk. Ich werde dich als letzten fressen.« Daraufhin reicht Odysseus ihm sein Geschenk, einen Teil jenes Weins, jenes göttlichen Nektars, den Maron ihm anvertraut hatte. Der Kyklop trinkt ihn, findet ihn wunderbar und schenkt sich nach. Trunken vom Wein, gemästet vom Käse und den beiden Matrosen, die er gerade verschlungen hat, schläft er ein.

Odysseus hat nun Zeit, den riesigen, von ihm zugespitzten Stamm eines Olivenbaums über dem Feuer zum Glühen zu bringen. Die überlebenden Matrosen helfen ihm bei der Schreinerarbeit wie auch bei dem Manöver, dem Kyklopen den brennenden Pfahl ins Auge zu stoßen. Vor Schmerzen brüllend wacht er auf. Sein einziges Auge ist geblendet. Damit ist auch er der Nacht, der Finsternis ausgeliefert. So ist es nur verständlich, daß er um Hilfe ruft. Auf seine Hilferufe hin eilen die Kyklopen der Umgebung herbei. Die Kyklopen leben für sich allein, jeder ist sein eigener Herr und erkennt außerhalb seines Bereichs oder dem, was er dafür hält, weder Götter noch fremde Herren an. Dennoch eilen sie herbei. Da die Höhle verschlossen ist, rufen sie von draußen: »Polyphemos, Polyphemos, was ist mit dir?« – »Ach, es ist schrecklich, man versucht, mich umzubringen.« – »Ja, aber wer hat dir denn Böses angetan?« – »Niemand, *Outis*!« – »Ja, aber wenn dir niemand, *metis*, Böses angetan hat, warum liegst du uns dann in den Ohren?« Und so ziehen sie von dannen.

Odysseus, der sich hinter seinem Tarnnamen wegzauberte, davonstahl, in Luft auflöste, ist zwar gerettet, aber nur einstweilen, denn noch muß er aus der Höhle kommen, deren Ausgang von einem riesigen Felsbrocken verstellt ist. Er begreift, daß das einzige Mittel, die Höhle zu verlassen, darin besteht, jeden der sechs übriggebliebenen Griechen mit Weidenruten an der Unterseite der Schafe festzubinden. Er selbst krallt sich in die dicke Wolle des Widders, des Lieblingstiers des Kyklopen. Nachdem dieser den Stein weggeschoben hat, der den Eingang verstellte, setzt er sich an den Durchlaß, läßt jedes Tier durch seine Beine gleiten und tastet seinen Rücken ab, um sicherzugehen, daß keiner der Griechen die Tiere dazu benutzt, mit hinauszuschlüpfen. Er bemerkt nicht, daß die Griechen sich an ihrer Unterseite versteckt haben. Als der Widder mit Odysseus herankommt, richtet sich der Kyklop an das Tier, das im Grunde sein einziger Gesprächspartner ist, und sagt ihm: »Schau nur, wie mich diese Bestie von Niemand zugerichtet hat, das wird er mir büßen.« Der Widder läuft weiter auf den Ausgang zu, und gleichzeitig mit ihm verläßt Odysseus die Höhle.

Nun schiebt der Kyklop den Stein wieder vor, im Glauben, die Griechen seien noch in der Höhle. In Wahrheit stehen sie schon draußen. So schnell sie können, laufen sie die kleinen Felswege hinunter, bis zu der Bucht, in der sie ihr Schiff versteckt haben. Sie springen aufs Schiff, machen die Haltetaue los und segeln von der Küste fort. Der Kyklop, der sich vor seiner Höhle auf der Spitze des Felsens aufgepflanzt hat, wirft ihnen blindlings riesige Steine nach. Da kann Odysseus der Versuchung nicht widerstehen und prahlt voller Eitelkeit: »Kyklop, wenn dich jemand fragen sollte, wer dir dein Auge ausgestochen hat, dann sag, daß es Odysseus war, Sohn des Laërtes, Odysseus aus Ithaka, der Städteplünderer, der Bezwinger Trojas, der Odysseus der dreitausend Streiche.« Doch seine Eitelkeit wird ihn teuer zu stehen kommen. Denn der Kyklop ist der Sohn des Poseidon, des mächtigen Gottes aller Meeresströme und alles Unterirdischen; Poseidon ist es, der Erdbeben und Stürme bewirkt. Odysseus wird vom Kyklopen feierlich verflucht. Nun kann ein Fluch nur dann wirksam werden, wenn er sich namentlich gegen jemanden richtet. Hätte der Kyklop »Niemand« gesagt, wäre der Fluch vielleicht ohne Wirkung geblieben. Der Kyklop aber gibt seinem Vater den Namen des Odysseus an und verlangt Rache: Odysseus möge erst dann nach Ithaka zurückkehren, wenn er tausend Leiden erduldet hat, wenn alle seine Gefährten ums Leben gekommen sind, wenn sein Schiff gesunken und er als Schiffbrüchiger allein und verloren zurückgeblieben ist. Und falls Odysseus es wider Erwarten doch gelingen sollte, sich durchzuschlagen, dann soll er nicht wie ein langerwarteter Seefahrer auf seinem eigenen Schiff heimkehren, sondern wie ein Fremder auf einem fremden Schiff.

Poseidon erhört den Fluch seines Sohnes. Sein Wille, der Odysseus' künftige Abenteuer prägen, ihn bis an den äußersten Rand der Finsternis und des Todes führen und seine Prüfungen so schrecklich wie möglich gestalten wird, rührt von dieser Episode her. Athena, Odysseus' große Beschützerin, wird später erklären, daß sie deswegen nicht eingreifen konnte, weil Poseidon das Übel nicht hinzunehmen vermochte, das seinem Sohn, dem Kyklopen, angetan wurde. Das ist der Grund, weshalb sie erst ganz am Ende seiner Irrfahrt auftritt, als er schon fast angekommen ist. Sie konnte nicht eingreifen, weil die Tatsache, das Auge des Polyphemos in die Nacht geworfen, ihn geblendet zu haben, zur Folge haben wird, daß sich nun auch Odysseus auf dem Weg dahin befindet, wo alles nächtlich, finster und düster ist.

Die Romanze mit Kirke

Das Schiff segelt von Polyphemos fort und erreicht von da aus die Insel Äolien. Wie auch andere von Odysseus angesteuerte Orte hat man versucht, ihre Lage ausfindig zu machen, doch ist ihre Besonderheit gerade die, daß sie sich nicht lokalisieren lassen. Die völlig abgelegene Insel Äolien wird von hohen Felsen wie von einer ringförmigen, ehernen Festungsmauer umgeben. Aiolos und seine Familie wohnen hier ohne jeglichen Kontakt zur Außenwelt. Die Äolier pflanzen sich demnach durch Inzest fort, einem Ehesystem folgend, das in sich geschlossen ist. Sie leben völlig einsam, völlig abgeschieden. Auf der Insel werden die Weichen für die Seewege gestellt, sie ist der Knotenpunkt, an dem sämtliche Richtungen des Wasserraums ineinanderlaufen. Aiolos ist der Herr über die Winde, die, je nachdem ob sie aus der einen oder der anderen Richtung wehen, die Seewege freigeben oder verschließen. Mitunter verwischen sie die Wege auch, lassen sie durcheinandergeraten. Aiolos nimmt Odysseus um so gastfreundlicher und liebenswürdiger auf, als dieser ein Held des Trojanischen Krieges ist, einer von denen, welche die *Ilias* besingen wird. Was Odysseus ihm zu bieten hat, ist der Bericht davon, was in der Welt vor sich geht, ein wenig vom Trubel der Welt, von dem er völlig abgeschnitten ist. Er ist zwar Herr über die Winde, aber damit hört seine Macht auch auf. Odysseus spricht, erzählt, und Aiolos hört ihm überaus glücklich zu. Nach einigen Tagen sagt er ihm: »Ich werde dir geben, was du brauchst, damit du von meiner Insel fortsegeln und Ithaka in einer reibungslosen Fahrt direkt ansteuern kannst.« Er gibt ihm einen Schlauch, der nicht wie der von Maron Wein einschließt, sondern den Urquell aller Winde, den Samen aller Stürme. Aiolos hat in dem sorgfältig verschnürten Schlauch den Ursprung, den Ausgangspunkt aller Meeresbrisen festgebunden, mit Ausnahme des Windes, der von seiner Insel geradewegs nach Ithaka führt. Er befiehlt Odysseus, den Schlauch unter gar keinen Umständen zu berühren. Würden die Winde aus ihm weichen, hätte man keine Kontrolle mehr darüber, was geschähe. »Schau, der einzige Wind, der jetzt im Universum bläst, wird dich direkt von hier nach Ithaka führen.« Der Rest, der von der Mannschaft geblieben ist, nimmt seinen Platz auf dem Schiff wieder ein, und schon sind sie in Richtung Ithaka unterwegs.

Am Abend erblickt Odysseus auf seinem Schiff Ithakas Küsten. Mit eigenen Augen sieht er in der Ferne den Boden seiner Heimat. Glücklich schläft er ein. Die Augenlider fallen ihm zu, seine Augen schließen sich, dem Kyklopen gleich, dem er das Auge schloß. So ist er neuerlich der Welt des Nächtlichen, des *Hypnos*, des Schlafes ausgeliefert. Auf seinem Boot, das nach Ithaka segelt, schläft er ein und vergißt, aufzupassen. Die sich nun selbst überlassenen Matrosen fragen sich, was wohl in dem Schlauch sein mag, den Aiolos Odysseus übergeben hat. Sie wollen nur einen kurzen Blick auf die, wie sie vermuten, wahrscheinlich sehr wertvollen Sachen werfen und ihn danach gleich wieder verschließen. So öffnen sie schließlich unweit von Ithakas Küsten den Schlauch. Die Winde brechen in einem heillosen Durcheinander hervor, peitschen das Meer auf, entfesseln die Fluten und lassen das Schiff sich drehen, das nun in umgekehrter Richtung den Weg noch einmal zurücklegt, den es gerade hinter sich hat. Der bitter enttäuschte Odysseus befindet sich nun erneut am Ausgangspunkt seiner Reise, nämlich bei Aiolos. Dieser fragt ihn, was er da zu suchen habe. »Aber ich bin doch nicht schuld, ich bin eingeschlafen, ich hatte unrecht, ich habe mich vom nächtlichen Schlaf übermannen lassen, ich habe nicht aufgepaßt und das Ergebnis ist, daß meine Gefährten den Schlauch geöffnet haben.« Diesmal bereitet Aiolos ihm keinen freundlichen Empfang. Odysseus fleht ihn an: »Laß mich noch einmal losfahren, gib mir noch einmal eine Chance.« Aiolos ist verstimmt, er sagt ihm, er sei der größte Dummkopf, er sei ein Niemand, rein gar nichts mehr, die Götter haßten ihn. »Damit dir ein solches Mißgeschick widerfährt, mußt du verflucht sein, ich will nichts mehr mit dir zu tun haben.« Und so sind Odysseus und seine Gefährten wieder unterwegs, ohne bei Aiolos die erhoffte Unterstützung gefunden zu haben.

Auf ihrer Reise gelangt Odysseus' kleine Flotte an einen weiteren Ort, an die Insel der Laistrygonen. Während sie Kurs auf sie nehmen, erblicken sie deutlich sich abzeichnende Häfen und eine Stadt. Doch Odysseus, der stets schlauer als die anderen ist, beschließt, das Schiff nicht in einem natürlichen Hafen festzumachen, sondern ein wenig abseits, in einer kleinen Bucht. Seine Abenteuer haben ihn vorsichtig gemacht, und so schickt er, anstatt selber nachzuschauen, eine Truppe seiner Matrosen los. Sie sollen herausfinden, wer diesen Ort bewohnt. Die Matrosen klettern zur Stadt hinauf. Auf ihrem Weg begegnen sie einem jungen, riesigen, gewaltigen Mädchen, einer Art Bäuerin oder Matrone, die viel größer und kräftiger ist als sie selber und die sie stark beeindruckt. Sie lädt sie ein, sie zu begleiten. »Mein Vater, der König, ist stets bereit, euch zu empfangen, er wird euch alles geben, was ihr wollt.« Die Matrosen sind überaus zufrieden, obwohl die Größe dieser bezaubernden Person sie ein wenig beunruhigt. Sie finden sie ein wenig zu stark und zu groß. Als sie beim König der Laistrygonen ankommen, schnappt der sich einen Matrosen und schluckt ihn hinunter, kaum daß er sie erblickt hat. Odysseus' Männer laufen Hals über Kopf zu den Schiffen zurück und schreien: »Rette sich, wer kann, laßt uns bloß von hier verschwinden!« Inzwischen sind die Laistrygonen, vom König zusammengetrommelt, alle nach draußen gestürzt. Sie sehen, wie die Griechen sich auf ihren Schiffen zu schaffen machen und versuchen, so schnell wie möglich das Weite zu suchen. Sie angeln sie sich wie Thunfische, sie schnappen sie sich wie Fische und fressen sie auf. Alle Gefährten Odysseus' kommen ums Leben, bis auf die, die sich auf dem sorgfältig versteckten Schiff befanden. Odysseus segelt mit seinem letzten verbliebenen Schiff und dessen Mannschaft weiter.

Das einsame Schiff wird nun Aiaia ansteuern, eine Insel im Mittelmeer. Nachdem Odysseus und seine Gefährten ein Versteck für das Schiff gefunden haben, wagen sie sich ins Landesinnere vor. Sie stoßen auf Felsen, einen Wald, auf Vegetation. Doch die Seeleute sind wie Odysseus mißtrauisch geworden. Einer von ihnen weigert sich sogar, sich von der Stelle zu rühren. Odysseus ermutigt die anderen, die Insel zu erkunden. Ungefähr zwanzig Matrosen brechen als Kundschafter auf. Sie entdecken ein schönes Haus, einen von Blumen gesäumten Palast, in dem alles ruhig scheint. Das einzige, was sie ein wenig beunruhigt, was sie merkwürdig finden, sind die vielen wilden Tiere, die Wölfe und Löwen, die sich in den umliegenden Gärten befinden und ihnen vertraulich entgegenkommen, ja, sich beinahe an ihren Beinen reiben. Die Matrosen sind zwar erstaunt, doch sie sagen sich, daß sie sich möglicherweise in einer Welt befinden, in der alles auf den Kopf gestellt ist, in einem Niemandsland, in dem die wilden Tiere zahm und die Menschen todbringend sind. Sie klopfen an die Tür. Eine wunderschöne junge Frau, die gerade beim Spinnen war und mit schöner Stimme sang, öffnet ihnen. Sie bittet sie herein, lädt sie ein, Platz zu nehmen, bietet ihnen als Zeichen der Gastfreundschaft etwas zu trinken an. In das Getränk schüttet sie einen Zaubertrank, der die Matrosen, kaum daß sie einen Tropfen des Gebräus zu sich genommen haben, in Schweine verwandelt. Sie haben von Kopf bis Fuß die Gestalt von Schweinen, samt ihrer Borsten, ihrer Stimme, ihrer Gangart, ihrer Nahrung. Kirke – so lautet der Name dieser Zauberin – freut sich darüber, diese Schweine als Neuzugang in ihrem Bestiarium zu sehen. Eilig schließt sie sie in einen Schweinestall und gibt ihnen die übliche Nahrung dieser Tiere.

Odysseus und der Rest seiner Gefährten, die auf die Rückkehr der Vorhut warten, werden langsam unruhig. Odysseus will nachsehen, ob er nicht einen von ihnen finden kann und dringt nun seinerseits ins Innere der Insel vor. Da taucht plötzlich Hermes vor ihm auf, der schlaue und gerissene Gott, und erklärt ihm, was geschehen ist. »Es ist eine Hexe, sie hat deine Männer in Schweine verwandelt. Sie wird dir bestimmt das gleiche Getränk anbieten wollen, doch ich werde dir ein Gegengift geben, mit dem du der Verwandlung entgehen und du selbst bleiben kannst. Du wirst der alte Odysseus bleiben, Odysseus höchstpersönlich.« Daraufhin reicht ihm Hermes ein Kraut. Odysseus kehrt zu seinen Gefährten zurück, um ihnen mitzuteilen, daß er sich zu Kirke begeben wird. Alle versuchen, ihn von dieser Entscheidung abzubringen: »Geh nicht hin. Wenn die anderen nicht zurückgekommen sind, dann deshalb, weil sie tot sind.« »Nein«, sagt Odysseus, »ich werde sie erlösen.« Dann schluckt er das Gegengift, das Hermes ihm gegeben hat, und begibt sich zu der Zauberin, das Schwert an seiner Seite. Kirke bittet ihn sofort herein und läßt ihn auf einem schönen silberbeschlagenen Thron Platz nehmen. Er erwähnt seine Gefährten mit keinem Wort. Als sie das Getränk holt und ihm den Zaubertrunk zu trinken reicht, läßt er sich auf das Spiel ein. Während Odysseus von dem Gebräu trinkt, wartet sie und beobachtet ihn, doch Odysseus verwandelt sich in kein Schwein, es ist noch immer Odysseus, der sie mit einem liebenswerten Lächeln anschaut, bevor er sein Schwert hervorzieht und über sie herfällt. Sie begreift und sagt ihm: »Du bist Odysseus, ich wußte, daß mein Zauberstreich bei dir nicht wirken würde. Was wünschst du dir?« – »Laß zunächst meine Gefährten frei«, verlangt er.

Bei dieser Art Kraftprobe zwischen der Zauberin, die die Tante Medeas ist, und Odysseus, der Hermes, den Zaubergott und Trugbildner, hinter sich hat, kommt es zunächst zu einer Art Kampf, der in einer Übereinkunft endet. Odysseus und Kirke leben fortan als überaus glückliches Paar zusammen. Doch zunächst gilt es, Odysseus' Gefährten zu befreien. Warum hat Kirke sie in Schweine verwandelt? Warum bereitet sie allen Reisenden, die auf ihrer Insel landen, ein ähnliches Schicksal? Weil sie einsam ist und sich mit lebenden Wesen umgeben will, die nicht weglaufen können. Sie wünscht sich, daß die Reisenden durch ihre Verwandlung in Schweine oder in andere Tiere ihre Vergangenheit, ihre Rückkehr, ihr Menschsein vergessen. Genau das passiert Odysseus' Gefährten, doch behalten sie eine gewisse Klarsicht, eine Form der Intelligenz. Als sie ihn sehen, sind sie höchst erfreut, denn sie erkennen ihn wieder. Kirke berührt sie mit ihrem Zauberstab. Da nehmen sie ihre menschliche Gestalt wieder an und sind sogar noch angenehmer anzuschauen als zuvor, als habe diese leidvolle Erfahrung sie verschönert und verjüngt. Der Umweg über die Verwandlung in ein Schwein war eine Art Initiation, als müsse man den Weg gehen, der zum Tode führt, um sich durch eine solche Erfahrung verjüngt, verschönert und lebendiger wiederzufinden. Kirke hätte sie töten können, doch dann hätten sie kein *nous*, kein Denkvermögen mehr gehabt, wie die Toten, die gänzlich in die Nacht gehüllt sind; eine Ausnahme bildet Teiresias, dem wir später noch begegnen werden. Was die Gefährten von Odysseus betrifft, so ist es nicht der Tod, sondern eine Bestialisierung, die sie von der menschlichen Welt abschneidet. Sie läßt sie ihre Vergangenheit vergessen, doch haben sie sich einmal aus der Affäre gezogen, verleiht sie ihnen neuen jugendlichen Glanz.

Odysseus und Kirke erleben im Anschluß daran eine wahre Romanze. Manche behaupten, sie hätten sogar Kinder bekommen, doch das ist alles andere als sicher. Sie lieben sich ganz einfach, sie schlafen miteinander, und Kirke singt mit ihrer schönen Stimme. Odysseus geht die anfangs sehr mißtrauischen Gefährten holen, die beim Schiff zurückgeblieben waren, doch er hat keine große Mühe, sie zu überzeugen: »Kommt schon, kommt, ihr habt nichts mehr zu befürchten.« Sie bleiben eine Ewigkeit. Kirke, die Zauberin, die das Unrecht beging, alle Menschen, die sie kommen sah, in Schweine oder wilde Tiere zu verwandeln, ist weder eine Menschenfresserin noch eine böse Hexe. Als sie bei ihr sind, tut sie alles, um sie glücklich zu machen. Doch Odysseus' Gefährten, die natürlich nicht in den Genuß desselben Vergnügens kommen wie ihr Herr, da ihnen schließlich Kirkes Bett verwehrt ist, wird die Zeit lang. Als sie Odysseus mahnen, an die Rückkehr zu denken, protestiert Kirke nicht. Sie versucht auch nicht, ihn zurückzuhalten, sondern sagt ihm: »Wenn ihr abfahren wollt, so fahrt.« Sie gibt ihm alle Auskünfte, mit denen sie dienen kann, damit ihre Reise einen glücklichen Ausgang nehme. So sagt sie Odysseus insbesondere: »Gib acht, die nächste Etappe deiner Reise wird dich ins Land der Kimmerier führen. Es ist das Land der Finsternis, das Land des ewigen Nebels, in dem der Tag nicht anbricht, in dem der Schlund der Unterwelt sich auftut.« Diesmal geht es nicht nur darum, an den äußersten Rand des Menschlichen geworfen zu werden und dabei Gefahr zu laufen, seine Vergangenheit und sein Menschsein zu vergessen, sondern bis an die Grenze des Totenreichs heranzufahren. Kirke erklärt Odysseus den Weg, den er einzuschlagen hat: »Halt' dein Schiff an, sobald du den Okeanos überquert hast, geh zu Fuß bis zu dem Graben, an dem sich zwei Ströme des Styx vereinen, und grabe dort ein Loch, trage etwas Mehl bei dir, nimm einen Widder, schlachte ihn und vergieße sein Blut. Dem Boden wird dann die Menge der *eidola* entsteigen. Das sind die Doppelgänger, die Geister, die Seelen der Dahingeschiedenen. Erkenne Teiresias und halte ihn zurück, gib ihm vom Blut des Widders zu trinken, so daß er etwas von seiner Lebendigkeit wiedererlangt und dir sagt, was du zu tun hast.«

Die Namen- und Gesichtslosen

Odysseus und seine Gefährten machen sich auf den Weg ins Reich der Toten, wo Odysseus die erforderlichen Riten vollbringt. Er stellt sich vor den Graben, verstreut das Mehl und schlachtet den Widder, dessen Blut nun zum Trinken bereitsteht. Da sieht er die Menge der *outis* auf sich zukommen, jener Niemande, von denen er selber vorgegeben hatte, einer zu sein, die *nonumnoi*, namenlose, unsichtbare Wesen ohne Gesicht. Sie bilden eine undeutliche Menge früherer Individuen, über die man nichts mehr weiß. Aus der Menge, die an ihm vorbeizieht, dringt schreckenerregender, undeutlicher Lärm. Sie haben keine Stimme, sie haben keinen Namen, kurz, es ist ein verworrenes Geräusch. Odysseus wird von entsetzlicher Furcht gepackt angesichts eines Schauspiels, das in seinen Augen und Ohren die Bedrohung einer völligen Auflösung in einem unförmigen Magma verkörpert, die Gefahr, daß seine so wortgewandte Rede von unhörbarem Getöse übertönt wird, sein Ruhm, sein Ansehen, seine Größe in Vergessenheit geraten und er selbst in dieser Finsternis verlorengehen könnte. Da erscheint Teiresias.

Odysseus reicht ihm zu trinken. Teiresias verkündet ihm, daß er nach Hause zurückkehren wird, wo Penelope ihn erwartet. Er erzählt ihm alle Neuigkeiten. Agamemnon ist tot. Odysseus sieht auch die Schatten anderer Helden, er sieht seine Mutter, er erkennt Achilleus und befragt ihn. Nachdem dieser ein wenig von dem lebensspendenden Blut getrunken hat, beginnt er zu sprechen. Und was sagt Achilleus in einem Moment, in dem alle seinen Ruhm besingen, in dem der Glanz seines *kléos*, seiner Berühmtheit in der ganzen Welt erstrahlt, in dem er das Muster des Helden schlechthin ist und in dem behauptet wird, daß seine Überlegenheit selbst in der Unterwelt anerkannt werde? Hören wir ihn selbst: »Lieber wär' ich der Allerletzte unter den jämmerlichen Bauern und würde im Dung mich wälzen, lieber wär' ich der Armseligste unter den Lebenden im Sonnenlicht als Achilleus im Hades, in dieser Welt der Finsternis.« Was Achilleus in der *Odyssee* sagt, steht im Gegensatz zu dem, was die *Ilias* verkündet: Dort hieß es, daß es für Achilleus, der zwischen einem kurzen und glorreichen und einem langen, dafür aber ruhmlosen Leben zu entscheiden hatte, kein Zögern, keinen Zweifel gab: Es galt, das ruhmreiche Leben zu wählen, den Heldentod im jugendlichen Alter, denn der Ruhm eines kurzen, in einem herrlichen Tod gipfelnden Lebens zählte mehr als alles andere. Hier sagt er genau das Gegenteil. Ist man tot und hätte man noch einmal die Wahl, man wäre lieber ein armer und lausiger Bauer in einem der kargsten Landstriche Griechenlands als der große Achilleus im Reich der Toten.

Nachdem Odysseus sich diese Beichte angehört hat, bricht er auf. Er macht neuerlich bei Kirke halt, die ihn und seine Gefährten bewirtet und sie mit Brot und Wein beschenkt. Dann weist sie ihnen den Weg und sagt ihnen, wie sie den Gefahren trotzen müssen, so den *planctoi*, jenen schwimmenden, unverankerten Felsen, die dann aufeinanderprallen, wenn ein Schiff zwischen ihnen hindurchfährt. Um ihnen zu entrinnen, müssen sie die Meerenge zwischen Charybdis und Skylla durchqueren. Charybdis ist ein Strudel, der sie zu verschlucken droht, und Skylla ein Ungeheuer, das auf einer in den Himmel ragenden Klippe sitzt, sich die vorbeifahrenden Schiffer schnappt und sie verschlingt. Laut Kirke werden sie nicht nur den riesigen Felsen begegnen, an denen sie sich zwischen den beiden Gefahren Charybdis und Skylla entscheiden müssen, sondern auch den Sirenen, vogelartigen Frauen. Jedes Schiff, das an ihrer kleinen Insel vorbeisegelt und den Gesang der Sirenen hört, ist verloren, denn die Matrosen vermögen ihrem Zauber nicht zu widerstehen, und ihr Schiff wird an den Riffen zerschellen.

Was aber tut der erfindungsreiche Odysseus? Als sie die kleine Insel erblicken, auf der die süßsingenden Sirenen, die Vogelfrauen oder Frauenvögel ihren Sitz haben, verstopft er allen Mitgliedern seiner Mannschaft mit Wachs die Ohren, so daß kein Ton zu ihnen dringt. Nur er will auf das Hören nicht verzichten. Er ist nicht nur der treue Mann, der sich erinnert, sondern auch derjenige, der alles wissen möchte, wie in der Episode mit dem Kyklopen, selbst das, was er nicht wissen darf. Er will nicht an den Sirenen vorbeifahren, ohne ihren Gesang vernommen zu haben, ohne zu wissen, was und wie sie singen. Er läßt seine Ohren unverstopft, verlangt aber von seinen Gefährten, daß sie ihn so am Schiffsmast festbinden, daß er sich nicht rühren kann. Als sich das Schiff der Insel der Sirenen nähert, herrscht auf einmal völlige Stille, etwas, das die Griechen *galene* nennen. Der Wind setzt aus, kein Geräusch ist zu vernehmen, das Schiff kommt fast nicht von der Stelle. Da stimmen die Sirenen ihren Gesang an. Sie richten sich mit ihrem Gesang an Odysseus, als seien sie die Musen, jene Töchter der Mnemosyne (Gedächtnis), die Homer beim Vortrag seiner Dichtungen inspirieren, jene, welche den Sänger inspirieren, wenn er von den Großtaten seiner Helden erzählt. Sie rufen ihm zu: »Odysseus, ruhmreicher und hochverehrter Odysseus, komm her zu uns, komm, hör uns zu, von uns wirst du alles erfahren, den Ruhm der Helden werden wir besingen wie auch den deinen.«

Während die Sirenen auf der einen Seite die Wahrheit sagen, also wahrheitsgemäß berichten, was sich zugetragen hat, säumt ihre kleine Insel auf der anderen Seite ein Haufen Leichen, deren Fleisch auf dem Gestade unter der Sonne verwest. Es sind die Leichen derer, die ihrem Ruf folgten und starben. Die Sirenen verkörpern sowohl den Ruf des Wissensdurstes, die erotische Anziehung – sie sind die Verführung schlechthin – als auch den Tod. Was sie Odysseus sagen, ist gleichsam das, was man von ihm sagen wird, wenn er nicht mehr dasein wird, wenn er die Grenze zwischen der Welt des Lichtes und der der Finsternis überschritten haben wird, wenn die Menschen ihn zum Odysseus jener Erzählung gemacht haben werden, deren Abenteuer ich gerade in Erinnerung rufe. Sie erzählen sie einem Lebenden, aber so, als sei er bereits tot, oder vielmehr, als befände er sich an einem Ort und in einer Zeit, wo die Grenze zwischen Lebendem und Totem, zwischen dem Licht des Lebens und der Nacht des Todes nicht genau festgesetzt ist und deshalb noch unentschieden, verschwommen, überschreitbar wäre. Sie locken ihn in einen Tod, der die Krönung seines Ruhmes bedeuten würde. Es ist jener Tod, den Achilleus nicht mehr möchte, auch wenn er ihn als Lebender begehrte, weil nur ein solcher Tod den Menschen einen Ruhm und ein Ansehen verschaffen kann, das unvergänglich ist.

Als Odysseus auf dem langsam vorbeifahrenden Schiff den Gesang der Sirenen hört, will er zu den Sängerinnen gelangen und schlägt wild um sich, doch seine Matrosen ziehen die Taue noch fester. Nachdem das Schiff die Sirenen für immer hinter sich gelassen hat, gelangt es zu den Felsen, die aufeinander zutreiben und aneinander stoßen. Odysseus wählt Skylla mit den sechs Häuptern und den zwölf Hundepfoten, denn Charybdis hätte in jedem Fall den sicheren Untergang bedeutet. Als das Schiff an Skylla vorbeifährt, greift sie sich mehrere Seeleute und verschlingt sie bei lebendigem Leibe. Nur wenige kommen mit dem Leben davon. Kurz darauf gelangen sie zur Insel Thrinakia, dem Land der Sonne. Diese Insel gehört in der Tat Helios, dem Sonnengott, dem Auge, das alles sieht. Auf ihr weiden göttliche, unsterbliche Herden, die keinen Nachwuchs hervorbringen. Die Zahl dieser prächtigen Tiere entspricht der Anzahl der Tage eines Jahres und darf weder ab- noch zunehmen. Eine von Teiresias' Weissagungen an Odysseus lautet nun wie folgt: »Fährst du an der Insel der Sonne vorbei, rühr' unter keinen Umständen die Tiere der heiligen Herde an. Läßt du sie unversehrt, so magst du nach Hause gelangen. Raubst du sie aber, ist alles verloren.« Als Odysseus sich Thrinakia nähert, erinnert er sich an diese Weisung und warnt seine Mannschaft: »Wir werden da vorbeikommen, wo die Herden des Helios weiden, aber ihr dürft in keinem Fall Hand an sie legen. Die Tiere sind unantastbar und heilig, und die Sonne wacht eifersüchtig über sie. Laßt uns unsere Vorräte auf dem Schiff verzehren und die Insel umfahren.« Doch seine Matrosen sind müde. Sie haben gerade schwere Gefahren überstanden, die viele ihrer Gefährten das Leben kosteten. Sie sind zermürbt und zerschlagen und antworten Odysseus: »Du mußt aus Eisen sein, um nicht anhalten zu wollen.«

Eurylochos ergreift im Namen der Mannschaft das Wort und sagt: »Laßt uns anhalten.« – »Gut«, sagt Odysseus, »doch rührt nur die Vorräte an, die Kirke uns gegeben hat.« Die Zauberin selbst trank Nektar und Ambrosia, ihnen schenkte sie jedoch Brot und Wein, die Nahrung der Menschen. Sie legen an, steigen vom Schiff und verzehren ihre Vorräte. Am nächsten Tag kommt Sturmwind auf, der tagelang wehen wird und sie am Weiterfahren hindert. Sie sitzen auf der Insel fest, wo ihre Vorräte, ihre Speisen allmählich zur Neige gehen. Der Hunger packt sie, dreht ihnen den Magen um.

Der Hunger ist eines jener Wesen, die der Dichter Hesiod zu den Kindern der Nacht zählt. Die Nacht gebar *Limos*, den Hunger, zur gleichen Zeit wie Verbrechen, Finsternis, Vergessen und Schlaf. Vergessen, Schlaf und Hunger lautet das unheilvolle Dreiergespann düsterer, nächtlicher Kräfte, das stets auf der Lauer liegt.

In unserem Fall ist es der Hunger, der sich zuerst bemerkbar macht. Sie greifen auf den Fischfang zurück. Den Matrosen gelingt es zwar, ab und zu einen Fisch zu fangen, aber das reicht nicht aus. Es gibt fast nichts zu essen. Da entfernt sich Odysseus erneut von seinen Gefährten und steigt auf den höchsten Punkt der Insel, um die Götter anzurufen. Und diese hüllen unseren Odysseus erneut in nächtlichen Schlaf. Während er schläft, hat der Hunger freie Hand und spricht durch Eurylochos' Munde zu dessen Kameraden: »Wir werden doch nicht abwarten, bis wir vor Entkräftung sterben. Seht nur diese prächtigen Kühe, schon ihr Anblick läßt einem das Wasser im Mund zusammenlaufen.« Es gilt Odysseus' Abwesenheit auszunutzen, die Tatsache, daß er in seiner nächtlichen Welt eingeschlossen ist und nicht mehr wachen kann. Sie kreisen die Herde ein, verfolgen sie, treiben sie in die Enge und opfern mehrere der von ihnen gejagten Tiere. Sie schlachten sie und bereiten sie zu. Manche Stücke legen sie in Kochkessel, andere braten sie auf dem Feuer. Der Geruch von Fett und gegrilltem Fleisch weckt den auf der Inselspitze schlummernden Odysseus. Von schrecklicher Angst gepackt, wendet er sich an die Götter: »Götter, ihr habt mich zum Besten gehalten, ihr habt mir die Finsternis des Schlafes geschickt. Das war kein sanfter Schlaf, sondern ein Schlaf des Vergessens und des Todes, und jetzt bin ich mit diesem Frevel konfrontiert.« Er steigt hinab, schilt seine Gefährten, welche die Weisungen und ihr Versprechen mißachtet haben, doch die denken nur ans Essen.

Da machen sich Wunder bemerkbar: Die in Stücke zerlegten und gegarten Tiere muhen weiter, als seien sie noch lebendig. Sie sind tot, aber da sie nicht sterben können, sind sie noch am Leben. Das Opfer hat man zwar dargebracht, aber auf eine abweichende, mangelhafte Weise, als hätte man wilde Tiere gejagt. Das Wilde wurde mit dem Zivilisierten verwechselt. Und obwohl die Wunder immer zahlreicher werden, essen Odysseus' Gefährten weiter, bis sie vollgestopft einschlafen. Gleich danach legen sich Wind und Wellen. Eilig gehen sie an Bord und stechen in See. Kaum hat das Schiff die Insel verlassen, richtet sich Helios nicht an Poseidon, sondern direkt an Zeus, um ihm zu sagen: »Schau, was sie angerichtet haben! Sie haben meine Tiere getötet, dafür mußt du sie bestrafen. Wenn du mich nicht rächst, werde ich aufhören, für die unsterblichen Götter im Äther zu scheinen und auch für die sterblichen Menschen, die sehen, wie sich auf der Erde Tag und Nacht abwechseln. Ich werde für die Toten, für die da unten scheinen! Ich werde in den Hades hinabsteigen und mit meinem Licht die Finsternis erleuchten. Und ihr, Götter wie Menschen, werdet von der Nacht verschlungen werden.« Zeus bringt ihn davon ab. »Laß das meine Sache sein«, erklärt er.

Weil Odysseus es an Achtsamkeit mangeln ließ, konnten seine Männer den Fehler begehen, das Heilige mit dem Profanen und die Jagd mit der Opfergabe zu verwechseln und alles durcheinanderwerfen. So liefen sie Gefahr, daß die Sonne die Nacht erleuchten und die Nacht dort Einzug halten würde, wo bisher die Sonne schien. Kaum haben sie sich mit dem Schiff einige hundert Meter entfernt, als Zeus oben im Himmel eine finstere Wolke zusammenballt. Plötzlich ist das Schiff in Finsternis gehüllt. Die Wellen schlagen hoch, der Blitz fährt auf das Schiff nieder, der Mastbaum bricht und zermalmt bei seinem Fall den Kopf des Steuermanns, der ins Wasser stürzt. Das schlingernde Schiff erhält einen Stoß und zerschellt in tausend Stücke. Es ist, als ob Odysseus' Gefährten sich in Tiere verwandelten, wie Krähen treiben sie im Meer, von den Wogen hin- und hergeworfen. Odysseus, an eine Schiffsplanke geklammert, treibt neun Tage umher. Am zehnten spülen die Ströme den völlig Erschöpften an ein Ufer. Es ist die Insel der Kalypso.

Die Insel der Kalypso

Alle Matrosen des Odysseus, die noch am Leben waren, kamen bei dem Schiffbruch ums Leben, wie Krähen trieben sie im Meer. Odysseus ist der einzige Überlebende. An eine Schiffsplanke geklammert, wird er vom Strom sogleich in die entgegengesetzte Richtung getrieben, zurück zu Charybdis. Seiner dramatischen Lage entkommt er gleichsam durch ein Wunder. Neun Tage treibt er allein und erschöpft in den Strömen, die ihn nach Belieben forttragen, ans Ende der Welt. Dort strandet er, genau in jenem Moment, da er sich verloren gibt, wie ein schiffbrüchiger Seefahrer auf Kalypsos Insel. Es ist eine Insel, die nicht einmal am Rand des Meeresraums gelegen ist, sondern am Ende der Welt, und die riesige Wassermengen sowohl von den Göttern als auch von den Menschen trennen. Sie ist nirgendwo. Kalypso nimmt den erschöpften Odysseus bei sich auf. Anders als bei Kirke, wo Odysseus und seine Gefährten selber zu der Nymphe gegangen waren, um ihr Einvernehmen zu erflehen, ist es hier Kalypso, die Odysseus rettet.

Er bleibt dort eine Ewigkeit, fünf, zehn, fünfzehn Jahre, doch was hat das zu besagen in einem Raum, in dem die Zeit nicht existiert. Er ist außerhalb des Raums, außerhalb der Zeit. Ein Tag gleicht dem anderen. Er lebt mit Kalypso in einem kontinuierlichen, liebevollen Beisammensein ohne jeden Kontakt zur Außenwelt, völlig allein mit ihr. In einer Zeit, in der nichts passiert, in der nichts eintritt, in der sich nichts ereignet, gleicht ein Tag dem anderen. Odysseus ist bei Kalypso außerhalb der Welt, außerhalb der Zeit. Sie ist zu ihm die Liebe und Fürsorge selbst. Doch wie ihr Name *Kalypso* besagt, der von dem griechischen Verb *kalyptein*, »verstecken«, abgeleitet ist, ist sie die, die in einem Raum jenseits von allem versteckt ist, und auch die, die Odysseus vor allen Blicken versteckt.

Ein Paradies in Miniatur

An dieser Stelle setzt Homers Erzählung von den Abenteuern des Odysseus ein. Odysseus ist seit zehn Jahren bei Kalypso versteckt. Er bleibt bei der Nymphe, denn er ist am Ende seiner Reise, am Ende seiner Irrfahrt angelangt. Bei Kalypso kommt auch der Ausgang des Dramas in Gang. Poseidon, dessen Rache und Haß Odysseus verfolgen, ist wie so oft zu den Äthiopen gefahren, um mit jenen mythischen, immerjungen Wesen zu tafeln, denen Veilchenduft entströmt und die Verwesung nicht kennen, die nicht einmal zu arbeiten brauchen, da jeden Morgen tierische und pflanzliche Nahrung auf einer Wiese für sie bereitsteht, die wie im goldenen Zeitalter schon zubereitet ist. Sie bewohnen die beiden Enden der Welt, den äußersten Osten und den äußersten Westen. Dort besucht Poseidon sie, ißt und freut sich mit ihnen, nichts Böses ahnend. Seine Abwesenheit ausnutzend, ergreift Athena die Gelegenheit und schreitet ein. Ihrem Vater Zeus erklärt sie, es könne so nicht weitergehen. Alle griechischen Helden, die nicht auf trojanischem Boden gestorben oder bei der Heimfahrt auf dem Meer umgekommen sind, seien jetzt zu Hause, hätten Heim, Frau und Familie wiedergefunden. Nur Odysseus, der gottesfürchtige Odysseus, der ein besonders gutes Verhältnis zu ihr pflegt, lebe wie ein Einsiedler bei dieser Kalypso. Angesichts der Beharrlichkeit seiner Tochter trifft Zeus in Poseidons Abwesenheit seine Entscheidung. Odysseus soll heimkehren, die Würfel sind gefallen. Das ist schneller gesagt als getan, denn noch muß Kalypso ihn freigeben. Darum soll sich Hermes kümmern. Doch dieser ist über die Mission alles andere als zufrieden: er hat Kalypsos Insel noch nie betreten, und man versteht warum, denn es ist eine Art Niemandsland, das weit von Göttern und Menschen entfernt ist. Um sich zu ihr zu begeben, muß man eine unermeßliche Fläche Meereswasser überqueren.

Der blitzschnelle, gedankenschnelle Hermes zieht sich seine Flügelschuhe an. Murrend sagt er sich, daß er diesen Auftrag nur aus Gehorsam und entgegen seinem Willen ausführt. Doch als er auf Kalypsos Insel landet, gerät er über die Entdeckung dieses Niemandslandes in Entzückung: die kleine Insel gleicht einem Paradies in Miniatur, mit seinen Gärten, Wäldern, Fontänen, Quellen und Blumen, mit den schön eingerichteten Höhlen, in denen Kalypso singt, spinnt, webt und mit Odysseus den Liebesakt vollzieht. Hermes ist hingerissen. Er geht auf Kalypso zu, die er zwar noch nie gesehen hat, die ihn aber gleich erkennt. »Mein lieber Hermes, was machst du denn hier? Ich habe nicht oft Gelegenheit, dir zu begegnen.« – »In der Tat«, antwortet ihr Hermes, »wenn es nur an mir gelegen hätte, wäre ich auch nicht gekommen, doch ich überbringe dir einen Befehl von Zeus. Die Sache ist entschieden, du mußt Odysseus gehen lassen. Zeus glaubt, daß es keinen Grund gibt, weshalb Odysseus als einziger von Trojas Helden nicht bei sich zu Hause ist.« Kalypso erwidert ihm: »Hör auf, mir dummes Zeug zu erzählen, ich weiß, warum ihr wollt, daß ich Odysseus freigebe. Ihr Götter seid jämmerliche Leute, schlimmer noch als die Menschen, denn ihr seid eifersüchtig. Was ihr nicht ertragen könnt, ist der Gedanke, daß eine Göttin mit einem Sterblichen zusammenlebt. Euch stört der Gedanke, daß ich mit diesem Mann seit Jahren friedlich ein Bett teile.« Da sie keine Wahl hat, fügt sie hinzu: »Nun gut, einverstanden, ich schicke ihn zurück.«

Hermes kehrt zum Olymp zurück. Die Erzählung nimmt nun eine andere Wendung. Odysseus' Wegstrecke entfernte ihn von der Welt der Menschen, führte ihn bis zu den Kimmeriern ins Land der Toten, an den äußersten Rand der Welt des Lichts und der Lebenden. Mit seinem göttlichem Intermezzo steht er jetzt gleichsam im Aus, allein auf weiter Meeresflur. Mit seinem einsamen Liebesduo mit Kalypso ist seine Irrfahrt seit mehr als zehn Jahren zum Stillstand gekommen.

Was tat Odysseus, als Hermes Kalypsos Grotte betrat? Er war ganz allein auf einen Felsvorsprung gestiegen, schaute auf das sich kräuselnde Meer, das sich unermeßlich vor ihm auftat und weinte sich die Augen aus. Er war ganz in Tränen aufgelöst. Alles, was er an flüssiger Lebenskraft hatte, trat ihm aus den Augen und den Poren, er konnte nicht mehr. Aber warum? Weil er im Grunde seines Herzens noch immer seinem früheren Leben, seiner Frau Penelope und Ithaka nachtrauerte. Kalypso konnte nicht ignorieren, daß Odysseus noch immer an die Rückkehr dachte, daß er der Mann der Rückkehr war. Doch sie trug sich in der Hoffnung, daß es ihr gelingen würde, ihn die »Rückkehr vergessen zu machen«, seine Erinnerung daran auszulöschen, wer er zuvor gewesen war. Doch wie? Odysseus war im Land der Toten gewesen, er hatte Achilleus' Geist erzählen hören, wie schrecklich es sei, tot zu sein, daß das Phantom ohne Leben und Bewußtsein, der anonyme Schatten, der man werde, die schlimmste Zukunft sei, die ein Mensch sich vorstellen könne. Kalypso will ihm am Ende seiner Reise, am Ende seiner Prüfungen die Unsterblichkeit und die ewige Jugend schenken, mit denen er weder den Tod noch das hohe Alter mehr fürchten muß.

Sie wußte, was sie tat, als sie dieses zweifache Versprechen gab. Es gibt eine Geschichte, die sie kennen mußte, die ein jeder kennt: Aurora, *Eos*, hatte sich in einen sehr schönen jungen Mann namens Tithonos verliebt. Sie hatte ihn entführt, damit er bei ihr lebe. Vorschützend, daß sie auf den Jungen nicht verzichten könne, hatte sie Zeus gebeten, ihn unsterblich zu machen, damit sie nie von ihm getrennt werde. Ironisch lächelnd hatte Zeus ihr gesagt: »Einverstanden, ich mache ihn unsterblich.« Tithonos war also mit dem Privileg der Unsterblichkeit versehen als junger Mann in Auroras Palast auf dem Olymp angekommen. Nach einer Weile jedoch wurde er schlimmer als ein Greis. Mit hundertfünfzig oder zweihundert Jahren war er wie ein verschrumpeltes Insekt, außerstande zu sprechen, sich zu rühren oder Nahrung zu sich zu nehmen. Er war ein lebender Geist.

Das unmögliche Vergessen

Doch nicht das ist es, was Kalypso Odysseus geben will. Sie bietet ihm an, ein wirklicher Gott zu werden, das heißt ein Unsterblicher, der stets jung bleibt. Kirke hatte gewollt, daß Odysseus' Matrosen die Rückkehr vergessen. Deshalb hatte sie sie in Tiere verwandelt, in etwas, was unterhalb des Menschen steht. Kalypso dagegen will Odysseus zwar nicht in ein Tier verwandeln, sondern in einen Gott, doch verfolgt sie letztlich das gleiche Ziel: er soll Ithaka und Penelope vergessen. Das Drama, der springende Punkt besteht in dem Dilemma, mit dem Odysseus konfrontiert ist. Er hat gesehen, was der Tod bedeutet, als er bei den Kimmeriern am Schlund der Unterwelt weilte. Er hat es auch bei den Sirenen gesehen, die von ihrer leichengesäumten Insel aus seinen Ruhm besangen. Kalypso bietet ihm den Nicht-Tod und die ewige Jugend, doch hat diese Verwandlung ihren Preis: er muß dableiben und seine Heimat vergessen. Wenn er bei Kalypso versteckt bleibt, wird er zudem aufhören, er selbst, das heißt Odysseus, der Held der Rückkehr, zu sein.

Odysseus ist der Mann des Sich-Erinnerns. Er ist bereit, alle Prüfungen, alle Leiden hinzunehmen, um sein Schicksal zu erfüllen. Sein Schicksal war es, an die Grenzen des Menschlichen geworfen zu werden. Ein jedes Mal hatte er es vermocht und verstanden, zurückzukommen und sich seiner selbst zu erinnern. Auf all das müßte er verzichten. Was man ihm anbietet, ist nicht seine, des Odysseus' Unsterblichkeit, sondern eine anonyme. Als sich Athena, die sich als Mentor, als alten Mann und weisen Freund Odysseus', verkleidet hat, nach Ithaka zu Odysseus' Sohn Telemachos begibt, sagt sie ihm: »Weißt du, dein Vater ist ein sehr schlauer, sehr listiger Mann, ich bin sicher, daß er heimkehren wird. Mach dich bereit, denn du mußt ihm helfen. Schau in anderen Städten Griechenlands nach, ob es Nachrichten von ihm gibt. Steh' nicht untätig da und jammere, tu etwas.« Doch wie soll Telemachos sicher sein, daß es sich um seinen Vater handelt: seine

Mutter Penelope hat ihm zwar gesagt, daß Odysseus sein Vater sei, aber er hat ihn ja nie gesehen. Als Odysseus aufbrach, war Telemachos gerade geboren und nur wenige Monate alt.

Jetzt ist er zwanzig Jahre alt, und zwanzig Jahre ist es her, daß Odysseus fortging. Telemachos antwortet Athena, daß sein Vater für ihn ein Unbekannter sei, und nicht nur für ihn: durch den Willen der Götter sei er zu einem Wesen geworden, das man nicht sieht, das man nicht hört, das unsichtbar und unhörbar ist. Er ist verschwunden, als hätten ihn die Harpyien entführt, als sei er aus der Welt der Menschen gelöscht worden. Niemand wüßte, was aus ihm geworden ist. Telemachos fügt hinzu: »Wenn er gestorben wäre, als er auf griechischem Boden kämpfte oder als er mit seinen Schiffen zurückkehrte, dann hätten ihn seine Gefährten zu uns gebracht, und wir hätten ihm einen Grabhügel mit einem *sema*, einem Grabstein, errichten können, auf dem sein Name geschrieben stünde. So wäre er in bestimmter Hinsicht noch immer hier bei uns. Auf jeden Fall hätte er uns, mir, seinem Sohn und seiner ganzen Familie, *kleos aphthiton,* unvergänglichen Ruhm hinterlassen. Während er jetzt aus der Welt ist, ausgelöscht, verschluckt und ohne Ruhm *(akleos).*«

Was Kalypso Odysseus anbietet, ist eine Unsterblichkeit und ewige Jugend, die von einer Wolke der Unscheinbarkeit umhüllt ist, so daß niemand über ihn reden, kein menschliches Wesen seinen Namen aussprechen, geschweige denn ein Dichter seinen Ruhm besingen würde. Wie Pindar in einem seiner Gedichte sagt, darf eine große Heldentat nicht »verborgen« bleiben. Er benutzt das gleiche Verb, das auch Kalypso ihren Namen gab, *kalyptein.* Damit eine Heldentat existiert, bedarf es des poetischen Loblieds eines großen Dichters.

Bliebe Odysseus bei Kalypso, gäbe es keine *Odyssee* und demzufolge auch keinen Odysseus mehr. Das Dilemma besteht in der Wahl zwischen einer anonymen, namenlosen Unsterblichkeit, die bedeuten würde, daß Odysseus, auch wenn er für immer am Leben bliebe, zum Ebenbild der Toten des Hades geriete, die man

deshalb die Namenlosen nennt, weil sie ihre Identität verloren
haben, und – entscheidet er sich für das Gegenteil – einem zwar
sterblichen Dasein, in dem er jedoch zu sich selbst zurückfände,
in dem man sich seiner erinnerte, in dem er von Ruhm gekrönt
würde. Odysseus sagt Kalypso, daß er es vorzieht, heimzukehren.

Er empfindet kein Verlangen, weder *himeros* noch *eros*, mehr
für die gelockte Nymphe, mit der er seit zehn Jahren in einem
zärtlichen Beisammensein lebt. Und wenn er mit ihr heute abend
schlafen wird, dann nur deshalb, weil sie es will. Er selber will
nicht mehr. Sein einziger Wunsch lautet, in sein sterbliches Dasein zurückzukehren, er wünscht sich sogar den Tod. Sein *himeros*
lenkt ihn zum sterblichen Leben hin, er möchte sein Leben voll-
enden. Kalypso sagt ihm: »Hängst du so sehr an Penelope, daß
du sie mir vorziehst? Findest du sie schöner?« »Aber nein doch,
überhaupt nicht«, erwidert Odysseus, »du bist eine Göttin, du bist
schöner, größer und wunderbarer als Penelope, das weiß ich
doch. Aber Penelope ist nun einmal Penelope, es ist mein Leben,
meine Frau, mein Land.« – »Nun gut«, sagt Kalypso, »das verstehe
ich.« Daraufhin führt sie Hermes' Weisungen aus und hilft Odysseus, ein Floß zu bauen. Zusammen fällen sie die Bäume und pas-
sen sie einander an, um ein solides Floß zu bauen, das über einen
Mast verfügt. Odysseus verläßt Kalypso, und eine neue Reihe von
Abenteuern beginnt.

Nackt und unsichtbar

Odysseus segelt auf seinem Floß. Alles geht seinen Gang. Nach
mehreren Tagen Seefahrt erblickt Odysseus eine Art Scholle, die
im Meer treibt: die Insel der Phäaken. Genau in diesem Moment
macht sich Poseidon, der sein Festmahl bei den Äthiopen beendet
hat, auf den Weg zurück zum Olymp. Vom Himmel aus sieht er ein
Floß, an dessen Mast ein Bürschchen festgebunden ist, und erkennt Odysseus. Helle Wut packt ihn. Seit zehn Jahren hatte er

nichts mehr von dem Früchtchen gehört, doch da versteht er, daß Zeus und die Götter anders entschieden haben. Er kann der Versuchung nicht widerstehen, das Floß zu vernichten. Es bricht auseinander. Odysseus kämpft gegen die tobenden Fluten an, schluckt Wasser. Als er im Begriff ist zu ertrinken, erblickt ihn eine andere Gottheit, Ino Leukothea, die Weiße Göttin, die den Schiffbrüchigen mitunter in großen Stürmen erscheint und sie rettet. Sie nähert sich Odysseus, reicht ihm einen Schleier, eine Art Gurt, und sagt ihm: »Spanne ihn unter dir fest, und nichts wird dir geschehen. Doch wirf ihn ab, sobald du Land betrittst.« Odysseus nimmt den Schleier, schwimmt mühsam auf die Küste zu, doch bei jedem Versuch, an Land zu gehen, wird er von der Brandung zurückgeworfen. Schließlich erblickt er weiter oben an der Küste die Mündung eines Flusses, eines Wildbachs, eine Art kleinen Hafen, in dem sich die Wellen nicht an den Felsen brechen. Der Abend ist bereits angebrochen, als er dort anlangt. Er kann nicht mehr. Völlig erschöpft, wirft er den Schleier ins Wasser zurück, tappt im Dunkeln los und läßt sich auf einer Anhöhe fallen, wo er sich unter einem Blätterhaufen versteckt. Er fragt sich, wer da wohl wohnen, welche neue Gefahr ihn bedrohen mag. Er beschließt, trotz der Erschöpfung kein Auge zuzumachen. Er hat schon seit Nächten nicht mehr geschlafen, er starrt vor Dreck, nachdem er tagelang im Meer trieb, ohne sich waschen zu können. Er ist von einer Salzschicht bedeckt, von einer Kruste Dreck, sein Haar ist zerzaust. Kaum hat er sich hingelegt, als Athena, die seit langem nicht mehr eingegriffen hat, zurückkehrt und ihn einschläfert.

Diese Insel also ist die Insel der Phäaken. Sie liegt auf halbem Wege zwischen der Welt der Menschen, der Welt Ithakas und Griechenlands, und einer außergewöhnlichen Welt voller Wunder, in der Kannibalen und Göttinnen Seite an Seite leben. Die Phäaken sind zum Fährmann berufen. Ihre Seeleute sind im Besitz magischer Schiffe, die ganz von allein in Windeseile in alle gewünschten Richtungen segeln, ohne daß sie gesteuert oder mit Rudern vorangetrieben werden müßten. In gewisser Hinsicht gleichen sie

Hermes, dem Gott der Reise und der Überfahrten, der die Macht hat, von einer Welt in die andere zu wechseln. Die Insel hat keinen direkten Kontakt zur Außenwelt. Die Phäaken sind zwar »Fährmänner«, doch kein Fremder kommt je zu ihnen. Dagegen passiert es, daß die Götter bei ihnen vorbeikommen und sich zeigen, wie sie sind, ohne Verkleidung.

Odysseus ist im Dickicht versteckt und schläft. Der Morgen bricht an. Im königlichen Palast befindet sich Nausikaa, die junge Tochter des Königs. Mit ihren fünfzehn oder sechzehn Jahren steht sie im heiratsfähigen Alter, doch in Phäakien einen Mann zu finden, der in der Lage wäre, den Vorstellungen ihres Vaters von einem Schwiegersohn zu entsprechen, ist wahrhaft nicht leicht. In der Nacht gab Athena ihr einen Traum ein, in dem sie ihr die Ankunft eines möglichen Gatten prophezeit. Athena schilt sie ob der schmutzigen Kleider, die der nahen Hochzeit im Wege stehen. Am Morgen ruft Nausikaa ihre Mägde. Sie eilen herbei, sammeln die Wäsche des gesamten Hauses ein und waschen sie im klaren Wasser eines Wildbachs. Anschließend legen sie die schönen Tücher, Laken und Kleider zum Trocknen auf die Felsen. Gleich am Morgen hatten sie einen Maultierwagen gerüstet, um die schmutzige Wäsche bis zum Bach zu transportieren. Als die Wäsche gewaschen ist, spielen die jungen Mädchen Ball. Eine ungeschickte Magd verfehlt den Ball, den Nausikaa ihr zuwirft, und läßt ihn in den Bach fallen. Daraufhin schreien die Mädchen laut auf.

Odysseus, jäh aus dem Schlaf gerissen, kommt aus seinem Gehölz hervor und betrachtet die Szene. Er ist splitternackt und gräßlich anzusehen. Unruhig wirft er funkelnde und drohende Blicke um sich. Bei seinem Anblick stieben die jungen Mädchen wie aufgeschreckte Vögel auseinander. Nur Nausikaa bleibt, die größte und schönste. Sie ist in der Mitte ihrer Mädchen wie Artemis inmitten ihrer Mägde, sie steht stets eine Stufe über ihnen. Nausikaa gibt keinen Laut von sich und bleibt reglos stehen. Sie schauen einander an. Nausikaa fragt sich wahrscheinlich, wer dieser gräßliche Mann, dieses Ungeheuer wohl sein mag, doch sie rührt sich nicht von der Stelle. Schließlich ist sie die Tochter des Königs. Da fragt sie der gräßlich anzuschauende, doch angenehm klingende Odysseus, der Mann der schmeichelnden Worte: »Wer bist du? Bist du eine Göttin mit ihren Mägden? Ich bin ein unseliger Schiffbrüchiger, den es hierher verschlagen hat. Dein Anblick läßt mich an die junge Palme denken, die ich in Delos auf einer meiner Reisen sah, eine junge schlanke Palme, die in den Himmel schoß. Entzückt war ich, sie zu sehen, und hingerissen blieb ich vor ihr stehen, und ganz so entzückst auch du mich, junges Mädchen.« Darauf erwidert sie ihm: »Dein Aussehen strafen deine Worte Lügen, du scheinst kein *kakos,* kein böser Mensch zu sein.« Sie ruft ihre Mädchen herbei und bittet sie, sich des Mannes anzunehmen. »So gebt ihm, was er braucht, damit er sich waschen und bekleiden kann.« Odysseus steigt in den Bach, entfernt den ganzen Schmutz, den ganzen Dreck, der seine Haut verkrustet, wäscht sich und zieht die Kleider an. Athena breitet Anmut und Schönheit über ihn. Sie macht ihn schöner, jünger und stärker, gießt *charis* über ihn, lieblichen Reiz, Glanz und Charme. So erstrahlt Odysseus förmlich vor Schönheit und verführerischer Kraft. Nausikaa schaut ihn an und sagt im geheimen zu ihren Dienerinnen: »Hört, unansehnlich ist mir dieser Mann zuvor erschienen, gräßlich und den Göttern wenig ähnlich, *aeikelios,* doch jetzt scheint er ihnen gleich, *eikelos,* jenen, die den Himmel bewohnen.«

Von da an keimt in Nausikaa der Gedanke, daß dieser von den Göttern gesandte Fremde gleichsam frei sei, daß vor ihr die Möglichkeit des von ihr erträumten Gemahls und Ehemanns stünde. Als Odysseus sie fragt, was er zu tun habe, gebietet sie ihm, sich zum Palast ihres Vaters Alkinoos und ihrer Mutter Arete zu begeben. »Mach dich auf zur Stadt, doch sei auf der Hut. Ich selbst werde die Maultiere mit der Wäsche beladen, mit meinen Mägden aufbrechen und zum Palast zurückkehren. Weißt du, man darf uns nicht zusammen sehen. Zunächst, weil es keine Fremden hier gibt, alle kennen sich. Würde man jemanden bemerken, den man nicht kennt, stellte man sich Fragen, und sähe man ihn zudem in meiner Begleitung, dann kannst du dir ja ausmalen, was man sich denkt. Brich also nach mir auf, folge dem Weg bis zur Stadt und betritt dann den schönen Palast, der von wunderschönen Gärten gesäumt ist, die zu jeder Jahreszeit blühen und Früchte bringen. Es gibt auch einen Hafen mit trefflichen Schiffen. Geh du in den Saal hinein und wirf dich meiner Mutter Arete zu Füßen, umschlinge ihre Knie und bitte sie um Gastfreundschaft. Halte unterwegs nicht und sprich mit niemandem, bevor du nicht den Palast erreicht hast.«

Als sich Nausikaa entfernt, bemerkt Odysseus ein junges Mädchen. Es ist Athena, die sich als solches verkleidet hat. Sie sagt ihm: »Folge den Anweisungen der Königstochter. Ich mache dich außerdem unsichtbar, damit dein Weg reibungslos verläuft. Schau du niemanden an, solange du unsichtbar bist, kreuze niemandes Blick, denn um unsichtbar zu sein, darfst du auch die anderen nicht anschauen.«

Odysseus befolgt die Weisungen, erreicht den Palast und wirft sich der Königin zu Füßen. Er bleibt unsichtbar, während er den Saal durchquert, in dem sich der gesamte phäakische Adel versammelt hat. Er geht auf den Thron zu, auf dem König Alkinoos und Königin Arete nebeneinander sitzen. Erst da läßt Athena die Wolke verfliegen. Verblüfft entdecken die Phäaken den Fremden, der die Knie ihrer Königin umschlingt. Arete und Alkinoos beschließen, ihn als Gast bei sich aufzunehmen. Sie veranstalten ein großes Fest, im Laufe dessen Odysseus seine unvergleichlichen athletischen Fähigkeiten an den Tag legt. Einer der Söhne des Königs provoziert ihn ein wenig, doch Odysseus bleibt gelassen. Er wirft den Diskus weiter als der andere und beweist damit, ein Mann von Wert, ein Held zu sein. Man läßt einen Dichter kommen. Odysseus sitzt neben dem König, als der Dichter beginnt, den Trojanischen Krieg zu besingen. Als dieser die Großtaten und den Tod von Odysseus' Gefährten vorträgt, kann Odysseus nicht mehr an sich halten. Er senkt den Kopf, schlägt sein Kleid über die Augen, um zu verbergen, daß er weint, doch Alkinoos durchschaut sein Manöver; er versteht, daß der neben ihm sitzende Mann, um von dem Gesang derart erschüttert zu sein, einer der achäischen Helden sein muß. Er läßt den Sänger innehalten, den Odysseus jetzt gewissermaßen ablösen wird. Er wird sich vorstellen: »Ich bin Odysseus«, und einen Großteil seiner Abenteuer in der Art eines Dichters erzählen.

Nicht ohne Bedauern, denn auch er hat an seine Tochter gedacht, beschließt der König, Odysseus nach Ithaka zu bringen. Er tut es, weil er muß. Er gibt Odysseus zu verstehen, daß er einen idealen Schwiegersohn abgeben würde, sollte er bei den Phäaken bleiben und Nausikaa beiliegen wollen. Er würde die Thronfolge der Könige von Phäakien antreten. Doch Odysseus erklärt ihm, daß sich seine Heimat und sein Leben in Ithaka befinden und daß ihm demzufolge geholfen werden muß, um dorthin zurückzukehren. Gegen Abend trägt man herrliche Gaben zusammen und füllt damit eins der phäakischen Schiffe. Bevor Odysseus es besteigt, verabschiedet er sich vom König, von der Königin und von Nausikaa, genau wie er von Kalypso und Kirke Abschied nahm. Das dahinsegelnde Schiff findet in menschliche Gewässer zurück. Es befördert Odysseus aus dem Niemandsland, in dem er an den Grenzen des Menschlichen, am Rande von Licht und Leben lebte, in seine Heimat, zu sich nach Ithaka.

Ein zwielichtiger Bettler

Kaum ist er auf das Schiff gestiegen, als ihn auch schon der Schlummer übermannt. Das Schiff fliegt von ganz allein dahin. Die phäakischen Matrosen erreichen Ithaka an einem Strand, an dem ein Olivenbaum, sein Blätterwerk entfaltend, zu erkennen ist und neben ihm, auf den bergigen Höhen, der Eingang einer Nymphenhöhle. Es ist eine Art natürlicher Hafen, an dem zwei schroffe Felswände einander gegenüberstehen. Die Phäaken legen den schlafenden Odysseus unter den Olivenbaum und brechen wieder auf.

Doch Poseidon hat vom Himmel aus gesehen, wie die Dinge sich abspielten, wie er neuerlich hereingelegt wurde: Odysseus ist zurück. Der Gott beschließt, sich an den Phäaken zu rächen. Als das Schiff vor Phäakien ankommt, stößt er mit dem Dreizack zu, verwandelt es in einen Stein und verwurzelt es im Meer wie eine Felseninsel. Die Phäaken können nun nicht mehr als Fährleute zwischen den Welten dienen. Das Tor, das Odysseus zu Beginn der Erzählung durchschritt und das er auf seinem Heimweg gerade erneut durchquerte, hat sich für immer geschlossen. Die menschliche Welt bildet ein Ganzes, dessen Bestandteil Odysseus von nun an ist.

Als er im Morgengrauen aufwacht, erkennt er die ihm vertraute Landschaft seiner Jugend nicht wieder. Athena hatte in der Tat entschieden, daß unser Held vor seiner Heimkehr von Kopf bis Fuß verwandelt werden müsse. Denn in seiner Abwesenheit haben sich besonders seit den letzten zehn Jahren Hunderte von Freiern, die Odysseus für tot hielten oder zumindest für immer verschollen glaubten, in seinem Haus eingerichtet. Dort treffen sie zusammen, verbringen ihre Zeit, essen, trinken, lichten die Herden, leeren die Wein- und Kornvorräte in der Erwartung, daß Penelope sich für einen von ihnen entscheidet. Hunderte von Listen hat sie benutzt, um genau das nicht zu tun. Sie gab vor, daß sie nicht heiraten könne, solange sie nicht sicher sei, daß ihr Mann wirklich tot ist. Dann, daß sie nicht heiraten könne, solange sie ihrem Schwiegervater nicht das Leichentuch gefertigt habe, in dem man ihn begraben würde. Sie ist damit in der Wohnung der Frauen beschäftigt, während die Freier im großen Saal, in dem sie tafeln, nach der Mahlzeit mit jenen Mägden schlafen, die eingewilligt haben, die Sache ihrer Herren zu verraten. Sie begehen dort noch Tausende andere Tollheiten.

Tags webt Penelope an ihrem Tuch, um nachts die gesamte Arbeit wieder aufzutrennen. Vorschützend, daß die Arbeit noch nicht fertiggestellt sei, versteht sie es so fast zwei Jahre lang, die Freier in die Irre zu führen, bis eine der Mägde den Freiern schließlich die Wahrheit erzählt, die von Penelope sogleich eine

Entscheidung verlangen. Athena will vermeiden, daß Odysseus den gleichen Fehler begeht wie Agamemnon, der unter seiner wirklichen Gestalt heimkehrte und der Falle zum Opfer fiel, die die Seinen ihm stellten. Er muß verkleidet, inkognito erscheinen. Damit man ihn nicht erkennt, darf er die vertraute Landschaft seiner Heimat auch selber nicht erkennen. Als sich Athena Odysseus am Strand zu erkennen gab, an dem man ihn absetzte, erklärte sie ihm seine Lage: »Es gibt Freier, die du töten mußt, deshalb mußt du dir die Unterstützung deines Sohnes, des heimgekehrten Telemachos, suchen, die von Eumaios, dem Schweinehirten, und die von Philoitios, dem Kuhhirten. So mag es dir gelingen, sie zu besiegen. Ich werde dir helfen, doch ich muß dich zunächst völlig unkenntlich machen.« Nachdem er ihren Vorschlag angenommen hat, zeigt sie ihm Ithaka in wahrem Licht, so wie es in Wirklichkeit aussieht.

Die Wolke zerstreut sich. Odysseus erkennt seine Heimat wieder. Genau wie Athena bei seiner Begegnung mit Nausikaa Anmut und Schönheit über ihn goß, übergießt sie ihn jetzt mit Alter und Häßlichkeit. Seine Haare fallen aus, seine Haut wird welk und seine Augen trüb, er ist krumm und mit stinkenden Lumpen bedeckt und bietet in jeder Hinsicht den schrecklichen Anblick eines verwachsenen Bettlers. Odysseus' Plan besteht in der Tat darin, sich in seinen Palast zu begeben, den Taugenichts und Bedürftigen zu spielen, der um Nahrung bettelt, alle Beleidigungen hinzunehmen, die man ihm zuwirft, und sich so eine Einschätzung der Lage zu verschaffen, Komplizen zu finden und in den Besitz seines Bogens zu gelangen. Diesen Bogen, den nur er zu spannen vermag, wird er sich bei der ersten Gelegenheit mit scheinheiliger Miene geben lassen, um mit seiner Hilfe die Freier zu töten.

An den Toren des Palastes begegnet er dem alten Eumaios, seinem Schweinehirten. Er fragt ihn, wer er selber und wer jene seien, die das Haus bewohnen. Eumaios erwidert: »Odysseus, mein Herr, brach vor zwanzig Jahren auf, und wir wissen nicht, was aus ihm geworden ist. Ein schreckliches Unglück ist es, denn alles bricht zusammen: die Freier sind im Hause, das Anwesen ist ruiniert, sie plündern die Nahrung und die Herden. Jeden Tag muß ich ihnen Ferkel zum Essen bringen, es ist grauenvoll.«

Zusammen gehen sie auf den Eingang des Palastes zu. Da erblickt Odysseus neben dem Tor auf einem Haufen Mist, auf den man jeden Morgen den Unrat des Hauses häuft, seinen Hund Argos. Er ist zwanzig Jahre alt und Odysseus' Pendant, nur in Hundeform: er ist widerwärtig, verlaust und so geschwächt, daß er sich kaum noch rühren kann. Odysseus fragt Eumaios: »Wie war er denn als junger Hund?« – »Oh, er war bemerkenswert, er jagte die Hasen und brachte sie zurück, und nie entging ihm einer ...« – »Ach ja«, sagt Odysseus, der weiter auf ihn zuläuft. Der alte Argos hebt ein wenig Kopf und Ohren. Er erkennt zwar seinen Herrn, ist aber so schwach, daß er ihm nicht einmal mehr entgegenlaufen kann. So wedelt er lediglich mit dem Schwanz und spitzt die Ohren.

Odysseus sieht, daß der alte Hund ihn trotz seiner Altersschwäche in der für Hunde charakteristischen Art wiedererkennt: durch einen untrüglichen Geruchssinn. Die Menschen dagegen brauchen *semata*, Zeichen, Indizien, die ihnen als Beweise dienen, um Odysseus nach so vielen Jahren und Veränderungen wiederzuerkennen. Diese Zeichen werden sie untersuchen, um sich Odysseus' Identität zu vergewissern. Der Hund hat das nicht nötig: Er weiß vom ersten Moment an, daß es sich um Odysseus handelt, er riecht es. Odysseus ist vom Anblick seines alten Hundes erschüttert, er ist den Tränen nahe. Schnell läuft er weiter. Der Hund stirbt, Eumaios hat nichts bemerkt. An der Schwelle des Palastes stoßen sie auf einen anderen Bettler, Iros, der jünger ausschaut als der vermeintlich alte Odysseus. Iros ist der angestammte Bettler, seit vielen Monaten ist er Zielscheibe von Gespött und Schlägen, während die Freier tafeln. Unverblümt wendet er sich an den als Bettler verkleideten Odysseus: »Was hast du hier zu suchen? Weg da, das ist mein Platz, verzieh dich, hier ist nichts für dich.«

Odysseus erwidert ihm: »Das werden wir ja sehen.« Gemeinsam treten sie ein. Die Freier sind mitten bei der Mahlzeit und sitzen zu Tisch, wo die Mägde ihnen zu trinken und zu essen servieren. Als sie anstatt des einen zwei Bettler sehen, brechen sie in Gelächter aus, um so mehr, als Iros mit Odysseus Streit zu suchen beginnt. Die Freier sind amüsiert, glauben sie doch, daß es für den jüngeren Iros ein Leichtes sein wird, den anderen, älteren zu besiegen. Zunächst verweigert Odysseus die Schlägerei, doch dann willigt er ein, den Streit im Faustkampf zu regeln. Alle schauen zu. Als Odysseus sich gürtet, hebt er ein wenig seine Tunika an, und die Freier entdecken, daß der verweichlichte Alte noch feste Schenkel hat und der Ausgang des Kampfes alles andere als eindeutig ist. Der Schlagabtausch beginnt. Im Handumdrehen streckt Odysseus Iros nieder, sachte, inmitten des fröhlichen Gejohles der Bravo schreienden Zuschauer. Nachdem Odysseus Iros aus dem Palast geworfen hat, wird er selbst zum Opfer von Beleidigungen und Demütigungen, und einer der Freier gibt sich mit Worten nicht zufrieden. Mit viel Schwung schleudert er einen Rinderhuf über den Tisch, der ihn an der Schulter streift und ihm wehtut. Da gebietet Telemachos dem Treiben Einhalt und erklärt: »Dieser Mann ist mein Gast, er soll weder Kränkungen noch schlechte Behandlung erfahren.«

Eine Narbe, die Odysseus' Handschrift trägt

Odysseus gibt sich den Personen zu erkennen, deren Unterstützung er braucht. So Telemachos, der von einer Reise heimgekehrt ist, die er unternahm, um Neues über seinen Vater in Erfahrung zu bringen. Bei seiner Rückkehr entging er einer Falle, welche ihm die über seine Abfahrt informierten Freier gestellt hatten. Sie wollten ihn umbringen, um sich danach mit Penelope ohne Hindernis vermählen zu können. Penelope zu heiraten, bedeutet, Odysseus' Bett, das königliche Lager, zu belegen und Herrscher über Ithaka zu werden. Von Athena gewarnt, entgeht Telemachos der Falle. Er geht an einer anderen Stelle an Land als an der, an der er erwartet wurde, und begibt sich direkt zu Eumaios.

Es ist das erste Treffen zwischen Telemachos und Odysseus. Eumaios bricht auf, um Penelope zu benachrichtigen, daß ihr Sohn am Leben ist. Odysseus und Telemachos sind allein in der kleinen Hütte des Schweinehirten, als plötzlich Athena erscheint. Nicht nur Odysseus sieht sie, auch die Hunde wittern ihre Gegenwart. Sie sind so von Angst und Schrecken erfüllt, daß ihnen das Fell zu Berge steht, sie den Schwanz einziehen und sich unter dem Tisch verkriechen. Telemachos sieht nichts. Die Göttin fordert Odysseus auf, mit ihr hinauszugehen. Sie berührt ihn mit ihrem Zauberstab, und Odysseus nimmt sein früheres Aussehen wieder an. Sein Anblick ist nicht mehr erschreckend, er gleicht jetzt jenen Göttern, die den weiten Himmel bewohnen. Telemachos traut seinen Augen nicht, als er ihn in die Hütte zurückkommen sieht: wie kann ein alter Bettler sich nur so in einen Gott verwandeln? Odysseus gibt sich zu erkennen, doch sein Sohn verlangt einen Beweis von ihm, erst dann kann er ihm glauben. Doch Odysseus gibt ihm keinen, abgesehen von der Rüge, die er ihm erteilt wie ein Vater seinem Sohn. »Wird das jetzt endlich aufhören? Du hast deinen Vater vor dir und erkennst ihn nicht?« Aber Telemachos kann ihn ja nicht erkennen, er hat ihn ja nie gesehen. »Ich sage dir doch, ich bin Odysseus.« Indem er sich auf diese Weise durchsetzt, bestimmt er Telemachos gegenüber seine Position als Vater. Telemachos konnte seine Position bislang nicht bestimmen, weil er noch kein Mann, aber auch kein Kind mehr ist, weil er einerseits von seiner Mutter abhängt, andererseits aber frei sein will: seine Position ist unklar. Doch die Tatsache, daß sein Vater da ist, jener Vater, von dem er nicht einmal wußte, ob er noch am Leben war, und der womöglich nicht seiner war, all dem zum Trotz, was man ihm erzählt hatte – die Tatsache also, daß sein Vater leibhaftig vor sich steht und zu ihm spricht wie ein Vater zu seinem Sohn, bestärkt nicht nur Odysseus in seiner Rolle als Vater, sondern auch

Telemachos in der des Sohnes. Sie beide werden zu Eckpunkten einer sozialen, menschlichen, identitätsbildenden Beziehung.

Mit Hilfe von Eumaios und Philoitios denken sie sich dann einen Racheplan aus. Zwischenzeitlich wäre Odysseus' Vorhaben beinahe gescheitert. Penelope verlangte den alten Bettler zu sehen, auf dessen Anwesenheit sie von Telemachos hingewiesen worden war und von dem Eurykleia ihr erzählte, daß die Freier ihn sehr grob behandelt hätten. Als sie ihn empfängt und wie alle Durchreisenden befragt, ob er nicht zufällig Odysseus gesehen habe, erzählt dieser ihr eine seiner gewöhnlichen Lügen. »Ich habe ihn nicht nur vor langer Zeit, vor nahezu zwanzig Jahren gesehen, als er auf seiner Abreise nach Troja bei uns vorbeikam, mein Bruder Idomeneus zog sogar mit ihm in den Kampf. Ich selbst war zu jung. Ich übergab ihm viele Geschenke.« Als die Königin diese Geschichte hört, fragt sie sich, ob sie wahr ist oder nicht. »Gib mir einen Beweis für das, was du behauptest. Kannst du mir sagen, welche Kleider er trug?« Odysseus kann den feinen Stoff natürlich in allen Einzelheiten beschreiben und auch das wertvolle Schmuckstück, das Penelope ihm geschenkt hat, eine ziselierte Nadel, das ein zappelndes Hirschkalb darstellt ... Da sagt sich Penelope: »Es stimmt, er sagt die Wahrheit.« In einer Anwandlung von Zärtlichkeit für das alte Wrack bittet sie die Amme Eurykleia, sich seiner anzunehmen, ihn zu baden und ihm die Füße zu waschen. Immerhin hat er Odysseus gesehen, immerhin hat er ihm geholfen. Die Amme erklärt Penelope, daß noch keiner Odysseus so ähnlich gesehen habe, obwohl man sich fragen kann, wie das nach der von Athena auferlegten Verwandlung möglich sein soll. »Er hat genau die gleichen Hände, die gleichen Füße.« Penelope erwidert: »Nein, nicht ganz: wenn er überhaupt noch am Leben ist, dann hat er die Hände und Füße eines zwanzig Jahre älteren, leiderprobten Odysseus.«

Odysseus' Identität wirft Probleme auf. Er ist nicht nur als Bettler verkleidet, er ist auch um zwanzig Jahre gealtert und jetzt fünfundvierzig Jahre alt. Selbst wenn seine Hände die gleichen sind, sind sie nicht identisch. Er ist gleich und anders zugleich. Dennoch behauptet die Amme, er sähe ihm ähnlich. Sie sagt Odysseus: »Trotzdem, von allen Leuten, die hier vorbeigekommen sind, ob Reisende oder Bettler, bist du derjenige, der mich am meisten an Odysseus erinnert.« – »Ja, ja«, sagt Odysseus, »das hat man mir schon gesagt.« Da fällt ihm plötzlich ein, daß Eurykleia beim Füßewaschen eine bestimmte Narbe erkennen könnte, die ihn, würde sie seine wirkliche Identität zu früh enthüllen, in Verlegenheit und sein Vorhaben zum Scheitern bringen könnte.

Mit fünfzehn, sechzehn Jahren hatte der blutjunge Odysseus bei seinem Großvater mütterlicherseits geweilt, um dort seine Initiation als *kouros*, als junger Mann zu erhalten und vom Zustand des Kindes in den des Erwachsenen überzugehen; für den mit einem Speer bewaffneten Jungen hieß es, unter der Aufsicht seiner Vettern allein einem gewaltigen Wildschwein die Stirn zu bieten und es zu bezwingen – was er auch tat, doch hatte ihm das Wildschwein bei seinem Ansturm in der Höhe des Knies den Schenkel aufgerissen. Zufrieden war er von dort zurückgekehrt, hatte allen die Narbe gezeigt und in allen Einzelheiten erzählt, was sich zugetragen, wie man ihn gepflegt und beschenkt hatte. Eurykleia hatte das alles natürlich aus nächster Nähe miterlebt, schließlich war sie seine Amme. Als der Großvater Autolykos damals zur Geburt des Kindes gekommen war, hielt sie den Knaben auf ihrem Schoß. Sie hatte Autolykos gebeten, für seinen Enkelsohn einen Namen auszuwählen, der auf diese Weise zustande kam. Da das Füßewaschen der Gäste zu ihren Aufgaben gehörte, kannte sich Eurykleia mit Fußformen zwangsläufig aus. Odysseus überlegt: »Wenn sie die Narbe sieht, wird sie alles verstehen. Sie wird für sie das *sema*, das Zeichen sein, daß ich Odysseus bin, die Signatur.«

So begibt er sich in eine dunkle Ecke, damit sie der Narbe nicht gewahr wird. Die Amme holt eine Schüssel lauwarmes Wasser, ergreift im Dunklen Odysseus' Fuß und streicht mit der Hand über sein Knie. Als sie den Wulst der Narbe fühlt, schaut sie hin. Die Schüssel kippt um, das Wasser fließt über den Boden. Sie schreit auf. Odysseus legt ihr die Hand auf den Mund: sie hat verstanden. Sie schaut mit den Augen hinüber zu Penelope, um der Gemahlin zu bedeuten, daß dieser Mann Odysseus ist. Doch Penelope, von Athena abgelenkt, schaut nicht hin, so daß sie nichts erfährt. »Aber mein kleiner Odysseus«, murmelt Eurykleia, »wie kommt es nur, daß ich dich nicht gleich erkannt habe?« Odysseus bedeutet seiner Amme, zu schweigen. Sie hat ihn zwar wiedererkannt, aber Penelope darf nichts erfahren. Auch dem Schweinehirten und dem Kuhhirten zeigt Odysseus seine Narbe, um ihnen zu beweisen, daß er es wirklich ist.

Der herrschaftliche Bogen wird gespannt

Unter dem Einfluß Athenas beschließt Penelope, der Plünderung ihres Hauses ein Ende zu setzen und ihre Hand als Preis auszusetzen. Von der Behandlung, die Athena ihr angedeihen ließ, noch schöner als sonst, verläßt sie ihre Gemächer, um den vor Bewunderung ganz gebannten Freiern und Odysseus zu verkünden, daß sie ihre andauernde Zurückgezogenheit aufgeben werde. »Derjenige von euch soll mein Gemahl werden, der es vermag, den Bogen meines Mannes zu spannen und mit dem Pfeil die Zielscheibe zu durchbohren, die wir im großen Saal aufstellen werden. Damit soll die Frage geregelt sein. Demnach könnt ihr bereits jetzt damit beginnen, das Haus für die Hochzeit zu schmücken und das Fest vorzubereiten.« Die Freier sind entzückt: Jeder ist überzeugt, daß es ihm gelingen wird, den Bogen zu spannen. Nachdem Penelope den Bogen und den Köcher mit den Pfeilen aus dem Versteck geholt und Eumaios übergeben hat, zieht sie sich sofort in ihre Gemächer zurück. Sie legt sich auf ihr Lager nieder, wo Athena jene Ruhe und jenen sanften Schlaf über sie gießt, nach denen sie sich sehnt.

Odysseus richtet es so ein, daß die Türen des großen Saales verschlossen sind, so daß die Freier nicht hinausgelangen und nach

ihren Waffen greifen können. Dann beginnt der große Bogen-
kampf. Alle mühen sich vergebens, ihn zu spannen. Schließlich
scheitert sogar Antinoos, der sich des Erfolgs am sichersten war.
Da verkündet Telemachos, daß auch er sich an der Großtat versuchen werde. Gelänge ihm dies, würde das in gewisser Hinsicht
bedeuten, daß er Odysseus' Platz einnähme, daß seine Mutter unter seiner Hoheit bei ihm bliebe und sich nicht wieder vermählte.
Er versucht es, schafft es beinahe, doch dann scheitert auch er.
Odysseus, der noch immer den Anblick des armen Bettlers bietet,
nimmt ihm den Bogen aus dem Arm und sagt: »Jetzt werde ich es
versuchen.« Die Freier verhöhnen ihn: »Ja, bist du denn verrückt,
hast du völlig den Kopf verloren, du malst dir doch nicht etwa
aus, daß die Königin dich heiraten wird?« Penelope erwidert, daß
es in seinem Fall nicht um die Heirat ginge, sondern ausschließlich um seine Fähigkeiten im Bogenschießen. Auch Odysseus erklärt, daß er sie nicht ehelichen wolle. Doch sei er früher ein guter Schütze gewesen und wolle sehen, ob er dazu noch in der Lage
sei. »Du hältst uns wohl zum Narren«, wenden die Freier ein, aber
Penelope insistiert: »Nein, laßt ihn machen, so es ihm gelingen
sollte, werde ich diesen Mann, der meinen Mann in seiner Jugend
gesehen hat, reich beschenken. Ich werde ihn unterbringen, ich
werde ihm die Mittel geben, damit er sich woanders niederlassen
kann, ich werde ihn aus diesem elenden Bettelzustand befreien
und mich seiner annehmen.« Und da sie es keinen Augenblick
für möglich hält, daß er für sie einen Gemahl abgeben könnte, begibt sie sich unverzüglich wieder in das Geschoß mit den Frauen-
gemächern.

Odysseus nimmt den Bogen auf, spannt ihn mühelos und tötet, zur großen Bestürzung der anderen, Antinoos mit dem Pfeil.
Entrüstet schreien sie auf, daß dieser Wütende ein Tolpatsch sei,
eine Gefahr für die Öffentlichkeit, daß er nicht mit dem Bogen
umzugehen verstünde. Anstatt auf das Ziel habe er auf einen der
anwesenden Männer geschossen. Doch Odysseus tötet sie alle, wo-
bei ihm Telemachos, der Rinder- und der Schweinehirt helfen. Die

Freier versuchen zu entkommen, aber alle hundert werden ermordet.

Der Raum ist voller Blut. Penelope, die in ihre Gemächer gestiegen und von Athena neuerlich eingeschläfert worden war, hat weder etwas gesehen noch etwas gehört. Sie tragen die Leichname der Freier hinaus, waschen und reinigen den Saal und schaffen wieder Ordnung. Odysseus erkundigt sich, welche der Mägde mit den Freiern geschlafen haben, und befiehlt, sie zu bestrafen. Wie Rebhühnern legt man ihnen die Schlinge um den Hals und hängt sie im Kreise an der Decke auf. Die Nacht bricht herein. Am nächsten Tag täuscht man Hochzeitsvorbereitungen vor, damit die Verwandten der Freier nicht das Massaker ihrer Kinder argwöhnen. Man tut, als sei das Haus wegen der Hochzeitsfeierlichkeiten geschlossen. Musik ertönt, festlicher Lärm erfüllt das Haus. Eurykleia stürzt die Treppe hinauf, um Penelope zu wecken: »Komm herunter, die Freier sind tot, da unten wartet Odysseus auf dich.« Penelope glaubt ihr nicht: »Wäre es jemand anders als du, der mir dieses dumme Zeug erzählte, ich würde ihn hinauswerfen. Wie kannst du es wagen, mit meinen Hoffnungen und meinem Kummer zu spielen.« Die Amme insistiert: »Ich habe seine Narbe gesehen, ich habe ihn wiedererkannt, und Telemachos auch. Ich weiß nicht wie, aber er hat alle Freier getötet, ich war nicht dabei, ich habe nichts gesehen, ich habe nur das Stöhnen gehört.«

Penelope steigt mit sehr gemischten Gefühlen hinab. Einerseits hofft sie natürlich, daß es wirklich Odysseus ist, andererseits bezweifelt sie, daß er allein mit Telemachos in der Lage gewesen sein soll, die hundert anwesenden, jungen Krieger zu töten. Dieser Mann, der angeblich Odysseus ist, hat sie folglich belogen, als er behauptete, ihren Gatten zwanzig Jahre zuvor gesehen zu haben. Er erzählte ihr »viele der Wahrheit ähnliche Lügen«. Was beweist dann, daß er nicht auch jetzt lügt?

Als sie in der großen Halle anlangt, fragt sie sich, ob sie ihm entgegenlaufen soll. Sie bleibt reglos stehen. Odysseus, der noch immer den Anblick des alten Bettlers aufweist, steht ihr mit gesenkten Augen gegenüber und sagt kein Wort. Penelope ist unfähig zu sprechen, sie sagt sich, daß dieser Greis nichts mit ihrem Odysseus gemeinsam hat. Ihre Position unterscheidet sich von der der anderen Familienmitglieder, die sich in einer festgelegten sozialen Stellung wiederfinden. Telemachos brauchte einen Vater, und Odysseus' Rückkehr macht ihn erneut zu seinem Sohn. Odysseus' Vater Laërtes muß seinen Sohn wiederfinden. So wie die Diener den Herrn brauchten, um den man sie gebracht hatte, mußte jeder, um die eigene Person zu sein, jene soziale Beziehung wiederherstellen, auf der ihre jeweilige Stellung beruhte. Penelope aber braucht nicht irgendeinen Gemahl. Davon hat sie Dutzende. Seit Jahren jagen sie hinter ihrer Schürze her, erheben Anspruch auf den Titel und sind ihr damit lästig. Nicht irgendeinen Gemahl will sie, sondern Odysseus, und zwar »den Odysseus seiner Jugend«. Weder die Narbe noch die Tatsache, daß er den Bogen gespannt hat, offensichtliche Zeichen, welche in den Augen der anderen überzeugend sind, sind für sie der Beweis, daß es sich wirklich um ihren Odysseus handelt. Andere Männer könnten dieselben Zeichen aufweisen. Sie will Odysseus, das heißt jenes besondere Wesen, das ihr in der Vergangenheit anvermählt war und seit zwanzig Jahren verschwunden ist. Was es zu überbrücken gilt, ist der zwanzigjährige Graben, der die beiden voneinander trennt. Deswegen möchte sie ein geheimes Zeichen, eins, das nur sie beide kennen und das wirklich existiert. Penelope muß listiger sein als Odysseus. Sie weiß, daß er zu lügen imstande ist. Deshalb wird sie ihm eine Falle stellen.

Ein gemeinsames Geheimnis

Odysseus wird später am Tag von Athena in sein wirkliches Aussehen zurückverwandelt und ist nun zwanzig Jahre älter als bei seiner Abreise. Und obwohl er Penelope nun in seiner ganzen heldenhaften Schönheit gegenübersteht, bringt diese es noch immer nicht über sich, ihn wiederzuerkennen. Telemachos und Eurykleia sind aufgebracht. Sie werfen Penelope vor, sie habe ein Herz aus Stein. Doch gerade dieses Herz aus Stein hatte es ihr ermöglicht, dem Drängen der Freier zu widerstehen. »Ist der Mann wirklich der einzige und einzigartige Odysseus, dann werden wir einander erkennen, denn wir besitzen ein geheimes und sicheres, untrügliches Zeichen, das nur wir beide, er und ich, kennen.« Odysseus lächelt und sagt sich, daß alles zum besten steht. Am Abend bittet die schlaue Penelope ihre Mägde, Odysseus' Bett aus dem Gemach zu holen, da sie die Nacht nicht gemeinsam verbringen werden. Kaum hat sie diesen Befehl erteilt, als Odysseus rot sieht. Er hat einen regelrechten Wutausbruch: »Aber wer sollte denn das Bett herholen? Es kann doch nicht verschoben werden!« – »Weshalb denn nicht?« – »Weil ich es so erbaut habe«, ruft Odysseus aus, »ich habe es nicht beweglich angefertigt, sondern schlug einen der vier Pfosten aus einem Olivenbaum, der in der Erde wurzelt. Auf diesem Olivenbaum, den ich behauen und zurechtgeschlagen habe, errichtete ich das Lager, das unumstößlich im Boden steht. Es läßt sich nicht verrücken.« Bei diesen Worten fällt Penelope ihm in die Arme: »Du bist wirklich Odysseus.«

Die Bedeutungen dieses ehelichen Bettpfostens sind zahlreich. Seine Unverrückbarkeit und Unwandelbarkeit stehen für die Unwandelbarkeit des Geheimnisses, das sie miteinander teilen, das Geheimnis von Penelopes Tugend und von Odysseus' Identität. Zugleich ist das Bett, in dem Penelope und Odysseus zusammenkommen, auch das, welches den Helden in seiner Funktion als König von Ithaka bestätigt und krönt. Das Bett, in dem der König und die Königin schlafen, ist in Ithakas Erde zutiefst verwurzelt. Es symbolisiert das legitime Recht des Paares, über diese Erde zu gebieten, ihre Rechtmäßigkeit als König und Königin, die in enger Verbindung steht mit der Fruchtbarkeit von Boden und Tieren. Doch vor allem erinnert das nur ihnen bekannte geheime Zeichen, das sie trotz der vielen Jahre im Gedächtnis bewahren, an das, was sie miteinander verbindet und zu einem Paar macht, an die Übereinstimmung im Denken, die *homophrosyne*. Als Nausikaa sich dazu hinreißen ließ, mit Odysseus über ihre Hochzeit zu sprechen, erklärte er ihr, daß die *homophrosyne* zwischen Mann und Frau, ihre Eintracht in Denken und Fühlen, bei einer Heirat das Wichtigste sei. Das Brautbett versinnbildlicht dies.

Man könnte meinen, damit ist nun alles geregelt, doch das stimmt nicht ganz. Da ist noch Laërtes, Odysseus' Vater. Er weiß noch nicht, daß sein Sohn zurückgekehrt ist. Odysseus hat seinen Sohn zurück, seine Frau, deren Augen er völlige Treue abliest, und seine Diener. Doch die Geschichte kann nicht zu Ende gehen, solange er seinen Vater nicht besucht hat. Seine Bettlerkleidung hat er abgelegt, denn er will sehen, ob sein Vater ihn nach zwanzig Jahren noch wiedererkennt. Sieht er nach zwanzig Jahren noch wie Odysseus aus? Er begibt sich zu dem Garten, in dem sein einsamer und unglücklicher Vater zurückgezogen lebt und mit zwei Sklaven und einer Sklavin den Boden bestellt. Der Zustand seines Vaters Laërtes gleicht dem des Argos auf dem Misthaufen oder auch seinem eigenen, als er bettelnd im Palast vorstellig wurde. Als Odysseus näherkommt, fragt ihn Laërtes, was er da suche. Odysseus erzählt ihm zunächst eine Lüge. »Ich bin ein Fremder.« Beim Sprechen tut er so, als halte er seinen Vater für einen Sklaven. »Du starrst vor Schmutz und bist schäbig gekleidet, deine Haut ist ekelhaft dreckig, du hast eine Mütze aus Ziegenfell, wie ein niederer Diener sie trägt.« Laërtes schert sich einen Kehricht darum, was man ihm sagt, er hat nur eine Frage im Kopf: Hat der Reisende Neues von seinem Sohn zu berichten? Daraufhin erzählt Odysseus ihm wie gewöhnlich die unwahrscheinlichsten Geschichten.

»Ist er tot?« Laërtes beginnt zu weinen, ergreift Erde und streut sie sich auf sein staubiges Haupt. Als er ihn derartig verzweifelt sieht, glaubt Odysseus, daß es der Lügen jetzt genug sei. »Hör auf, Laërtes, ich bin es doch selber, Odysseus.« »Wer sagt mir, daß du es bist, gib mir ein Erkennungszeichen.« Odysseus zeigt ihm seine Narbe, doch das reicht dem Vater nicht aus. Da erzählt er, wie

Laërtes ihm, dem kleinen Kind, als reifer Mann die Bäume des Gartens zeigte, sie beim Namen nannte und ihm als Gabe reichte. Er gab ihm dreizehn Birnbäume, zehn Äpfelbäume, vierzig Feigenbäume und fünfzig Reben. Ausführlich schildert er die Kenntnisse, die Laërtes ihm vermittelte, um den Boden zu bestellen und Pflanzen und Bäume gedeihen zu lassen. Der alte Laërtes fällt Odysseus in die Arme und weint, doch diesmal vor Freude: er, der einem Schmutzfink glich, fühlt sich wieder wie König Laërtes. Ähnlich wie Odysseus Telemachos gegenüber seine Position als Vater bestimmte, nimmt er Laërtes gegenüber die Position eines kleinen Kindes ein. Das Ergebnis läßt nicht auf sich warten. Laërtes geht in sein Haus zurück. Als er wieder herauskommt, ist er schön wie ein Gott. Athena hat die Dinge ein wenig arrangiert. Als er die soziale Stellung wieder einnimmt, die ihn an seinen Sohn bindet, wird er wieder zu dem, was er früher war, königlich schön wie ein Gott.

Die wiedergefundene Gegenwart

Die Pflanzen, denen man im Palast, in der Stadt, im Garten oder auf dem Lande stetige Fürsorge angedeihen ließ, stellen wie der in der Mitte des Hauses, in Ithakas Erde wurzelnde Olivenbaum stets die Verbindung zwischen Vergangenheit und Gegenwart her. Die zur Zeit des Trojanischen Krieges gepflanzten Bäume sind mittlerweile herangewachsen. Wie wirkliche Zeugen markieren sie die Kontinuität zwischen der Zeit, in der Odysseus ein kleiner Junge war, und der Zeit, in der er an der Schwelle zum Alter steht. Tun wir nicht dasselbe, wenn wir uns diese Geschichte anhören, verbinden nicht auch wir die Vergangenheit und Odysseus' Fortgang mit der Gegenwart seiner Rückkehr? Auch wir verknüpfen die Trennung mit seinem Wiedersehen mit Penelope. In gewisser Hinsicht wird die Zeit durch die Erinnerung aufgehoben, auch wenn gerade sie es ist, der im Laufe der Erzählung nachgegangen wird. Sie ist aufgehoben und zugleich dargestellt, weil Odysseus selber die Rückkehr im Gedächtnis behielt, weil Penelope die Erinnerung an den jugendlichen Odysseus bewahrte.

Odysseus und Penelope lieben sich, als sei es ihre Hochzeitsnacht. Wie Jungvermählte finden sie zueinander zurück. Athena bewerkstelligt, daß die Sonne den Lauf ihres Wagens anhält, so daß der Tag nicht zu früh anbricht und das Schimmern des Morgengrauens auf sich warten läßt. Diese Nacht war die längste der Welt. Sie sprechen miteinander, sie erzählen sich ihre Abenteuer und ihren Kummer. Alles ist jetzt wie früher, die Zeit scheint ausgelöscht. Doch die Familien der Freier, die inzwischen von dem Mord erfahren haben, schreien nach Rache. Eine Kohorte von Eltern, Brüdern, Vettern und Verbündeten eilt mit der Waffe in der Hand herbei, um Odysseus, Telemachos, Laërtes und ihre treuen Diener zu bekämpfen. Doch Athena verhindert den Zusammenstoß. Es wird keinen Kampf geben. Die Waffen ruhen, Frieden und Eintracht sind wiederhergestellt. In Ithaka ist von nun an alles wie zuvor, mit einem König und einer Königin, einem Königssohn und einem Königsvater und ihrem Gefolge, die Ordnung ist wiederhergestellt. Der Sänger kann mit seinem Gesang für die Menschen aller Zeiten die Erinnerung an die Rückkehr in vollem Glanze wiederauferstehen lassen.

Dionysos in Theben

Im griechischen Pantheon nimmt der Gott Dionysos einen geson-
derten Platz ein. Er ist ein umherirrender, umherstreifender Gott,
ein Gott des Nirgendwo und Überall. Nichtsdestoweniger verlangt
er an den Orten seiner Durchreise volle Anerkennung, einen festen Platz, eine Vorrangstellung. Das gilt ganz besonders für Theben, seine Geburtsstadt, in der er seine Verehrung sicherstellen
will. Er betritt die Stadt wie ein Weitgereister, wie ein seltsamer
Fremder. Er kehrt mit Theben an seinen Geburtsort zurück, um
dort aufgenommen und akzeptiert zu werden, um dort seinen offiziellen Sitz zu errichten. Nomade und seßhaft zugleich, stellt er,
um mit Louis Gernet zu sprechen, unter den griechischen Göttern die Figur des Anderen dar, die Figur dessen, was verschieden,
verwirrend, beunruhigend, gesetzlos ist. Er ist auch, wie Marcel
Detienne schrieb, ein epidemischer Gott. Bricht er über einen Ort
herein, in dem er unbekannt ist, setzt er sich, kam daß er angekommen ist, durch, und sein Kult breitet sich einem Strom, einer
ansteckenden Krankheit gleich aus.

Unvermittelt gibt sich das Andersartige, das vom eigenen
Selbst Verschiedene gerade an den Orten zu erkennen, die einem
am vertrautesten erscheinen. Es ist wie eine ansteckende Krankheit. Dionysos, umherirrend und beständig zugleich, ist ein Gott,
der den Menschen nahesteht. Er stellt zu ihnen Kontakte her, deren Art sich von der unterscheidet, die ansonsten in der griechischen Religion vorherrscht. Es ist ein viel intimeres, persönliche-
res, engeres Verhältnis, in dem sich Dionysos und sein Verehrer
von Angesicht zu Angesicht gegenüberstehen. Dionysos schaut
seinem Verehrer fest ins Auge, und der Verehrer heftet seine hyp-
notisierten Augen auf das Gesicht, auf die Maske des Dionysos.
Trotz seiner Nähe zu den Menschen ist er möglicherweise zugleich der Gott, der ihnen am fernsten steht, er ist unzugänglich

und geheimnisvoll, er ist derjenige, dessen man nicht habhaft werden kann, der sich in keinen Rahmen pressen läßt. Von Aphrodite kann man sagen, daß sie die Göttin der Liebe ist, von Athena, daß sie die Göttin des Krieges und des Wissens ist, und von Hephaistos, daß er der Gott des Handwerks, ein Schmied ist. Dionysos indes läßt sich in keine Schublade stecken. Er ist in allen Schubladen und in keiner, er ist an- und abwesend zugleich. Die ihn betreffenden Geschichten erhalten eine etwas andere Bedeutung, denkt man nach über die Spannung zwischen der Tatsache, daß er stets auf der Durchreise ist, unterwegs auf Streifzügen und Irrfahrten, und der Tatsache, daß er ein Heim will, etwas, wo man hingehört, wo man sich niederläßt, wo man mehr ist als nur akzeptiert: auserwählt.

Die umherstreifende Europa

Die ganze Geschichte beginnt mit dem bereits erwähnten Kadmos, dem ersten Herrscher Thebens. Kadmos, der heroische Gründer des großen klassischen Stadtstaates ist selbst ein Fremder, ein Asiate, ein Phönizier, der von weit her stammt. Er ist der Sohn des Königs Agenor von Tyros oder Sidon und von Telephassa. Die Phönizier sind ein Volk aus dem Nahen Osten, aus dem heutigen Syrien. Das Königspaar hatte mehrere Söhne, Kadmos, seine Brüder Phönix, Kilix und Thasos und eine Tochter, Europa. Von ihr ist der Name unseres Kontinents abgeleitet.

Europa ist eine entzückende Jungfrau, die mit ihren Gefährtinnen am Meeresstrand von Tyros spielt. Zeus sieht vom Himmel, wie sie sich badet, vielleicht ist sie nackt. Im Unterschied zu anderen Erzählungen, in denen ihre weiblichen Entsprechungen Hyazinthen, Lilien oder Narzissen pflücken und das göttliche Verlangen durch ihre Schönheit erwecken, ist sie hier nicht damit beschäftigt, Blumensträuße zu binden. Europa steht am Strand des Meeres, in einem offenen Raum. Zeus sieht sie und begehrt sie sofort.

Er schlüpft in die Gestalt eines herrlichen weißen Stieres mit Mondsichelhörnern. Er begibt sich an den Strand, wo er sich der am Meer stehenden Europa zu Füßen legt. Europa, die das wunderbare Tier zunächst ein wenig verängstigt, kommt allmählich näher. Das Verhalten des Stiers gibt ihr allen Grund, beruhigt zu sein. Sie streichelt ihm ein wenig den Kopf und tätschelt ihm die Flanken. Da er sich nicht rührt und ihr ein wenig den Kopf zudreht, gerade so weit, daß er nicht ihre weiße Haut ableckt, setzt sie sich auf seinen breiten Rücken und nimmt seine Hörner in ihre Hände. Ehe sie sich versieht, hat sich der Stier auch schon emporgeschwungen, ist ins Wasser gesprungen und hat das Meer überquert.

Zeus setzte mit Europa von Asien nach Kreta über und vereint sich dort mit ihr. Als ihr Bund vollzogen ist, setzt er sie gewissermaßen auf Kreta fest. Ihre Kinder, Rhadamanthys und Minos, werden Herrscher von Kreta. Zeus macht dem Gebieter der Insel ein Geschenk. Es handelt sich um eine merkwürdige Figur, Talos, eine Art bronzener Riese. Seine Aufgabe besteht darin, Kreta zu bewachen, aus der Insel eine vom Rest der Welt isolierte Art Festung zu machen, sowohl zu verhindern, daß Fremde die Insel betreten, als auch, daß die Inselbewohner ihr entkommen. Dreimal pro Tag dreht der Wächter Talos seine Runde auf der Insel, um jede Ankunft oder Abfahrt zu verhindern. Er ist unsterblich, unbesiegbar, aus Metall. Nur an der Ferse, wo eine Art Vene mit einem Schlüssel versehen ist, der diese verschlossen hält, hat er eine Schwachstelle. Öffnete man diesen Riegel, verströmte seine ganze metallurgische Kraft. Entweder gelang es Medea, der Zauberin, während der Expedition der Argonauten diesen Schlüssel durch einen ihrer Zaubertricks herumzudrehen, oder es glückte einem anderen Helden, Herakles, Talos an diesem lebenswichtigen Punkt durch Pfeilschuß zu treffen und zu töten.

Soviel ist jedenfalls sicher: Schon bei Europa haben wir es mit einer Entführung zu tun, mit dem Übergang von einer Welt in eine andere. Für Kreta, das sich in sich selbst zurückzieht, kommt es einer Schließung gleich. Man könnte sogar sagen, daß es sich mehr um einen Streifzug denn um einen Übergang handelt. Als Agenor von den Gefährtinnen des jungen Mädchens erfährt, daß Europa von einem Stier entführt wurde, zieht er seine Frau und seine Söhne heran und weist sie an, ihre Tochter und Schwester wiederzufinden. So haben wir drei Brüder und eine Mutter, die aufbrechen und nun ihrerseits umherstreichen werden, die den Ort ihrer Geburt, ihrer Familie, ihres Königreiches verlassen und in die ganze Welt ausschwärmen werden. Im Verlauf ihrer unablässigen Wanderungen werden sie eine Reihe von Städten gründen. Kadmos bricht mit seiner Mutter auf und gelangt schließlich nach Thrakien, wo er die Suche nach seiner Schwester Europa fortsetzt, denn Agenor hat seinen Kindern und seiner Frau untersagt, ohne das junge Mädchen nach Hause zu kommen. Kadmos' Mutter, Telephassa, wird hochverehrt in Thrakien sterben.

Daraufhin begibt sich Kadmos nach Delphi, um den Rat des Orakels einzuholen. Das Orakel sagt ihm:»Die Wanderungen müssen ein Ende nehmen, du mußt anhalten und dich niederlassen, denn deine Schwester wirst du nicht wiederfinden.« Die entführte Europa ist verschwunden, niemand weiß, was aus ihr geworden ist. In Wirklichkeit sitzt sie auf Kreta fest, doch das ist nur dem Orakel in Delphi bekannt. Es präzisiert: »Suche nach einer Kuh mit einem mondförmigen Flecken auf der Flanke und folge ihr auf ihren Wanderungen. Auch der wandernde Stier, der Europa entführte, ist seßhaft geworden. So folge du der Kuh und bleib' in ihrer Spur bis zu dem Tag, an dem sie sich hinlegen und nicht wieder aufstehen wird, dort gründe eine Stadt und finde deine Wurzeln wieder, du, Kadmos, Mann aus Tyros.« Kadmos befolgt den Rat. Als er, begleitet von einigen jungen Burschen, eine besonders schöne Kuh erblickt, deren mondförmige Flecken sie für eine besondere Rolle vorbestimmen, folgen sie dem Tier. Nach einer Weile des Umherirrens hält die Kuh auf einer Weide in Böotien an. Das Umherirren nimmt ein Ende. Kadmos begreift, daß dies die Stelle ist, an der er die Stadt zu gründen hat. Es ist der Sitz des zukünftigen Theben.

Der Fremde und die Einheimischen

Vor der Gründung will er Athena, einer ihm nahestehenden Göttin, ein Opfer darbringen. Für die Darbringung eines Opfers braucht es Wasser. So schickt er seine Gefährten zu einer naheliegenden Quelle und gibt ihnen den Auftrag, ihre Gefäße, ihre Hydrien, mit Wasser zu füllen. Doch diese Quelle, nach dem Namen ihres beschützenden Gottes auch Aresquelle genannt, wird von einem Drachen bewacht, einer besonders blutdürstigen Schlange, die all die jungen Leute ermordet, die zum Wasserschöpfen gekommen waren. Darauf begibt sich Kadmos selbst zur Quelle und tötet den Drachen. Da erscheint ihm Athena. Sie befiehlt ihm, das versprochene Opfer darzubringen, dem auf dem Boden liegenden, vernichteten Drachen die Zähne auszubrechen und sie, als handelte es sich um Saatkörner, auf einem flachen Stück Land, einem *pedion*, auszusäen. Kadmos tut wie befohlen. Er holt das Wasser, opfert Athena ehrerbietig die Kuh, begibt sich zu einer Ebene und sät die Zähne des Drachens aus.

Kaum hat er die Zähne gesät, als jedem ein schon erwachsener Krieger in hoplitischer Uniform entspringt, bewaffnet mit Helm, Schild, Schwert, Speer, Beinschienen und Brustpanzer. Nachdem sie dem Boden entstiegen sind, schauen sie einander an, mustern sich und fordern sich heraus, wie es nur Wesen tun können, die von Kopf bis Fuß Krieger sind, die dem Gemetzel, dem Krieg, der kriegerischen Gewalt mit Haut und Haar verschrieben sind. Kadmos versteht, daß sie sich irgendwann gegen ihn zu kehren drohen. Deshalb greift er, als sich die Krieger mit dem Blick herausfordern, nach einem Stein und wirft ihn in ihre Mitte. Da verdächtigen sie sich gegenseitig, den Stein geworfen zu haben, und beginnen, einander zu bekämpfen und sich gegenseitig umzubringen. Nur fünf von ihnen bleiben am Leben. Man nennt diese Krieger *Spartoi*, die Sparten, die Gesäten. Sie gingen aus dem Boden hervor, sie sind nicht Umherstreifende, sondern Einheimische und im Boden Verwurzelte. Sie stellen die wesentliche Verbindung zur thebanischen Erde her und sind der kriegerischen Aufgabe voll und ganz ergeben. Ihre Namen sprechen diesbezüglich Bände: Chthonios (aus der Erde), Udaios (aus dem Grund), Peloros (Riese), Hyperenor (Übermensch), Echion (Schlange).

Weil Kadmos aber den Drachen getötet hat, von dem Ares behauptet, er sei einer seiner Söhne gewesen, verfolgt dieser ihn mit seinem Zorn und Rachedurst. Sieben Jahre lang muß Kadmos ihm dienen, ähnlich wie Herakles, der unter anderen Umständen in den Dienst von Helden oder Göttern gestellt wurde, die von ihm gekränkt worden waren. Nach diesen sieben Jahren kommt er frei. Die ihm wohl gesonnenen Götter, besonders Athena, erwägen, ihn zum Herrscher von Theben zu machen. Doch zuvor muß dieser Fremde, der ans Tageslicht beförderte, was Thebens Boden in seinen Tiefen an Verwurzeltem und Bodenständigem verbarg, eine Familie gründen. Die Hochzeit des Kadmos ist Anlaß dafür, daß sich Götter und Menschen für kurze Zeit erneut nahekommen. Kadmos heiratet eine Göttin, Harmonia, die Tochter der Aphrodite und des Ares, jenes Gottes, dem er zur Buße diente und der über die thebanische Quelle, über das dem Boden entspringende Wasser wachte und den Zugang zu ihm verbot; sein kriegerischer Geist kehrt in den Spartoi wieder und lebt auch in ihrem Geschlecht der »Erdgeborenen«, der *gegenes*, wieder auf.

Harmonia dagegen ist durch ihre Mutter Aphrodite die Göttin des Bundes, der Eintracht, der Versöhnung. Für die Hochzeit einer der ihren begeben sich die Götter alle zur Burg Theben. Die Musen stimmen den Hochzeitsgesang an. Dem Brauch gemäß überreichen die Götter Geschenke. Manche dieser Geschenke sind unheilvolle Gaben, die jene ins Verderben stürzen werden, die sie erben. Kadmos wird mehrere Kinder haben, unter ihnen Semele, Autonoë, Ino, die sich mit Athamas vermählen wird, und Leukothea, die spätere Meeresgöttin. Er hat noch eine andere Tochter namens Agauë. Agauë wird Echion, einen der Sparten, heiraten, von dem sie einen Sohn bekommt, Pentheus. Anders gesagt, stellen Thebens Anfänge ein Gleichgewicht und ein Bündnis dar zwischen

Kadmos, einer Person, die von weit her kommt, die sich durch ihre Leistung und mit dem Willen der Götter als Herrscher qualifiziert hat, und auf der anderen Seite Personen, an deren Sandalen Thebens Erde klebt, die bodenständig, einheimisch und reine Krieger sind. Die ersten Generationen der Könige von Theben vermitteln immer den Eindruck, daß zwischen den beiden Zweigen der Familie, zwischen den beiden Geschlechtern eigentlich Eintracht herrschen müßte, daß es aber auch zu Spannungen, Unverständnis und Auseinandersetzungen kommen kann.

Der Gebärmutterschenkel

Ähnlich wie Europa ist Semele ein entzückendes Wesen. Zeus geht mit ihr eine Verbindung ein, die über den Tag hinausgeht, ja, sogar recht lange andauern wird. Semele, die weiß, daß es sich bei der menschlichen Gestalt, die sich jede Nacht zu ihr legt, um Zeus handelt, möchte, daß der Gott ihr in seiner wahren Gestalt, in seiner Erhabenheit als Herrscher der gesegneten Unsterblichen erscheint. Unaufhörlich fleht sie ihn an, damit er sich ihr zeige. Auch wenn die Götter mitunter ihren Hochzeitsfesten beiwohnen, ist die anmaßende Forderung, sich ihnen unverkleidet zu zeigen, für die Menschen nicht ohne Gefahr. Als Zeus Semeles Bitten nachgibt und in seiner ganzen vernichtenden Pracht erscheint, wird Semele vom göttlichen Glanz, vom Leuchten und von der Glut ihres Liebhabers verzehrt. Sie verbrennt. Da sie von Zeus bereits ein Kind im Bauch trägt, Dionysos, zögert Zeus keine Sekunde. Er holt den kleinen Dionysos aus Semeles sich verzehrendem Körper, öffnet seinen eigenen Schenkel, den er in die Gebärmutter einer Frau verwandelt, und setzt den kleinen Dionysos hinein, der zu diesem Zeitpunkt ein sechs Monate alter Fötus ist. So wird Dionysos zweimal Zeus' Sohn, er wird zum »Zweimalgeborenen«. Als die Zeit heran ist, öffnet Zeus wieder seinen Schenkel und zieht den kleinen Dionysos genau wie aus Semeles Bauch heraus. Es ist ein seltsames, vom göttlichen Standpunkt aus gesehen außergewöhnliches Kind, da es sowohl der Sohn einer Sterblichen als auch der Sohn des Zeus in seiner ganzen Pracht ist. Es ist ein merkwürdiges Kind, denn es wurde zum Teil im Bauch einer Frau ernährt und zum Teil in Jupiters, in Zeus' Schenkel. Dionysos wird gegen die hartnäckige Eifersucht Heras anzukämpfen haben, die Zeus seine Seitensprünge nicht ohne weiteres vergibt und den Früchten seiner heimlichen Liebschaften übel gesonnen ist. Eine von Zeus' großen Sorgen besteht darin, Dionysos Heras Blick zu entziehen, ihn der Obhut von Ammen anzuvertrauen, die ihn verstecken.

Als er größer ist, beginnt auch er, umherzustreifen. Oft wird er von mächtigen Personen verfolgt. So etwa, als er als junger Gott Thrakien erreicht und einen Zug von jungen Bacchantinnen im Gefolge hat. Lykurgos, der König des Landes, ist über die Ankunft des jungen Fremden, der vorgibt, ein Gott zu sein, und von dem man nicht recht weiß, woher er kommt, alles andere als begeistert, ganz zu schweigen von den jungen Frauen, die in einem Delirium sind wie fanatische Anhänger einer neuen Gottheit. Lykurgos läßt die Bacchantinnen festnehmen und wirft sie ins Gefängnis. Dionysos' Macht allein reicht aus, um sie zu befreien. Lykurgos verfolgt den Gott und zwingt ihn in die Flucht. Bei der Verfolgungsjagd steht Dionysos, eine aufgrund ihres femininen Aussehens zwielichtige, zweideutige Gottheit, Todesängste aus. Um Lykurgos schließlich zu entkommen, stürzt er sich ins Wasser. Die Göttin Thetis, die spätere Mutter Achilleus', versteckt ihn eine Zeitlang in den Tiefen des Meeres. Nach dieser Art geheimer Initiation verschwindet Dionysos aus Griechenland. Er setzt nach Asien über, dessen Territorien er mit einer Armee von treuen Anhängern, unter denen sich vor allem Frauen befinden, durchquert und erobert. Diese Frauen tragen nicht die typischen Waffen eines Kriegers, sondern teilen mit Thyrsusstäben Hiebe aus. Die Thyrsusstäbe sind große spitze Pflanzenstäbe, auf die man Pinienzapfen steckte und denen man übernatürliche Kräfte zusprach. Dionysos und seine Anhänger schlagen sämtliche Armeen in die Flucht, die sich ihnen entgegenstellen, um seinen Vormarsch zu stoppen. Siegreich durchquert er Asien. Dann kehrt der Gott nach Griechenland zurück.

Der Wanderprediger und die wildgewordenen Frauen

Hier nun ereignet sich Dionysos' Rückkehr nach Theben. Das kleine, vom Haß der Stiefmutter verfolgte Kind, der junge, umherirrende Gott, der gezwungen war, sich ins Wasser zu werfen und in den Tiefen des Meeres zu verbergen, um dem Zorn des thrakischen Königs zu entgehen, kehrt jetzt als Erwachsener nach Theben zurück. Zum Zeitpunkt seiner Rückkehr wird Theben von Pentheus, dem Sohn seiner Tante Agauë, der Schwester seiner Mutter Semele, regiert. Semele ist tot. Auch Agauës Gemahl Echion, einer der fünf Gesäten, ist gestorben, nachdem er mit ihr einen Sohn gezeugt hatte. Dieser Sprößling erhält seinen königlichen Titel von Kadmos, seinem Großvater mütterlicherseits, der zwar immer noch am Leben, aber zum Regieren zu betagt ist. Von Echion erbte Pentheus den vertrauten Umgang mit der thebanischen Erde, die lokale Verwurzelung, das gewalttätige Temperament, die Unbeugsamkeit und den Stolz des Soldaten.

Als Dionysos Theben, eine Art Modell für den griechischen Stadtstaat der vorklassischen Zeit, erreicht, ist er verkleidet. Er stellt sich nicht als Gott Dionysos, sondern als ein Priester des Gottes vor. Mit seiner Frauenkleidung, seinen langen, auf den Rücken herabfallenden Haaren, seinen dunklen Augen, seiner verführerischen Erscheinung und seiner schönen Rede hat der Wanderprediger alles vom orientalischen Metöken, er weist all das auf, was den im thebanischen Boden »Gesäten« Pentheus stören und aufbringen kann. Beide sind ungefähr gleich alt. Pentheus ist ein junger König, und der angebliche Priester ist ein ebenso junger Gott. Den Priester umgeben Lyderinnen, ein ganzer Schwarm jüngerer und älterer Frauen aus dem Orient, der hier sowohl als Physiognomie als auch als Lebensart in Erscheinung tritt. Sie lärmen in Thebens Straßen, setzen sich hin, essen und schlafen unter freiem Himmel. Als Pentheus das sieht, wird er von Wut gepackt. Was hat diese Bande Umherirrender hier zu suchen? Er will sie verjagen. Das Problem ist, daß die Thebaner damit einen ganzen Teil ihrer Familiengeschichte verleugnen. Dionysos kann den Schwestern seiner Mutter, Kadmos' Töchtern, und insbesondere Agauë die Behauptung nicht vergeben, daß Semele nie ein Verhältnis mit Zeus gehabt habe, daß sie eine Hysterikerin gewesen sei, bei der man nie genau wußte, mit wem sie sich herumtrieb, daß sie wegen ihrer Unvorsichtigkeit bei einem Brand ums Leben gekommen sei und daß ihr Sohn, wenn sie denn wirklich einen gehabt habe, gestorben sei; auf keinen Fall konnte er ein Sohn des Zeus sein. Die Thebaner verleugnen die Tatsache, daß Semele mit dem Göttlichen in Verbindung stand, auch wenn es ihr Vergehen war, diese Verbindung zu eng gewollt zu haben: für die Thebaner sind das lediglich frei erfundene Märchen. Die Hochzeit von Kadmos und Harmonia hatte zugegebenermaßen stattgefunden, aber da ging es darum, eine menschliche, nach rein menschlichen Kriterien organisierte Stadt zu gründen. Dionysos dagegen will die Verbindung zum Göttlichen wieder herstellen – aber eine andere Verbindung als die, die zum Zeitpunkt des Hochzeitsfestes von Kadmos und Harmonia existierte. Er will sie nicht aus Anlaß eines Festes oder einer Zeremonie wieder herstellen, zu denen die Götter sich selbst einladen, um danach sofort wieder abzufahren, sondern im Leben der Menschen selber, im politischen und bürgerlichen Leben Thebens. Er gedenkt, einen Impuls zu geben, der jedem einzelnen im täglichen Dasein eine neue Dimension eröffnet. Dafür verdreht er den Frauen von Theben den Kopf, jenen Matronen, die ihre feste Stellung als Ehefrauen und Mütter innehaben und deren Lebensweise der der Lyderinnen, aus denen sich Dionysos' Gefolge zusammensetzt, genau entgegengesetzt ist. Diese Thebanerinnen nun sind es, die der Gott mit Wahnsinn schlägt.

Sie verlassen ihre Kinder und Männer, lassen die Hausarbeiten liegen und begeben sich in die Berge und Wälder, auf die brachliegenden Felder. Dort spazieren sie in für ehrwürdige Frauen erstaunlichen Kleidern umher, begehen alle möglichen Torheiten, denen die Bauern mit gemischten Gefühlen beiwohnen, voller Bewunderung, verblüfft und schockiert zugleich. Pentheus wird benachrichtigt. Seine Wut steigert sich noch. Er geht zunächst gegen die Gottesgläubigen vor, gegen die frommen Dienerinnen, die für das Durcheinander verantwortlich gemacht werden, das sich unter den Frauen der Stadt ausgebreitet hat. Er gibt seiner Polizei den Befehl, alle Lyderinnen, leidenschaftliche Anhängerinnen des neuen Kults, festzunehmen und ins Gefängnis zu werfen. Doch kaum wurden die Lyderinnen von den Hütern der städtischen Ordnung ins Gefängnis gesteckt, als Dionysos sie durch Zauber befreit. Und so tanzen sie erneut, singen auf den Straßen, machen Lärm und lassen ihre Klappern kreisen. Pentheus beschließt, den Wanderprediger und verführerischen Bettler anzugreifen. Er läßt ihn verhaften und in Ketten legen und sperrt ihn mit Rindern und Pferden zusammen in die königlichen Ställe. Der Priester leistet nicht den geringsten Widerstand. Noch immer guter Dinge, noch immer ruhig und leicht ironisch, läßt er alles mit sich geschehen. Pentheus glaubt, daß sich die Sache damit erledigt hat, und weist seine Männer an, sich für einen Feldzug auf dem Lande zu rüsten, um die Frauen, die sich dort ihren Ausschweifungen hingeben, zu verfolgen und zurückzubringen. Die Soldaten stellen sich in Viererreihen auf, verlassen die Stadt, verteilen sich auf den Feldern und in den Wäldern und kreisen dort die Gruppe der Frauen ein.

Dionysos wartet unterdessen in seinem Gefängnis, als ihm auf magische Weise die Ketten abfallen und der königliche Palast in Flammen aufgeht. Unversehrt tritt er aus den einstürzenden Mauern. Pentheus ist ob der Ereignisse fassungslos, um so mehr, als in dem Augenblick, wo sein Palast einstürzt, der Priester plötzlich vor ihn tritt und ihn, noch immer in seiner maßlos schlechten

Kleidung, lächelnd anschaut. Da sieht er seine Feldherren blutüberströmt, mit wirren Haaren und zerbrochenen Rüstungen herankommen. »Was ist euch denn widerfahren?« Sie berichten, als würden sie Meldung erstatten: solange man sie in Frieden ließ, schienen die Frauen förmlich im Glück zu schwimmen. Sie waren weder bedrohlich noch aggressiv. Im Gegenteil, alles in ihnen und um sie herum, auf den Wiesen und in den Wäldern, strahlte wundervolle Sanftheit aus. Sie beobachteten sie dabei, wie sie Tierjunge aller Gattungen auf die Arme nahmen und sie wie eigene Kinder an die Brust legten, ohne daß die wilden Tiere, mit denen sie umgingen, sie in irgendeiner Weise bedroht hätten. Den Behauptungen der Bauern zufolge und untermauert von dem, was die Soldaten glaubten, gesehen zu sehen, lebten die Frauen in einer anderen Welt, in einer wiedergefundenen vollkommenen Harmonie, in der die Grenzen abgeschafft waren, Menschen und Tiere nebeneinander lebten, die Raubtiere mit ihrer Beute ausgesöhnt waren und alle in Frieden und Freundschaft miteinander verkehrten, ein Herz und eine Seele waren. Sogar die Erde hatte sich angepaßt. Dem Boden entsprangen, kaum kam er mit dem Thyrsusstab in Berührung, reine Wasser-, Milch- und Weinfontänen. Es war die Rückkehr des goldenen Zeitalters. Doch kaum traten die Soldaten in Erscheinung, kaum wurde Kriegsgewalt gegen sie gebraucht, und schon verwandelten sich die engelhaften Frauen in mörderische Furien. Mit ihren Thyrsusstäben stürzten sie sich auf die Soldaten, durchbrachen ihre Reihen, schlugen und töteten sie. Die Überlebenden ergriffen überstürzt die Flucht.

Es ist der Sieg der Sanftmut über die Gewalt, der Sieg der Frauen über die Männer, der Sieg der Wildnis über die staatsbürgerliche Ordnung. Pentheus erfährt von dem Debakel, während Dionysos lächelnd vor ihm steht. Pentheus verkörpert die wichtigsten Eigenschaften des griechischen Mannes: Er ist überzeugt davon, daß das, was zählt, eine bestimmte Form der Aristokratie in Haltung, Selbstkontrolle und Urteilsfähigkeit ist; und daß man sich selbst das Gefühl vermittelt, nie etwas Niederträchtiges zu tun, sich beherrschen zu können, weder Sklave seines Verlangens noch seiner Leidenschaften zu sein. Eine solche Haltung impliziert im Gegenzug eine bestimmte Verachtung den Frauen gegenüber, von denen man annimmt, sie gäben sich leicht ihren Gefühlen hin, wie auch eine Verachtung für all das, was nicht griechisch ist, für die weißhäutigen, wollüstigen Barbaren Asiens, die ihren Körper nicht im Stadium stählen, die nicht bereit sind, die notwendigen Strapazen auf sich zu nehmen, um diese Selbstbeherrschung zu erlangen. Mit anderen Worten, Pentheus ist von dem Gedanken erfüllt, daß die Rolle eines Monarchen in der Aufrechterhaltung einer hierarchischen Ordnung besteht, in der die Männer den Platz einnehmen, der ihnen gebührt, in der die Frauen zu Hause bleiben, in der Fremde nicht aufgenommen werden und in der man von Asien, vom Orient meint, er sei von verweiblichten Leuten bevölkert, die daran gewöhnt sind, den Befehlen eines Tyrannen zu gehorchen, während Griechenland daran gewöhnt ist, von freien Männern regiert zu werden.

Der junge Mann, der Pentheus gegenübersteht, ist in gewisser Hinsicht sein Abbild und seine Entsprechung: Sie sind Cousins ersten Grades, sie stammen aus derselben Familie und sind beide in Theben geboren, auch wenn der eine in seiner Vergangenheit viel umhergezogen war. Sie haben das gleiche Alter. Nähme man Pentheus den Panzer ab, mit dem er sich umgibt, um sich wie ein *aner*, wie ein wirklicher Mann zu fühlen, ein Mann, der weiß, was er sich und der Gemeinschaft schuldig ist, der zu kommandieren und zu bestrafen bereit ist, man würde genau Dionysos wiederfinden.

»Ich habe ihn mich sehend gesehen«

Der Priester Dionysos geht mit dem Verstand eines Sophisten vor. Durch zweideutige Fragen und Antworten weckt er Pentheus' Interesse für eine Welt, die er nicht kennt und nicht kennen will –

für eine weibliche Welt, die außer Kontrolle geraten ist. Während man die Frauen, diese Teufelinnen, von denen man nie wirklich weiß, was sie gerade anstellen, im Frauengemach im großen und ganzen unter Kontrolle hat, ist es unmöglich zu wissen, wie weit sie gehen, wenn sie außerhalb der Stadt, außerhalb der Tempel und Straßen, in denen alles festen Regeln gehorcht, in freier Natur ohne Zeugen sich selbst überlassen sind. Pentheus würde es trotzdem gern wissen. In dem Gespräch, das er mit Dionysos führt, tauchen nach und nach Fragen auf: »Wer ist dieser Gott? Woher kennst du ihn? Hast du ihn nachts im Traum gesehen?« – »Nein doch, ich habe ihn wach gesehen«, erwidert der Priester. »Ich habe ihn mich sehend gesehen.« Pentheus fragt sich, was die Formulierung »Ich habe ihn mich sehend gesehen« wohl bedeuten mag.

Allmählich nimmt im Kopf des etablierten Mannes, Bürgers, Monarchen und Griechen der Gedanke Vorstellung an, daß es Dinge gibt, die sich nicht erkennen lassen, die man lediglich versteht, wenn man sie sieht. Er sagt sich, daß es vielleicht gar nicht so schlecht wäre, einmal zuzusehen. Er entdeckt an sich ein Verlangen, das er nicht bei sich vermutete: das Verlangen, ein Voyeur zu sein. Es macht sich um so stärker bemerkbar, als er glaubt, daß sich diese Frauen, die Frauen seiner Familie sind, auf dem Lande wüsten Orgien hingeben. Er ist ein sehr schamhafter junger Mann ohne Frau, der sich in dieser Hinsicht eine besondere Strenge auferlegt, aber es kitzelt ihn, er würde gern sehen, was dort vonstatten geht. Der Priester sagt ihm: »Nichts ist leichter als das. Deine Soldaten wurden in die Flucht geschlagen, weil sie bewaffnet und in Viererreihen ankamen. Sie boten den Frauen ganz einfach einen Blickfang. Du indes kannst dich unbemerkt dorthin begeben und ihrem Rasen, ihrem Wahn heimlich und aus nächster Nähe zuschauen, ohne daß dich jemand sieht. Es reicht aus, daß du dich so anziehst wie ich.« Da zieht sich der König, Bürger, Grieche und Mann auf einmal an wie der Wanderprediger Dionysos, nämlich wie eine Frau. Er läßt sein Haar wallen, wird weiblicher und dem Asiaten immer ähnlicher, bis sie einander von Angesicht zu Angesicht gegenüberstehen und einer das Spiegelbild des andern zu sein scheint. Dionysos nimmt Pentheus an der Hand und führt ihn auf den Kithairon, auf dem sich die Frauen befinden. Der Bodenständige, der Mann der Identität, folgt dem Mann aus der Ferne, dem Vertreter des Andersartigen. Gemeinsam entfernen sie sich aus der Stadt und begeben sich auf die Hänge des Kithairon.

Der Priester zeigt Pentheus eine hohe Fichte und sagt ihm, er solle sie hinaufklettern und sich in ihren Zweigen verstecken. Von dort aus könne er alles beobachten und sehen, ohne selbst gesehen zu werden. Pentheus klettert auf die Fichte. Oben angelangt wartet er. Da sieht er seine Mutter Agauë und die Mädchen ganz Thebens herankommen, die Dionysos in den Wahnsinn getrieben hat. Die Beschaffenheit ihrer Raserei ist äußerst zweideutig, weil sie zwar in den Wahnsinn getrieben wurden, deshalb aber noch keine wirklichen Anhängerinnen des Gottes sind. Sie wurden nicht wirklich zum Dionysismus »bekehrt«. Im Gegenteil, Agauë und die Frauen erklären, das alles existiere gar nicht. Dieser Wahnsinn, der weder aus einer Überzeugung noch aus einer religiösen Bekehrung resultiert, weist gegen ihren Willen die Symptome einer Krankheit auf. Sie sind am Dionysismus erkrankt, weil sie ihn nicht annehmen wollten, weil sie nicht an ihn geglaubt hatten. Angesichts von Ungläubigkeit manifestiert sich der Dionysismus in Form einer ansteckenden Krankheit. Mal sind sie in ihrem Wahn wie die Anhängerinnen des Gottes selig vor Glück über die Rückkehr in ein goldenes Zeitalter, in dem alle lebenden Wesen – Götter, Menschen und Tiere – in brüderlicher Gemeinschaft vereint sind. Dann überkommt sie im Gegenteil wieder eine blutrünstige Raserei. So wie sie in der Lage waren, eine Armee zu zerschlagen, bringen sie es dann fertig, ihren Kindern die Kehle durchzuschneiden oder noch schlimmere Verbrechen zu begehen. In diesem halluzinatorischen Zustand geistiger Verwirrung, in diesem Zustand »dionysischer Epidemie« nun befinden sich Thebens Frauen.

Dionysos ist in der Stadt noch nicht etabliert, er ist noch nicht angenommen, er ist noch immer der Fremde, den man schief anschaut. Pentheus, der oben auf seiner Fichte sitzt, sieht die im Wald verstreuten Frauen friedlichen Beschäftigungen nachgehen, solange man sie nicht belästigt, sie nicht verfolgt. Um das Geschehen besser verfolgen zu können, beugt sich Pentheus weiter vor, so weit, daß er von den Frauen, die ihn für einen Spion, einen Späher, einen Voyeur halten, entdeckt wird. Übergangslos werden sie zu Furien, stürzen in blinder Wut herbei und versuchen, ihn mit Steinwürfen herunterzuholen. Als ihnen das nicht gelingt, bemühen sie sich, den Baum umzustürzen. Der Baum mit Pentheus im Wipfel beginnt gefährlich zu schwanken. Pentheus schreit: »Mutter, ich bin es, Pentheus, paßt auf, sonst falle ich herunter.« Doch der Wahn hat sie schon völlig verblendet. Es gelingt ihnen, die Fichte zu entwurzeln. Als Pentheus zu Boden stürzt, fallen sie über ihn her und reißen ihn in Stücke, genau wie in bestimmten dionysischen Opferritualen, wo das Opfer bei lebendigem Leibe roh zerrissen wird. Pentheus' Mutter reißt den Kopf ihres Sohnes an sich, spießt ihn auf einen Thyrsus und spaziert vergnügt damit umher. In ihrem Wahn hält sie den Kopf für den eines jungen Löwen oder den eines Stiers. Sie ist verzückt. Bis in ihren dionysischen Wahn hinein bleibt sie Echions Tochter, eine Frau aus kriegerischem Geschlecht, die sich rühmt, wie ein Mann mit Männern auf der Jagd gewesen zu sein und sie als Jägerin übertroffen zu haben. Agauë begibt sich mit der entfesselten, blutüberströmten Frauenschar zu Dionysos, der noch immer als Priester verkleidet ist.

Bei ihm befinden sich der alte Kadmos, Vater der Agauë und Großvater des Pentheus, der ihm den Thron des von ihm gegründeten Theben vermachte, und Teiresias, der alte Seher, der in der Stadt die gewöhnliche Weisheit des hohen Alters, eine ein wenig ritualistische Weisheit, verkörpert. Weder der eine noch der andere bringen für Dionysos die heftige Feindschaft oder den blinden Haß auf, die Pentheus für ihn empfindet. Kadmos, weil er Kadmos und der Vater Semeles ist, Teiresias, weil seine Aufgabe darin besteht, eine Verbindung zum Himmel herzustellen. Beide verspüren eher vorsichtige Faszination. Deshalb beschlossen sie auch, sich trotz ihres hohen Alters der Bewegung anzuschließen, das Ritualkostüm der wehenden Kleider anzulegen, einen Thyrsus zu ergreifen und mit den Frauen in den Wald zu ziehen, mit ihnen zu tanzen, als ob bei den dem Gott erwiesenen Ehrbezeugungen weder Alters- noch Geschlechtsunterschiede eine Rolle spielten. So sind die beiden Greise anwesend, als Agauë in ihrem Wahn Pentheus' Haupt auf ihrem Thyrsus umherträgt und zur Schau stellt. Als Agauë Kadmos erkennt, zeigt sie ihm ihre wundervolle Beute und rühmt sich, der beste Jäger der ganzen Stadt, ja, selbst den Männern überlegen zu sein. »Schau her, was für ein Wild ich gejagt, was für Wild ich erlegt habe.« Entsetzt von diesem Anblick versucht Kadmos, sie wieder zur Vernunft zu bringen. Behutsam fragt er sie: »Was ist passiert? Schau dir den Löwenkopf doch an, schau dir diese Haare doch an, erkennst du sie denn nicht?« Allmählich erwacht Agauë aus ihrem Wahn. Langsam dringen Fetzen von Realität in das traumhafte, zugleich blutige und zauberhaft schöne Universum, dem sie verfallen war, bis ihr schließlich bewußt wird, daß der auf ihren Thyrsus gespießte Kopf der Kopf ihres Sohnes ist. Welch ein Grauen!

Ablehnung des Anderen gleich Verlust der Identität

Dionysos' Rückkehr nach Theben stieß auf das Unverständnis der Stadt und rief so lange ein Drama hervor, wie diese nicht in der Lage war, eine Bindung herzustellen zwischen Einheimischen und Fremden, zwischen Seßhaften und Reisenden, zwischen ihrem Willen, stets die gleiche zu bleiben, ihrer Weigerung, sich zu ändern einerseits, und dem Fremden, dem Verschiedenen, dem Anderen andererseits. Solange es nicht die Möglichkeit gibt, diese Gegensätze in einen Einklang zu bringen, kippen gerade diejenigen in das absolut Andere, in Grauen und Monstrosität, die dem Unwandelbaren bedingungslos ergeben sind, die angesichts des Anderen, angesichts dessen, was sie in Frage stellt, was sie zwingt, sich selbst mit anderen Augen zu betrachten, auf den unerläßlichen Bestand der traditionellen Werte pochen. Es sind gerade die Verfechter der Identität, die ins Andere fallen, jene griechischen Bürger, die sich ihrer Überlegenheit sicher wähnen. Was die thebanischen Frauen angeht, die vorbildlich in ihrem Verhalten und Modelle an Zurückhaltung und Bescheidenheit im häuslichen Leben sind, so nehmen sie plötzlich die Gestalt der Gorgone Medusa an, allen voran Agaue, die Königsmutter, die ihren Sohn tötet, in Stücke reißt und seinen Kopf wie eine Trophäe umherschwenkt: sie tragen den Tod in ihren Augen. Pentheus kommt auf schreckliche Weise ums Leben. Er, der Zivilisierte, der Grieche, stets Herr seiner selbst, wird wie ein unbändiges Tier bei lebendigem Leibe zerrissen. Er erliegt der Anziehungskraft dessen, was er für das Andere hielt und das er zuvor verdammte. Entsetzen zeichnet sich auf dem Gesicht desjenigen ab, der es nicht verstand, dem Anderen Platz zu machen.

Nach diesen Ereignissen begeben sich Agaue und Kadmos ins Exil. Dionysos setzt seine Reisen auf Erden fort, nachdem seine Stellung im Himmel sichergestellt ist. Theben wird ihm sogar einen Kult weihen. Er hat die Stadt nicht erobert, um die anderen Götter zu vertreiben, um seine eigene Religion auf Kosten der anderen durchzusetzen, sondern damit die Außenseiter, die Umherstreifenden, die Fremden, die Gesetzlosen durch die ihm geweihten Tempel, durch den ihm geweihten Kult in Thebens Mitte, im Herzen der Stadt repräsentiert sind. Als würde eine Gruppe von Menschen, die sich weigert, das Andere anzuerkennen, ihm seinen Teil zuzugestehen, als würde diese Gruppe selbst auf monströse Weise anders.

Dionysos' Rückkehr nach Theben ruft die Übereinkunft mit dem Göttlichen in Erinnerung, die auf schon damals zweideutige Weise in der Festung der Stadt besiegelt worden war, als die Götter dem Kadmos Harmonia, die Tochter des Ares und der Aphrodite, schenkten. Schon dort zeichnete sich wenn auch nicht das Versprechen, so doch die Möglichkeit einer ausgesöhnten Welt ab, zugleich aber auch der zu jedem Zeitpunkt mögliche Bruch, die Möglichkeit einer Teilung und eines Massakers. Daß Gutes und Schlechtes miteinander vermischt sein können, davon zeugt nicht nur die Geschichte des Dionysos, sondern auch das Geschlecht der Labdakiden, die in der Nachkommenschaft des Kadmos stehen. Auch in der Sage der Labdakiden, die auf die Geschichte des Ödipus hinausläuft, findet sich die kontinuierliche Spannung zwischen jenen, die wirklich Herrscher sind, und jenen, die in Wahrheit weit mehr dem Geschlecht der Gesäten entstammen, jenem Geschlecht der Krieger, der legendären Sparten, die der Gewalt und dem Haß verschrieben sind.

Ein Ödipus, der ungelegen kommt

Nach Pentheus' tragischem Tod und Kadmos' und Agauës Weggang bleibt der Thron unbesetzt. Damit ist die gesamte Ordnung des Stadtstaates erschüttert. Wer wird neuer König? Wer wird die Tugenden des Herrschers verkörpern, wer wird seine Befehlsgewalt erhalten? Normalerweise müßte der Thron Polydoros, dem zweiten Sohn des Kadmos, zukommen. Dieser heiratet eine Tochter des Gesäten Chthonios, dem Mann aus der Gegend, dem Mann aus der Erdentiefe. Seine Tochter trägt den Namen Nykteïs, die Nächtliche. Sie ist mit einer ganzen Reihe von Figuren verwandt, insbesondere mit Nykteus und Lykos (Wolf), die zu den *gegenes* gehören, jenen »Gesäten Männern«, welche die Kriegsgewalt versinnbildlichen.

Schon Pentheus war zweifacher Herkunft gewesen. Durch seine Mutter Agauë stammte er von Kadmos ab, von dem wirklichen, dem von den Göttern ernannten Herrscher, dem sie eine Göttin zur Frau gaben, um so das Wesen seiner Herrschaft zu kennzeichnen. Durch seinen Vater Echion stammte er aber auch von den »Gesäten« ab. Dessen Schlangenname läßt sofort an Echidna denken, eine weibliche Figur und Schwester der Gorgonen. Sie ist halb Frau, halb Schlange, ein »unbezwingbares Ungeheuer, das in den geheimen Tiefen der Erde liegt« und neben anderen Plagen Kerberos, den Hund des Hades, und die dreiköpfige Chimäre gebar, die von Bellerophon mit Hilfe des Pferdes Pegasos besiegt wurde. Pentheus ist also hin- und hergerissen zwischen der herrschaftlichen Abstammung von Kadmos und den der Erde entsprungenen Gestalten, die einen nächtlichen und ungeheuerlichen Aspekt aufweisen. Nach Pentheus' schrecklichem Tod ist der Thron also frei. Polydoros hat ihn nur kurze Zeit inne. Nach seinem Tod müßte die Herrschaft eigentlich auf den Sohn übergehen, den Nykteïs ihm geschenkt hat. Nun ist Labdakos – der

Hinkende – zwar ein eheliches Kind, doch »hinkt« seine Abstammung in der Tat, denn durch seinen Vater Polydoros ist er mit Kadmos und der Göttin Harmonia verwandt, durch seine Mutter Nykteïs aber mit jenen Sparten, die dem Boden Thebens entsprangen, seit ihrer Geburt bewaffnet und für den Krieg wie geschaffen waren. Vor allem ist Labdakos beim Tode seines Vaters zu jung, um die Aufgaben des Königs zu übernehmen.

Die ersten Jahre der Königsherrschaft in Theben sind demnach von Unbeständigkeit und Zerrissenheit gekennzeichnet. Es ist eine Zeit der Gewalt, der Unordnung und der Usurpation, in der der Thron, anstatt in einer regelmäßigen und gesicherten Thronfolge vom Vater auf den Sohn überzugehen, von einer Hand in die andere fällt, nach Kämpfen und Streitigkeiten, bei denen die Gesäten entweder untereinander oder gegen die rechtmäßige Königsmacht kämpfen. Als Labdakos seinerseits stirbt, ist sein Sohn Laios gerade ein Jahr alt. Der Thron ist erneut unbesetzt. Nykteïs und vor allem Lykos übernehmen für achtzehn lange Jahre die Regentschaft. In dieser Zeit wird der kleine Laios darin gehindert, die Herrschaft auszuüben.

Lykos und Nykteïs werden von Amphion und Zethos gestürzt, zwei Figuren, die keine Thebaner sind und die den Thron zu gegebener Zeit an seinen rechtmäßigen Besitzer Laios abtreten. Bis dahin war es den Usurpatoren gelungen, Laios von der Macht fernzuhalten und zu einem Leben im Exil zu zwingen. Er ist bereits erwachsen, als er in Korinth bei König Pelops Zuflucht findet, der ihm großzügig seine Gastfreundschaft anbietet und ihn bei sich behält.

Hinkende Generationen

Hier findet eine folgenschwere Episode statt. Laios verliebt sich in Pelops' Sohn Chrysippos, einen außergewöhnlich schönen jungen Mann. Hartnäckig macht er ihm den Hof, ja, er entführt ihn sogar mit seinem Wagen. Er benimmt sich wie ein Mann, der einen jüngeren Mann in männlichen Tugenden unterweist, gleichzeitig versucht er aber auch, ein erotisches Verhältnis mit ihm anzuknüpfen, dem sich der Sohn des Königs verschließt. Es hat sogar den Anschein, daß Laios mit Gewalt zu erlangen versucht, was Verführung und Verdienst ihm nicht zu geben vermochten. In manchen Erzählungen heißt es auch, der empörte, entrüstete Chrysippos hätte sich das Leben genommen. Wie dem auch sei, Pelops verlangt in einem feierlichen Fluch gegen Laios, daß dessen Geschlecht der Labdakiden nicht fortleben dürfe, daß es der Vernichtung anheimgegeben werden solle.

Labdakos' Name bedeutet »der Hinkende, Lahme, Schwache«. Die Bedeutung von Laios' Name ist unklar, er kann sowohl »Führer eines Volkes« oder »linkischer, verbogener Mann« heißen. In der Tat läßt sich feststellen, daß Laios' sämtliche Beziehungen »verbogen« sind, und das in jeder Hinsicht. Da wäre einerseits der Thron von Theben, auf den er durch seinen Vater Labdakos, seinen Großvater Polydoros und seinen Urgroßvater Kadmos direkten Anspruch hat und der ihn an Theben binden müßte. Statt dessen wird er von ihm verdrängt, entfernt: die Thronfolge weicht ab. Auch Laios' eigenes Verhalten weist eine Abweichung auf, denn anstatt sich im heiratsfähigen Alter eine Frau zu suchen, wendet er sich einem Jüngling zu. Schlimmer noch, er »verbiegt« das Liebesspiel, indem er durch Gewalt zu erlangen versucht, was Chrysippos nicht bereit ist, ihm freiwillig zu gewähren. Es gibt zwischen ihnen keine Gegenseitigkeit, keine *charis*, keinen liebevollen Austausch. Der erotische Eifer ist einseitig, gebremst. Zudem ist Laios Pelops' Gast. Die gastfreundschaftliche Beziehung impliziert eine Gegenseitigkeit in der Freundschaft, in den Gaben und den Gegengaben. Anstatt demjenigen zu danken, der ihn bei sich aufgenommen hat, versucht Laios, dessen Sohn gegen seinen Willen zu erobern, und verursacht seinen Selbstmord.

Als auch Amphion und Zethos sterben, die den die Macht ausübenden Lykos stürzten, kehrt Laios nach Theben zurück. Die

Thebaner sind glücklich, den Thron auf diese Weise erneut von einer Person besetzt zu wissen, die ihn verdient zu haben scheint.

Laios vermählt sich mit Iokaste. Auch sie ist durch ihre Abstammung mit Echion verwandt, der wie Chthonios ein nächtliches, dunkles Erbe verkörpert. Laios' und Iokastes Ehe ist kinderlos. Laios fährt nach Delphi, um vom Orakel zu erfahren, wie er Nachfahren bekommen kann, damit der Weg der Herrschaft endlich geradlinig verlaufe. Das Orakel sagt ihm: »Wenn du einen Sohn bekommst, wird er dich töten und sich mit seiner Mutter vereinen.« Laios kehrt entsetzt nach Theben zurück. Fortan verkehrt er mit seiner Frau auf eine Weise, die es ihr unmöglich macht, Kinder zu haben, in andere Umstände zu geraten. Die Erzählung will, daß Laios eines Tages betrunken nach Hause kommt, sich hinreißen läßt und seiner Ehefrau, um mit den Griechen zu sprechen, einen Samen in den Schoß pflanzt, der aufgehen wird. Iokaste bringt einen kleinen Jungen zur Welt. Die beiden Eheleute beschließen, den Nachfahren aus dem Wege zu räumen und auf diese Weise die Generationenfolge zu unterbrechen. Sie weihen das kleine Kind dem Tode. Sie rufen einen der Hirten, die den Sommer mit den königlichen Herden auf den Weiden des Kithairon verbringen, und beauftragen ihn, das Kind in den Bergen auszusetzen, damit es von wilden Tieren oder Vögeln verschlungen werde.

Der Hirte greift sich das Neugeborene, durchbohrt seine Ferse, fädelt einen Riemen hindurch und bricht auf, das Kind auf seinem Rücken tragend, als sei es Kleinwild. Als er mit seinen Herden auf den Bergen angelangt ist, zögert er. Das Kind lächelt ihn an. Wird er es dort aussetzen? Er glaubt, daß man das nicht machen kann. Da sieht er einen Schafhirten aus Korinth, der seine Tiere auf dem anderen Hang des Berges weiden läßt. Er bittet ihn, sich des Kindes anzunehmen, das er nicht dem Tod überlassen will. Der Hirte denkt an den König Polybos und die Königin Periboia, die keine Kinder haben und gern eins hätten. Er bringt ihnen also den an der Ferse verletzten Kleinen, den das Herrscherpaar, über den unverhofften Fund ganz glücklich, wie ihren eigenen Sohn aufzieht. Der Enkel von Labdakos, dem Hinkenden, und Sohn von Laios, der von der Macht ferngehalten wurde und der vom geraden Kurs der gastfreundschaftlichen und der Liebesbeziehungen abgewichen ist, wird nun seinerseits aus seinem Geburtsland verdrängt und seiner Würde als Königskind, das den Fortbestand des Geschlechts der Labdakiden sichert, enthoben. Er wird in Korinth aufgezogen. Zum Jugendlichen herangereift, wird er von allen für seinen stattlichen Wuchs, seinen Mut und seine Klugheit bewundert. Kein Wunder also, daß die jungen Leute aus Korinths Elite ihm gegenüber eifersüchtig und nicht gerade gut gesonnen sind.

»Ein untergeschobener Sohn«

Auch wenn er nicht wirklich hinkt, bewahrt Ödipus an seinem Fuß das Zeichen des ihm auferlegten Abstands, das Zeichen der Distanz, die ihn von seinen wirklichen Ursprüngen und von dem Ort trennt, an dem er eigentlich weilen müßte. Auch er befindet sich also in einem Zustand des Ungleichgewichts. Einerseits ist er als Sohn des Königs Polybos der designierte Thronfolger, andererseits ist er kein wirklicher Sprößling Korinths, auch das ist bekannt. Als Ödipus sich eines Tages mit einem gleichaltrigen Jüngling streitet, wirft dieser ihm vor: »Was soll's, schließlich bist du ja nur ein untergeschobener Sohn!« Ödipus geht zu seinem Vater und berichtet ihm, daß ein Gefährte ihn »untergeschobenen Sohn« genannt habe, als ob er nicht wirklich sein Sohn sei. Polybos beruhigt ihn, so gut er kann, ohne ihm jedoch ausdrücklich zu sagen: »Nein, das stimmt überhaupt nicht, natürlich bist du der Sohn von deiner Mutter und mir.« Er sagt ihm lediglich: »Das ist nur dummes Gerede, das zählt nicht. Die Leute sind neidisch, sie erzählen alles mögliche.« Doch Ödipus bleibt unruhig und beschließt, das Orakel von Delphi nach seiner Herkunft zu befragen. Ist er oder ist er nicht der Sohn des Polybos und der Periboia? Das

Orakel hütet sich, eine Antwort zu geben, die genauso eindeutig wäre wie seine Frage. Doch weissagt es ihm: »Du wirst deinen Vater töten und mit deiner Mutter schlafen.« Ödipus ist über die fürchterliche Offenbarung so entsetzt, daß er seine anfängliche Frage: »Bin ich der wirkliche Sohn?« darüber völlig vergißt. Was er am dringlichsten zu tun hat, ist, die Flucht zu ergreifen, einen größtmöglichen Abstand zwischen sich selbst und jenen zu errichten, die er für seine Eltern hält. Ins Exil zu gehen, aufzubrechen, sich zu entfernen, seines Weges zu ziehen. Und so bricht er auf und irrt, ein wenig wie Dionysos, umher. An seinen Sohlen klebt keine Erde mehr, er ist heimatlos. Zu Fuß oder mit dem Wagen begibt er sich von Delphi nach Theben.

Nun hatte die Stadt Theben mit einer fürchterlichen Pest zu kämpfen, und Laios war nach Delphi aufgebrochen, um beim Orakel Rat einzuholen. Er ist mit nur einem Wagen und spärlichem Gefolge unterwegs, das sich aus dem Wagenlenker und fünf Männern zusammensetzt. Da haben wir also Vater und Sohn – der Vater überzeugt davon, daß sein Sohn tot ist, der Sohn seiner sicher, daß sein Vater ein anderer ist, die in entgegengesetzter Richtung ihres Weges ziehen und an der Scheide dreier Wege zusammentreffen, die die beiden Wagen nicht gleichzeitig passieren können. Ödipus ist auf seinem Wagen, Laios auf dem seinen. Laios ist der Meinung, sein königlicher Troß habe Vorrang, und bittet seinen Wagenlenker, dem jungen Mann ein Zeichen zu geben, damit dieser den Weg räumt. »Geh' aus dem Weg, laß' uns vorbei«, schreit der Wagenlenker Ödipus zu und schlägt mit seinem Knüppel nach einem von Ödipus' Pferden. Vielleicht traf er sogar Ödipus' Schulter selber. Doch dieser ist nicht gerade umgänglich. Selbst in seiner Rolle als freiwilliger Verbannter hält er sich für einen Prinzen und Königssohn. Er hat nicht die geringste Absicht, dem Erstbesten Platz zu machen. Vom Schlag des Wagenlenkers in Wut versetzt, schlägt er ihn nun seinerseits mit seinem Stab und streckt ihn nieder. Dann macht er sich an Laios und die anderen, die tot vor seine Füße fallen. Nur einem der Männer des königlichen Gefolges gelingt es, entsetzt die Flucht zu ergreifen und nach Theben zurückzukehren. Ödipus, der davon ausgeht, daß es sich lediglich um ein kleines Mißgeschick und Notwehr gehandelt hat, setzt seinen Weg fort, irrt weiter umher.

Als er später Theben erreicht, wird die Stadt gerade von einer Plage heimgesucht. Ein Ungeheuer mit Frauenkopf und Löwenkörper, die Sphinx, hat sich vor Thebens Toren niedergelassen. Die Götter hatten sie geschickt, um Theben für die Entführung des Chrysippos durch Laios zu bestrafen, oder, wie es in einer anderen Version heißt, für die Vernachlässigung des Dionysoskults. Jedes Jahr verlangt die Sphinx, daß Theben ihr einen begabten jungen Mann schicke, um ihr berühmtes Rätsel zu lösen. Mitunter heißt es auch, sie wolle sich mit ihm vereinen. Auf einer Mauer oder einem höheren Felsen sitzend, vergnügt sie sich daran, den jungen Leuten der Stadt ihr Rätsel zu stellen. Wissen diese nicht zu antworten, springt die Sphinx herab und tötet sie. So muß Theben machtlos zusehen, wie seine besten jungen Männer im Laufe der Jahre massakriert werden. Als Ödipus Theben erreicht und durch eins der Stadttore tritt, sieht er die niedergeschlagenen, unglücklichen Gesichter der Menschen. Er fragt sich, was hier vorgeht. Auch der Regent, Iokastes Bruder Kreon, der die Herrschaft von Laios übernommen hat, ist mit dem Geschlecht der Gesäten verwandt. Als er den gut aussehenden, mutig wirkenden jungen Mann sieht, sagt er sich, daß, so wie es um sie bestellt ist, dieser Unbekannte möglicherweise ihre letzte Chance ist, um die Stadt zu retten. Er bietet Ödipus die Hand der Königin, sollte es ihm gelingen, das Ungeheuer zu besiegen.

Verhängnisvoller Mut

Obwohl eigentlich Iokaste – als Witwe des Laios – die Herrschaft ausübt, liegt die Macht in den Händen Kreons. Als Regent ist befugt, Ödipus die Königin und damit das Königreich als Lohn für den Sieg über die Sphinx anzubieten. Ödipus nimmt es mit ihr auf. Das Ungeheuer liegt auf seiner Anhöhe, sieht Ödipus herankommen und freut sich ob der prächtigen Beute. Die Sphinx stellt ihm folgendes Rätsel: »Wie heißt das Wesen, das von allen Wesen, die auf der Erde, in der Luft oder im Wasser leben, nur eine Stimme hat, nur eine Gestalt, aber zwei Beine, drei Beine und vier Beine, *dipous, tripous, tetrapous?*« Ödipus überlegt. Die Tatsache, daß seinem Namen das Wort *Oi-dipous*, »Zweibeiner«, eingeschrieben ist, macht ihm die Überlegung vielleicht leichter. Er antwortet: »Du meinst den Menschen. Als Säugling kriecht er auf allen vieren, als Mann steht er auf seinen beiden Beinen, als Greis stützt er sich auf seinen Stock als drittes Bein, so zögerlich und schwankend ist sein Gang.« Daraufhin stürzt sich die Sphinx, die sich in dieser Kraftprobe rätselhaften Wissens besiegt weiß, von ihrer Mauer oder ihrem Felsen und stirbt.

Ganz Theben taumelt vor Freude. Ödipus wird gefeiert und mit großem Pomp in die Stadt gebracht. Man stellt ihm die Königin Iokaste vor, die er als Lohn zur Ehefrau erhält. Ödipus wird verdientermaßen Oberhaupt der Stadt, denn er hat größte Weisheit, größten Mut unter Beweis gestellt. Er ist der Nachfolge des Kadmos würdig, den die Götter ausgezeichnet hatten, indem sie ihm eine Göttin, Harmonia, zur Frau gaben und ihn zum Gründer Thebens bestimmten. Jahrelang geht alles gut. Das Königspaar zeugt vier Kinder: zwei Söhne, Polyneikes und Eteokles, und zwei Töchter, Ismene und Antigone. Da bricht plötzlich eine Pestepidemie über Theben herein, das glücklich, normal und im Gleichgewicht zu sein schien. Auf einmal zeigen sich seine Schwächen, auf einmal wirkt es bedroht. Verlaufen die Dinge in geordneten Bahnen, dann wächst das Korn jedes Jahr neu, dann tragen die Bäume Früchte, dann bekommen die Herden Junge – kleine Schafe, Ziegen und Kälber. Kurz, der Reichtum des thebanischen Bodens erneuert sich im Rhythmus der Jahreszeiten. Auch die Frauen sind in den Kreislauf vitaler Erneuerung eingebunden. Sie bekommen prächtige, kräftige und gesunde Kinder. Doch plötzlich hält dieser Lauf inne, nimmt eine andere Richtung an, lahmt und hinkt. Die Frauen erleiden Fehlgeburten oder bringen Monster und Totgeborene zur Welt. Die Quellen des Lebens selber sind verdorben und versiegt. Zu allem Überfluß bricht eine Krankheit aus, der Männer wie Frauen, Junge wie Alte zum Opfer fallen. Panik bricht aus. Theben steht Kopf. Was geht vor? Was ist durcheinandergeraten?

Ödipus beschließt, Kreon als Vertreter Thebens nach Delphi zu schicken, um das Orakel zu befragen und den Ursprung der ansteckenden Krankheit in Erfahrung zu bringen. In der von der Epidemie heimgesuchten Stadt ist nichts mehr an seinem Platz. Diejenigen, die Thebens Vitalität an ihren beiden Enden verkörpern, die Kleinkinder und die betagten Greise (die Vier- und Dreibeiner), begeben sich mit Bittzweigen zum Königspalast. Sie wenden sich an Ödipus mit der Bitte um Rettung. »Sei unser Retter! Ein erstes Mal ersparest du uns die Katastrophe, erlöstest uns von der Sphinx, jenem entsetzlichen Ungeheuer, so errette uns auch diesmal von *loimos*, dieser Pest, die nicht nur die Menschen heimsucht, sondern auch Pflanzen und Tiere! Es ist, als sei der Lauf der Natur in Theben gänzlich blockiert.«

Ödipus legt ein feierliches Gelöbnis ab. Er erklärt, er werde eine Untersuchung durchführen, den Ursachen des Übels auf den Grund gehen und die Plage besiegen. In dem Moment kehrt Kreon aus Delphi zurück. Das Orakel hat geweissagt, das Übel werde so lange nicht aufhören, bis Laios' Mord nicht gesühnt ist. Folglich muß derjenige, der sich mit Laios' Blut beschmutzt hat, gefunden, bestraft und endgültig aus Theben und von thebanischem Boden vertrieben werden. Als Ödipus das hört, gelobt er neuerlich: »Ich werde den Schuldigen suchen und finden.« Ödipus ist ein Forscher, ein Prüfer, ein Fragender. Im gleichen Maß, wie der Weggang von Korinth ein Abenteuer für ihn war, fühlt er sich vom Abenteuer der Überlegung, der Fragestellung angezogen. Ödipus ist nicht aufzuhalten. Er wird eine Untersuchung führen, die einem polizeilichen Ermittlungsverfahren gleicht.

Er trifft erste Maßnahmen. Diejenigen, die Auskünfte geben können, werden aufgefordert, sich zu melden. Diejenigen, die mit dem mutmaßlichen Mörder in Verbindung stehen und ihn nicht preisgeben wollen, sollen ihn verstoßen. Der Mörder darf nicht in Theben bleiben, schließlich leidet die Stadt unter seiner Befleckung. Solange der Mörder nicht ausfindig gemacht und aus Häusern, Heiligtümern und Straßen vertrieben wurde, wird Ödipus keine Ruhe geben, er muß es einfach wissen. Er beginnt mit seiner Untersuchung. Die Greise erklären ihm, daß Theben über einen Seher verfüge, der den Flug der Vögel zu deuten weiß und die Wahrheit durch göttliche Eingebung vielleicht erkennt. Es ist der alte Teiresias. Ödipus hat ihn auf Kreons Anraten bereits kommen lassen, um ihn zu den Ereignissen zu befragen. Und obwohl dieser weder Lust hat, sich zu zeigen, noch darauf, verhört zu werden, bringt man ihn auf den Versammlungsplatz vor Thebens Volk, vor den Rat der Ältesten, vor Kreon und Ödipus.

Als Ödipus ihn verhört, weigert sich Teiresias, ihm zu antworten. Er behauptet, nichts zu wissen. Ödipus, der für den Seher keinen großen Respekt empfindet, gerät in Wut. War er nicht schlauer, nicht weiser gewesen als dieser? Hatte er nicht einzig mit Hilfe seiner Erfahrung und seiner Urteilskraft als verständiger Mann des Rätsels Lösung gefunden, während Teiresias mit seiner Eingebung und den von ihm entschlüsselten Zeichen gescheitert war? Ödipus stößt an eine Wand. Doch wenn sich Teiresias' weigert, preiszugeben, was er weiß, dann nicht aus Unkenntnis, sondern aus göttlicher Weisheit. Er weiß alles, weil er mit Apollon, seinem Herrn, in Verbindung steht. Er weiß, wer Laios getötet hat und wer Ödipus ist. Apollon hatte vorausgesagt: »Du wirst deinen Vater töten und mit deiner Mutter schlafen.« Teiresias versteht zwar, welche Rolle Ödipus für Thebens Mißgeschicke spielt, will aber nichts davon verlauten lassen. Er ist fest entschlossen, nichts zu sagen, bis Ödipus, den diese Sturheit wütend macht, sich irgendwann einredet, daß diese Weigerung kein Zufall sein könne. Er glaubt, Teiresias und Kreon schmiedeten ein Komplott gegen ihn, um ihn zu schwächen und seinen Platz einzunehmen. Er malt sich aus, daß Kreon sich mit Teiresias abgesprochen und den Seher vielleicht sogar bezahlt hat.

Ödipus wird von solcher Wut gepackt, daß sein Verstand aussetzt. Er befiehlt, daß Kreon, den er des Mordes an Laios verdächtigt, die Stadt auf der Stelle verlassen soll. Wenn er es war, der Laios' Tod gewünscht hatte, um über seine Schwester Iokaste die Herrschaft auszuüben, dann hatte er vielleicht den Überfall angestiftet. Die Staatsspitze Thebens ist den Kräften der Zwietracht, dem offenen Streit ausgeliefert. Als Ödipus Kreon vertreiben will, greift Iokaste ein. Sie versucht, zwischen den beiden Männern, zwischen den beiden Geschlechtern wieder Eintracht herzustellen. Es gibt nicht das reine Geschlecht des Kadmos auf der einen und das der Gesäten auf der anderen Seite: beide haben sich stets miteinander vermischt. Auch Labdakos, Laios und Ödipus haben Vorfahren unter den Gesäten. Und Iokaste selber stammt direkt von dem furchterregenden Echion ab. Die Stadt ist gespalten, ihre Führer hassen und bekämpfen sich, und Ödipus setzt seine Untersuchung fort.

Es gilt, den Augenzeugen zu befragen, jenen Mann, der zum Zeitpunkt des Dramas bei Laios gewesen war und dem es gelungen war, die Flucht zu ergreifen. Bei seiner Rückkehr hatte er erzählt, mehrere Banditen hätten dem nach Delphi reisenden königlichen Gespann aufgelauert und Laios und den Wagenlenker getötet. Als man Ödipus das erste Mal diese Version von Laios' Tod erzählte, war er in seiner Rolle als Untersuchungsrichter ein wenig verstört: Man erklärte ihm, daß sich der Vorfall an der Kreuzung dreier Wege, auf einem Hohlweg unweit von Delphi abgespielt hatte. Diesen Kreuzweg, diesen Hohlweg kennt er nur allzu gut. Doch wenn ihm auch unbekannt ist, wen er getötet hat, so weiß er, daß er allein gehandelt hat, während »Laios von *mehreren* Banditen angegriffen wurde«. Er ist beruhigt. Er folgt einer sehr einfachen Überlegung: »Mehrere Banditen ... da kann ich es nicht sein. Das sind zwei völlig unterschiedliche Geschichten. In der einen traf ich einen Mann auf seinem Wagen, der mich schlug, in der anderen war es Laios' Wagen, der von mehreren Banditen angegriffen wurde.«

Ödipus will noch einmal die Person anhören, die zur Tatzeit anwesend war, und erkundigt sich, was aus ihr geworden ist. Man antwortet ihm, daß der Mann nach seiner Rückkehr nach Theben die Füße praktisch nicht mehr in die Stadt gesetzt und sich aufs Land zurückgezogen habe. Man sehe ihn nicht mehr. Merkwürdig. Man bringt Laios' unglückseligen Diener herbei. Ödipus quetscht ihn in seiner Rolle als Untersuchungsrichter aus, aber der Mann ist genauso schweigsam wie Teiresias. Ödipus hat größte Mühe, ihm auch nur die kleinste Auskunft aus der Nase zu ziehen. Er droht ihm sogar mit Folter, um ihn zum Sprechen zu bringen.

In diesem Moment erreicht ein Bote aus Korinth nach langer Reise Theben. Er begibt sich zu Iokaste und Ödipus, begrüßt sie und erkundigt sich, wo sich der König des Landes aufhalte. Er kommt, um ihm eine traurige Nachricht zu übermitteln: sein Vater und seine Mutter, der König und die Königin Korinths, sind tot. Ödipus, nun verwaist, ist betrübt. Sein Schmerz wird jedoch von einer gewissen Freude gemildert, denn wenn Polybos tot ist, dann kann er ihn nicht mehr töten. Auch mit seiner Mutter wird er nicht mehr schlafen können, da sie bereits verschieden ist. Dieser sehr ungezwungen und frei denkende Mann ist nicht unzufrieden darüber, daß sich das Orakel nicht bewahrheitet hat. Ödipus rechtfertigt sich vor dem Boten, der von Ödipus vielleicht erwartet, daß er nach Korinth zurückkehrt, um dort wie vorgesehen die königliche Herrschaft zu übernehmen: er hätte Korinth damals verlassen müssen, da man ihm geweissagt hatte, daß er seinen Vater töten und mit seiner Mutter schlafen würde. Der Bote erwidert ihm: »Du hattest unrecht, darauf etwas zu geben. Polybos und Periboia sind nicht dein Vater und deine Mutter.« Der bestürzte Ödipus fragt sich, was das alles zu bedeuten hat.

»Deine Eltern waren nicht deine Eltern«

Iokaste hört den Boten darlegen, daß Ödipus schon in den ersten Tagen seines Lebens von dem König und der Königin Korinths adoptiert worden war, nachdem man das Neugeborene in den Palast gebracht hatte. Und obwohl er nicht die Frucht ihres Leibes war, hatten sie gewollt, daß Korinth zu seiner Stadt werde. Da dämmert Iokaste die schreckliche Wahrheit. Vielleicht hatte sie sie zum Teil schon vorher erraten, doch jetzt liegt sie klar auf der Hand. Sie verläßt die Versammlung und begibt sich in den Palast. »Woher weißt du das?« fragt Ödipus den Boten. »Ich weiß es«, antwortet er, »weil ich selbst es war, der dieses Kind meinem Herrn übergab. Ich war es, der dich übergab, dich Kind mit der durchbohrten Ferse.« – »Und wer gab dir das Kind?« fragt Ödipus. Der Bote erkennt unter den Zuhörern den alten Schafhirten wieder, der Laios' und Iokastes Herden damals bewacht und ihm das Neugeborene anvertraut hatte. Ödipus wird von panischer Angst erfaßt. Der Hirte leugnet. Die beiden Männer streiten: »Natürlich erinnerst du dich, wir waren mit unseren Herden auf dem Berg Kithairon, und du hast mir das Kind gegeben.« Ödipus spürt, daß die Dinge eine fürchterliche Wendung nehmen. Einen Augenblick glaubt er, er sei womöglich nur ein ausgesetztes Findelkind, nur der Sohn einer Nymphe oder einer Göttin, was sein außergewöhnliches Schicksal erklären würde. Doch während er noch verzweifelt hofft, dämmert den dort versammelten Ältesten die Wahrheit. Ödipus richtet sich an Laios' Hirten und ermahnt ihn, die Wahrheit zu sagen.

»Woher stammte dieses Kind?«

»Aus dem Palast.«

»Wer hat es dir gegeben?«

»Iokaste.«

Jetzt gibt es nicht den leisesten Zweifel mehr. Ödipus begreift. Wie ein Wahnsinniger stürzt er in den Palast und sucht Iokaste, die sich mit ihrem Gürtel an der Decke erhängt hat. Als er sie tot auffindet, sticht er sich mit den Spangen ihres Kleides die Augen aus.

Ödipus, das eheliche Kind eines königlichen und verfluchten Geschlechts, das aus dem Weg geräumt worden und an seinen Geburtsort zurückgekehrt war, nachdem sein Leben keinen regelmäßigen und geradlinigen Lauf nahm, sondern vom Kurs abkam und eine andere Richtung erhielt, kann das Licht nun nicht mehr sehen, kein Gesicht, von wem auch immer. Zum Schandfleck seiner Stadt geworden, hätte er am liebsten taube Ohren, wäre er am liebsten in totale Einsamkeit gehüllt. Wenn die Pest ausbricht, die Jahreszeiten einen anderen Verlauf nehmen, die Fruchtbarkeit von der steten, geraden Bahn abkommt, dann deshalb, weil es einen Schandfleck, ein Miasma gibt. Dieser Schandfleck ist er. Durch sein Versprechen gebunden, den Mörder in Schimpf und Schande aus Theben zu verjagen, verläßt er die Stadt.

Der Mensch: drei in einem

Wie kann man nicht wahrhaben wollen, daß das in dieser Erzählung von der Sphinx gestellte Rätsel das Schicksal der Labdakiden voraussagt? Die Tiere, ob sie nun zwei oder vier Beine haben, ganz zu schweigen von den Fischen, die ohne beide sind, haben eine gleichbleibende »Natur«. Von der Geburt bis zum Tod macht ihre Beschaffenheit, das, was sie zu diesem oder jenem besonderen Lebewesen macht, keine Veränderung durch. Jede Gattung hat nur einen Status, nur eine Art der Fortbewegung, nur eine Natur. Lediglich der Mensch durchläuft drei Entwicklungsstufen, kennt drei unterschiedliche Naturen. Er ist zunächst ein Kind, dessen Natur sich von der eines erwachsenen Menschen unterscheidet. Will es von der Kindheit in den Stand des Erwachsenen übergehen, muß es Initiationsriten durchlaufen, welche die Grenze zwischen den beiden Altern überschreiten helfen. Es wird ein anderer, es schlüpft in eine neue Person. Das gleiche gilt auch, wenn nicht noch mehr, für den König und Krieger. Steht er auf zwei Beinen, ist er jemand, dessen Ansehen und Kraft imponieren, mit beginnendem Alter aber hört er auf, im Nimbus kriegerischer Leistungen zu glänzen. Im besten Fall wird er ein Mann von Wort und weisem Rat, im schlimmsten ein jämmerliches, verfallendes Subjekt.

Und obwohl sich der Mensch im Verlauf der drei Entwicklungsstufen verwandelt, bleibt er sich gleich. Was ist nun Ödipus? Der gegen Laios ausgestoßene Fluch untersagte jede Geburt, welche das Geschlecht der Labdakiden weiterführen würde. Als Ödipus das Licht das Welt erblickt, bürdet er sich die Rolle dessen auf, der nicht hätte sein dürfen. Er kommt ungelegen. Laios' Erbe ist beides, ein legitimer Nachfahre und eine monströse Zeugung zugleich. Seine Stellung ist in jeder Hinsicht wackelig. Dem Tod geweiht, entging er ihm durch ein Wunder. Als gebürtiger Thebaner, den man von seinem Geburtsort fortschaffte, weiß er nicht, daß er an seinen Ausgangsort zurückkehrt, als er sich dorthin begibt, um den höchsten Posten zu bekleiden. Ödipus' Status ist folglich aus dem Gleichgewicht geworfen. Mit der Wegstrecke, die ihn vor Ort in den Palast zurückführt, in dem er geboren ist, hat Ödipus die drei Entwicklungsstufen der menschlichen Existenz miteinander vermischt. Er brachte den regelmäßigen Ablauf der Jahreszeiten durcheinander, indem er den Frühling des Jugendlichen mit dem Sommer des Erwachsenen und dem Winter des Greises verwechselte. Er tötete nicht nur seinen Vater, sondern setzte sich gleich mit ihm, indem er auf dem Thron und im Bett seiner Mutter dessen Platz einnahm. Indem er seine eigene Mutter schwängerte, indem er, wie die Griechen sagen, das Feld besäte, das ihn ans Licht der Welt gebracht hatte, setzte er sich nicht nur mit seinem Vater, sondern auch mit seinen Kindern gleich, die sowohl seine Söhne und Brüder als auch seine Töchter und Schwestern sind. Das Ungeheuer, von dem die Sphinx sprach, ist Ödipus selber. Er selber ist gleichzeitig Zwei-, Drei- und Vierbeiner.

Das Rätsel der Sphinx wirft das Problem der sozialen Kontinuität innerhalb der Kulturen auf. Eine Generation wird geboren, regiert, stirbt und gibt ihren Platz an die nächste weiter. Das Rätsel formuliert die Frage, wie sich trotz des Generationenwechsels die Statuten, Ämter und Posten aufrechterhalten lassen. Während sich die Herrscher auf dem Thron abwechseln, muß der Thron selbst unverändert bleiben. Doch wie kann die königliche Macht eins und unversehrt bleiben, wenn sie von mehreren und unterschiedlichen Königen ausgeübt wird? Wie kann der Sohn des Königs den Platz seines Vaters einnehmen und König werden, ohne mit ihm aneinanderzugeraten oder ihn aus dem Weg zu räumen? Wie kann er sich auf dem Thron seines Vaters niederlassen, ohne sich mit diesem gleichzusetzen? Wie lassen sich der Generationenwechsel und die verschiedenen, von der Menschheit durchlaufenen Entwicklungsstufen, die mit der Zeitlichkeit, mit der menschlichen Unvollkommenheit in Zusammenhang stehen, mit einer sozialen Ordnung in Einklang bringen, die stabil, kohärent und harmonisch bleiben muß? Ist der gegen Laios ausgestoßene Fluch und mehr noch die Tatsache, daß bestimmte Geschenke auf Kadmos' und Harmonias Hochzeit unheilbringenden Charakter hatten, nicht eine Art Beweis, daß sich die Ursache der Zwietracht, der Virus des Hasses im Inneren dieser außergewöhnlichen Gründerehe eingeschlichen hatten, als gäbe es zwischen der Ehe und dem Krieg, zwischen dem Bund der Ehe und dem Kampf eine geheime Verbindung? Zahlreiche Forscher, zu denen auch ich gehöre, sind der Auffassung, daß die Ehe dem Mädchen, was der Krieg dem Jungen ist. In einem von Frauen und Männern bevölkerten Stadtstaat ist der Gegensatz zwischen Krieg und Ehe wie auch ihr Ineinandergreifen eine Notwendigkeit.

Die Geschichte des Ödipus ist damit noch nicht zu Ende. Das Geschlecht der Labdakiden hätte mit Laios enden müssen. Der Fluch, der auf Ödipus liegt, führt weit in die Vergangenheit, in eine Zeit vor seiner Geburt zurück. Er trägt keine Schuld, sondern zahlt den hohen Tribut für die Vertreter des hinkenden, verbogenen Geschlechts, für jene, die das Licht der Welt erblickten, als ihr Geburtsrecht bereits verwirkt war.

Ödipus' Kinder

Man erzählt, daß der blinde, besudelte Ödipus von seinen beiden Söhnen so unwürdig behandelt wird, daß er gegen seine männliche Nachkommenschaft nun seinerseits einen Fluch ausstößt, der dem des Pelops gegen Laios ähnelt. Es heißt, seine beiden Söhne hätten dem Blinden vor seiner Vertreibung aus Theben im Palast spöttisch die goldene Schale und den silbernen Tisch des Kadmos gezeigt, die sie sich vorbehalten, während sie ihn mit den minderwertigen Stücken der Opfertiere, mit den Abfällen abspeisen. Es wird auch erzählt, daß man ihn in einer dunklen Zelle einschloß und wie einen Schandfleck verbarg, den man um jeden Preis geheimhalten will. Ödipus' feierlicher Fluch nun besagt, daß seine Söhne sich nie verstehen, daß sie sich mit Muskelkraft und Waffengewalt um die Herrschaft streiten werden, die sie beide ausüben wollen, und daß sie einander töten werden.

Das wird tatsächlich eintreten. Eteokles und Polyneikes, Nachfahren eines Geschlechts, das keine Nachfahren hätte haben dürfen, sind von gegenseitigem Haß erfüllt. Die beiden Söhne beschließen, sich in der Herrschaft jedes Jahr abzuwechseln. Eteokles beginnt. Nach Ablauf des Jahres verkündet er jedoch seinem Bruder, daß er den Thron zu behalten beabsichtige. Der entmachtete Polyneikes geht nach Argos und kehrt im Feldzug der Sieben gegen Theben zurück, im Feldzug der Argiver gegen die Thebaner. Bei dem Versuch, seinem Bruder die Macht abzunehmen, zerstört er Theben. Indem sie sich in einem letzten Kampf töten, wird jeder von ihnen zum Mörder des eigenen Bruders. Das Geschlecht der Labdakiden ist erloschen. Damit ist die Geschichte zumindest dem Anschein nach beendet.

Der Feldzug des Polyneikes war nur insofern möglich geworden, als Adrastos, der König von Argos, der seine Sache unterstützen wollte, den Entschluß gefaßt hatte, ihn anzuführen. Dafür bedurfte es des Einverständnisses eines Sehers, Amphiaraos. Amphiaraos hatte Adrastos lange zuvor vom Thron vertrieben, ihm später sein Königreich zurückgegeben und seine Schwester Eriphyle geheiratet. Der Seher wußte nun, daß der Feldzug zum Scheitern verurteilt war, daß er in einer Katastrophe enden und er selbst sein Leben darin lassen würde. Demzufolge war er fest entschlossen, seine Zustimmung zu verweigern. Was tat Polyneikes? Als er Theben verließ, hatte er bestimmte Geschenke mitgenommen, die Harmonia bei ihrer Hochzeit mit Kadmos von den Göttern überreicht worden waren, so ein Halsband und das Brautkleid. Diese Glücksbringer machte er Amphiaraos' Frau Eriphyle zum Geschenk, unter der Bedingung, daß sie ihren Mann überzeuge, dem Feldzug gegen Theben zuzustimmen und Adrastos zuzuraten. Da Amphiaraos einst einen Eid abgelegt hatte, daß bei Meinungsverschiedenheiten das Urteil seiner Frau ausschlaggebend sein sollte, kann der Seher nicht anders, als Eriphyle nachzugeben: er war durch seinen Eid gebunden. Unheilvolle Geschenke, unwiderrufliche Eide. Was schon auf Kadmos und Harmonias Hochzeitsfest präsent war, findet sich in den späteren Generationen wieder und mündet im gegenseitigen Mord der beiden Brüder.

Ein offizieller Metöke

Ödipus zieht, von seiner ältesten Tochter Antigone begleitet, aus Theben fort und vollendet sein Leben auf dem Boden Athens, unweit von Kolonos in Attika. Dort befindet er sich auf einem Boden, auf dem er nichts zu suchen hat, einem Heiligtum der Erinnyen, das zu bewohnen verboten ist. Die Einheimischen bedeuten ihm, den heiligen Ort zu verlassen: was hat der Bettler dort bloß zu schaffen? Er ist dort ähnlich fehl am Platz wie der orientalisch-feminin gekleidete Dionysos in Theben. Was für eine Anmaßung, sich an einer Stelle niederlassen zu wollen, von der man ihn nicht einmal verjagen kann, denn das Heiligtum darf nicht betreten werden. Da trifft Theseus ein. Ödipus, der spürt, daß sein Ende naht, erzählt ihm sein Unglück und bittet Theseus, ihn aufzunehmen und bei sich sterben zu lassen. Als Dank verbürgt er sich dafür, Athen in späteren Konflikten zu beschützen. Theseus willigt ein. Ödipus ist ein Fremder, ein Thebaner, dessen Vorfahren sowohl die der thebanischen Erde entsprungenen Gesäten sind als auch Kadmos und Harmonia. Bei seiner Geburt vom heimatlichen Boden verjagt, kehrte er dorthin zurück, um erneut schmählich ausgewiesen zu werden. Da steht er nun, am Ende seiner Irrfahrt angelangt, ohne Heimat, Bindung oder Wurzeln, ein Immigrant. Theseus gewährt ihm Gastfreundschaft. Er spricht ihm zwar nicht den Status des Athener Bürgers zu, dafür aber den des Metöken *(metoikos)*, des Zugewanderten, eines privilegierten Zugewanderten. Er wird die Erde, die nicht die seine ist, bewohnen, sich auf ihr niederlassen. Ödipus wechselt also vom göttlichen und verfluchten, vereinten und gespaltenen Theben nach Athen über: ein horizontaler Wechsel auf der Erdoberfläche.

Ödipus wird offizieller Metöke von Athen. Es ist nicht der einzige Wechsel, den er vollzieht: Der Erde einverleibt, wird er sowohl der Unterwelt angehören als auch dem Himmel, den olympischen Göttern entgegen. Von der Erdoberfläche wechselt er unter die Erde und hoch in den Himmel. Anders als ein Halbgott, anders als ein beschützender Held – dessen Grab sich auf der Agora befindet – stirbt er an unbekannter Stelle. Einzig Theseus ist seine Grabstätte bekannt. Das geheime Grab, dessen Standort die Herrscher von Athen einander weitersagen, garantiert der Stadt ihre militärischen Erfolge und ihre Kontinuität. Kurz, ein aus Theben stammender Fremder läßt sich als Metöke in Athen nieder und verschwindet, womöglich von Zeus' Blitzstrahl getroffen, im Erdboden. Er verwandelt sich weder in einen Bodenständigen, behauptet nicht wie die Bürger Athens, aus dem Boden hervorgegangen zu sein, noch in einen *gegenes*, der voll bewaffnet, zum Kampf bereit, der thebanischen Erde entspringt. Er geht den Weg in umgekehrter Richtung. Bei seiner Ankunft ein Fremder, verläßt er das Licht der Sonne, um sich in Athens Unterwelt zu verwurzeln, einem Ort, der nicht der seine ist. Als Ausgleich für die Gastfreundschaft, die man ihm nach seinen Leiden und seinem Umherirren gewährt, bürgt er für das Wohl des Landes durch Frieden und Eintracht: wie ein abgeschwächtes Echo auf das von Harmonia verkörperte Versprechen, als sie von den Göttern in den fernen Zeiten von Thebens Gründung Kadmos zur Frau gegeben wurde.

Perseus, der Tod, das Bild

Die Geburt des Perseus

Vor langer Zeit herrschte in der guten und schönen Stadt Argos ein mächtiger König namens Akrisios. Akrisios hatte einen Zwillingsbruder, Proitos. Die beiden stritten sich schon im Schoß ihrer Mutter Aglaia. Bereits vor ihrer Geburt versetzten sie einander Tritte und begannen einen Streit, der ihr ganzes Leben andauern sollte. So stritten sie sich insbesondere um das fruchtbare Tal von Argolis.

Schließlich einigten sie sich darauf, daß Akrisios in Argos und Proitos in Tiryns herrschen sollte. Akrisios ist betrübt darüber, keinen männlichen Erben zu haben. Dem Brauch gemäß begibt er sich nach Delphi, um in Erfahrung zu bringen, ob ihm ein Erbe geschenkt würde und was er gegebenenfalls zu tun habe, um einen solchen zu erhalten. Das Orakel antwortet wie gewöhnlich nicht direkt auf seine Frage, sondern bedeutet ihm, daß er von seinem Enkel, dem Sohn seiner Tochter, getötet würde.

Seine Tochter Danaë ist eine hübsche junge Frau, die Akrisios über alles mag. Dennoch ist er entsetzt bei dem Gedanken, daß sein Enkel dazu bestimmt ist, ihn zu töten. Was tun? Eine Lösung besteht darin, sie einzusperren. Danaës Schicksal besteht in der Tat darin, oft eingesperrt zu sein. Akrisios läßt – wahrscheinlich im Hof seines Palastes – ein unterirdisches Gefängnis aus Bronze errichten und befiehlt Danaë, mit einer Magd hinabzusteigen. Sorgfältig schließt er sie ein. Nun hat aber Zeus Danaë in der Blüte ihrer Jugend und ihrer Schönheit vom Himmel aus gesehen und sich in sie verliebt. Wir befinden uns in einer Zeit, in der die Teilung zwischen Menschen und Göttern bereits stattgefunden hat. Aber auch wenn sie schon getrennt waren, ist die Entfernung noch nicht groß genug, als daß sie die Götter daran hindern könnte, im glänzenden Äther vom Gipfel des Olymp herab ab und zu einen Blick auf die schönen Sterblichen zu werfen. Sie sehen die Töchter jener Pandora, die sie den Menschen geschickt hatten und der Epimetheus unvorsichtigerweise die Tür geöffnet hatte, und finden sie wunderschön. Nicht daß die Göttinnen nicht schön wären, aber die Götter finden bei den sterblichen Frauen vielleicht etwas, was ersteren fehlt. Vielleicht ist es ihre zarte Schönheit oder die Tatsache, daß sie sterblich sind und gepflückt werden müssen, solange sie noch in der Blüte ihrer Jugend und ihres Reizes stehen.

Zeus verliebt sich in Danaë. Den Vater, der sie in einem unterirdischen ehernen Gefängnis einschloß, kann er nur belächeln. Er steigt in Gestalt eines Goldregens hinab und dringt bei ihr ein. Vielleicht hüllt er seine göttliche Persönlichkeit auch in das Aussehen eines Menschen, nachdem er im Gefängnis angelangt ist. In größter Heimlichkeit vereinigt sich Zeus mit Danaë. Ihrer Liebe entspringt ein Kind, ein Junge namens Perseus. Danaës Abenteuer bleibt so lange geheim, bis Perseus, ein kräftiger Säugling, so laut schreit, daß Akrisios beim Überqueren des Hofes ein eigenartiges Geräusch aus dem Gefängnis dringen hört, in das er seine Tochter eingeschlossen hat. Der König verlangt, sie zu sehen. Er läßt sie alle heraufkommen und befragt die Amme. Als er erfährt, daß es dort einen kleinen Jungen gibt, ist er entsetzt und wütend zugleich. Natürlich muß er an das Orakel von Delphi denken. Er glaubt, daß die Amme insgeheim jemanden bei Danaë eingeführt hat, und fragt seine Tochter: »Wer ist der Vater dieses Sprößlings?« »Es ist Zeus.« Akrisios glaubt ihr kein Wort. Er beseitigt zunächst die zur Amme gewordene Magd, indem er sie ausgerechnet Zeus auf seinem Hausaltar zum Opfer bringt. Was aber soll mit Danaë und dem Kind geschehen? Der Vater kann sich nicht mit dem Blut seiner Tochter und seines Enkels besudeln. Er beschließt, sie neuerlich einzusperren.

Er läßt einen sehr geschickten, sehr gewandten Tischler kommen, um ihn eine Holztruhe tischlern zu lassen, in die er Danaë und Perseus sperrt. Anstatt sie im Keller seines Hauses einzuschließen, setzt er sie auf dem Meer aus und überläßt es damit den Göttern, die Angelegenheit zu regeln. Die im Meer treibende Truhe strandet auf einer kleinen, nicht sehr reichen Insel, Seriphos, und wird von Diktys, einem Fischer, aber einem Fischer königlicher Abstammung, gefunden. Diktys' Bruder Polydektes herrscht über Seriphos. Als Diktys die Truhe öffnet, sieht er Danaë und ihr Kind. Auch er ist von Danaës Schönheit verzaubert. Er bringt die junge Frau und ihren Sohn zu sich und nimmt sie bei sich auf, als gehörten sie zu seiner eigenen Familie. Der kleine Perseus wächst so unter Diktys' Schutz heran. Danaës Schönheit betört alle. Auch Polydektes, der König, ist bis über beide Ohren in sie verliebt. Er möchte sie unbedingt heiraten oder zumindest erobern. Keine einfache Sache, denn Perseus ist mittlerweile ein junger Mann und paßt auf seine Mutter auf. Auch Diktys beschützt sie. Polydektes fragt sich, wie er vorgehen kann. Er gibt ein großes Festessen, zu dem er die Jugend der gesamten Umgebung einlädt und auf dem jeder mit einem Geschenk oder einem Beitrag zum Festmahl erscheint.

Die Jagd nach den Gorgonen

König Polydektes nimmt an der Tafel, an der sich die Jugend von Seriphos komplett versammelt hat, den Ehrenplatz ein. Perseus ist selbstverständlich auch dabei. Polydektes gibt vor, das Festessen aus Anlaß seiner geplanten Hochzeit mit Hippodameia zu veranstalten. Um Hippodameia heiraten zu können, muß er der Familie des jungen Mädchens mit luxuriösen, teuren Geschenken aufwarten. Da Hippodameia eine aufs Reiten versessene junge Frau ist, deren Herz sich erweichen läßt, wenn man ihr einen ganzen Stall voller Pferde bringt, fordert der König die jungen Leute auf, vor allem Pferde als Brautgeschenk zu überreichen. Im Laufe des Festmahls übertreffen sich alle an Großzügigkeit und Freigebigkeit. Perseus aber kommt mit leeren Händen, er besitzt keine Pferde. Wie stellt er sich nun an, um seine Altersgenossen und den König zu beeindrucken? Er erklärt, daß er zwar kein Roß bringen könne, erbietet sich aber, irgend etwas anderes zu beschaffen, alles, was der König sich nur wünsche. Er sagt das so dahin, ohne sich groß etwas dabei zu denken. Da sagt ihm der König: »Gut, dann bring' mir das Haupt der Gorgone.« Nun gibt es keine Möglichkeit der Umkehr mehr. Würde er sein Angebot zurücknehmen, verlöre er das Gesicht. Sein Versprechen nicht zu halten oder gar einzugestehen, daß es Angeberei war, kommt nicht in Frage. So ist Perseus gezwungen, das Haupt der Gorgone zu bringen, eine schier unmögliche Aufgabe. Doch vergessen wir nicht, daß er der Sohn des Zeus ist. Er kann auf die Sympathie und Unterstützung einiger Gottheiten zählen, so besonders auf die von Athena und Hermes, die kluge, feinsinnige, gewiefte Götter sind und darüber wachen werden, daß er sein Versprechen hält. Und so stehen Athena und Hermes dem jungen Mann bei der von ihm zu vollbringenden Heldentat bei. Sie stellen ihm die Lage dar: um sich zu den Gorgonen zu begeben, muß er zunächst herausfinden, wo sie sich befinden, denn niemand weiß, wo sie sich verstecken.

Es sind schreckliche Ungeheuer, drei Schwestern, drei monströse, todbringende Wesen. Zwei von ihnen sind unsterblich, eine, mit Namen Medusa, ist sterblich. Das Haupt dieser Medusa ist es, das Perseus mitbringen soll.

Es geht also darum, die Gorgonen zu finden, unter ihnen Medusa zu erkennen und ihr den Kopf abzuschlagen. Keine Lappalie. Um ihren Aufenthaltsort herauszufinden, muß Perseus mit der Hilfe seiner beiden göttlichen Beschützer eine Reihe von Etappen zurücklegen, eine Reihe von Prüfungen bestehen. Die erste Prüfung besteht darin, die Graien, die drei Schwestern der Gorgonen, ausfindig zu machen und sich ihnen zu nähern. Die Graien sind wie die Gorgonen die Töchter zweier besonders gefährlicher, walgroßer Meeresungeheuer, Phorkys und Keto. Sie bewohnen ein Land, das nicht so weit weg liegt wie das ihrer Schwestern. Die

Gorgonen leben auf der anderen Seite des Ozeans, jenseits der Grenzen der Welt, vor den Toren der Nacht, während die Graien auf dieser Seite der Welt sind. Wie die Gorgonen sind die Graien, die *Graiai*, drei Schwestern, junge Mädchen, die schon bei ihrer Geburt alt waren. Sie sind alte Jungfern, junge Greisinnen. Ihre Haut ist gelb und ganz faltig, wie die Haut, die sich an der Oberfläche von stehengelassener Milch bildet, die sogenannte *graus*. Anstatt weißer, glatter Haut bedeckt die welke, faltige Haut alter Frauen den Körper dieser göttlichen Mädchen. Sie haben ein weiteres Merkmal: sie stehen sich um so näher und sind zueinander um so solidarischer, als sie zusammen nur über ein einziges Auge und einen einzigen Zahn verfügen, ganz so, als handelte es sich um ein und dasselbe Wesen.

Ein einziges Auge, ein einziger Zahn: man könnte meinen, daß sie damit wirklich benachteiligt sind, doch das stimmt nicht ganz. Denn sie reichen ihr einziges Auge ohne Unterbrechung einander weiter, so daß es stets geöffnet auf der Lauer liegt. Sie haben nur einen Zahn, aber mit diesem Zahn, der ebenfalls reihum gereicht wird, sind diese jungen Greisinnen nicht so zahnlos, als daß sie nicht alle möglichen Personen, mit Perseus angefangen, verschlingen könnten.

Und wie in dem Spiel »Ringlein, Ringlein, du mußt wandern«, das ich in meiner Kindheit spielte, geht es für Perseus darum, das einzige, dafür unfehlbar wachsame Auge der jungen Greisinnen an Schnelligkeit zu übertreffen. Er muß das Loch in der zeitlichen Kontinuität abwarten, den Moment, in dem sie das Auge einander weiterreichen, in dem es keiner der dreien mehr gehört. In dieser kurzen Zeitspanne zwischen dem Augenblick, wo die eine es bereits herausgenommen und die andere es sich noch nicht eingesetzt hat, muß sich Perseus blitzschnell dazwischenschieben und das Auge stehlen. In dem Spiel »Ringlein, Ringlein, du mußt wandern« halten die im Kreis sitzenden Spieler einen Bindfaden in der Hand, auf den ein Ring gefädelt ist. Sie verstecken den Ring mit den Händen und reichen ihn sich zunächst von einer Hand in die andere und dann zur Hand des Nachbarn weiter. Der Spieler, der in der Mitte des Kreises steht, muß erraten, wo sich der Ring befindet. Errät er es, hat er gewonnen; schlägt er auf eine Hand, die nichts enthält, hat er verloren und wird bestraft.

Perseus täuscht sich nicht und packt in dem Augenblick zu, wo das Auge greifbar ist. Auch den Zahn bringt er in seine Gewalt. Die Graien schreien vor Wut und Schmerz. Ohne Auge und ohne Zahn ist ihr Zustand wirklich mitleidserregend. Sie flehen Perseus an, ihnen ihr Auge und ihren Zahn zurückzugeben, für die sie alles zu geben bereit sind. Doch Perseus will lediglich, daß sie ihm den Ort nennen, an dem die jungen Nymphen, die *Nymphai*, wohnen und daß sie ihm den Weg zeigen, der zu ihnen führt.

Das Wort *nymphé* bezeichnet den Moment, in dem ein Mädchen heiratsfähig wird, wo es der Kindheit bereits entwachsen, aber noch keine richtige Frau ist. Von den Nymphen gibt es ebenfalls drei. Anders als die Graien, die mit ihrem einzigen Auge jeden ausfindig machen und mit ihrem einzigen Zahn verschlingen, sind die Nymphai entgegenkommend und liebenswürdig. Worum Perseus auch bittet, sie geben es ihm sofort. Sie nennen ihm die Stelle, an der sich die Gorgonen verstecken, und reichen ihm wunderbare Gaben, mit deren Hilfe er das Unmögliche möglich machen wird, nämlich dem Auge der Medusa die Stirn zu bieten und die einzig Sterbliche der drei Gorgonen zu töten. Die Nymphen schenken ihm die Schnelligkeit, symbolisiert durch Flügelschuhe, die denen des Hermes gleichen und es ihrem Träger ermöglichen, auf Erden nicht mehr einfach nur einen Fuß vor den anderen zu setzen, sondern wie Zeus' Adler den Raum von Süden nach Norden blitzartig und mühelos zu durchqueren.

Ferner schenken sie ihm eine Tarnkappe aus Hundeleder, auch Hadeshelm genannt, weil er die Häupter der Toten bedeckt. Mit dem Hadeshelm auf dem Kopf werden die Toten gesichtslos und unsichtbar. Diese Kappe kennzeichnet eigentlich die Toten, erlaubt aber einem Lebenden, so er darüber verfügt, sich wie ein

Geist unsichtbar zu machen. Er kann sehen, ohne gesehen zu werden.

Zu Schnelligkeit und Unsichtbarkeit kommt ein drittes Geschenk, die *kybissis*, eine Art Mantelsack, in den die Jäger das von ihnen erlegte Wild legen. Der Mantelsack wird Perseus dazu dienen, das Haupt der Medusa zu verstauen und ihre Augen zu verstecken, als ob sich die Augenlider über den todbringenden Augen der Gorgone geschlossen hätten. Zu dem kommt noch ein persönliches Geschenk des Hermes, die *harpe*, die Sichel, die jedes auch noch so feste Hindernis durchtrennt, auf das sie trifft. Uranos war von Kronos mit dieser *harpe* verstümmelt worden.

So ist Perseus von Kopf bis Fuß gewappnet: an den Füßen trägt er die Flügelschuhe, auf dem Kopf die unsichtbar machende Tarnkappe, auf dem Rücken die *kybissis* und in der Hand die Sichel. Und schon ist er auf dem Weg zu den drei Gorgonen.

Die Gorgonen sind schauderhafte Wesen, von Natur aus mit widersprüchlichen Zügen ausgestattet. Ihre Gräßlichkeit besteht darin, daß sie in sich Merkmale vereinen, die miteinander unvereinbar sind. So sind zwei der Schwestern unsterblich und eine sterblich. Sie sind zwar Frauen, aber auf ihren Häuptern wimmelt es von greulichen Schlangen, die mit wilden Blicken um sich werfen; aus ihren Schultern wachsen gewaltige goldene Flügel, die es ihnen ermöglichen, wie Vögel zu fliegen. Ihre Hände sind aus Bronze. Über das Aussehen ihres wahrlich außergewöhnlichen Kopfes wissen wir ein wenig mehr. Er ist weiblich und männlich zugleich, und selbst wenn mitunter von der schönen Medusa oder den schönen Gorgonen die Rede ist, furchtbar. Auf den Bildern, die sie darstellen, tragen sie einen Bart. Doch mit ihrem Tiergebiß, ihren zwei langen Wildschweinhauern, die aus dem Maul ragen, das sich zu einer Grimasse öffnet, und mit ihrer heraushängenden Zunge haben sie trotz ihrer Bärte kein wirkliches Antlitz von Menschen. Aus dem verformten Mund dringt so etwas wie ein Entsetzensschrei, der klingt, als hätte man auf Bronze geschlagen. Er läßt einen vor Grauen erstarren.

Da wären vor allem ihre Augen. Sie verwandeln jeden, der ihrem Blick begegnet, augenblicklich in Stein. Alles, was für Lebendiges steht, Beweglichkeit, Flexibilität, Geschmeidigkeit, Wärme, die Sanftheit des Körpers, wird zu Stein. Es ist nicht nur der Tod, dem man die Stirn bietet, sondern die Verwandlung, die einen von der Welt des Menschen in die Welt der Gesteine wechseln läßt und damit in das, was der menschlichen Natur am gegensätzlichsten ist. Ihren Augen kann man nicht entrinnen. Die Schwierigkeit wird für Perseus folglich darin bestehen, jene der drei Gorgonen ausfindig zu machen, deren Kopf er abschlagen kann, ohne daß sein Blick dem der drei Gorgonen ein einziges Mal begegnet. Noch schwieriger wird es, wenn er der Medusa das Haupt abschlägt. Er darf ihr dabei nie Auge in Auge gegenüberstehen, nie in ihr Blickfeld geraten. In Perseus' Angelegenheit spielt der Blick eine wesentliche Rolle. Bei den Graien ging es lediglich darum, das Auge der Ungeheuer an Schnelligkeit zu übertreffen. Schaut man dagegen eine Gorgone an, begegnet man dem Blick der Medusa, spielt die Geschwindigkeit keine Rolle. Das, was sich in den Augen des Monsters widerspiegelt, verwandelt sich in Stein, in ein Antlitz des Hades, in eine blinde und ausdruckslose Figur des Todes.

Perseus hätte seine Aufgabe nie vollbracht, hätte Athena ihn nicht mit Ratschlägen überschüttet und ihm tatkräftig zur Seite gestanden. So sagt sie ihm, daß er sich ihnen von oben nähern und den Moment abwarten soll, in dem sich die beiden unsterblichen Gorgonen ausruhen und ihr Auge geschlossen ist. Damit Medusas Blick im Moment der Enthauptung nicht auf ihn fällt, soll er in dem Augenblick, in dem er mit der *harpe* ausholt, den Kopf abwenden. Aber wie kann er ihr den Kopf abschlagen, wenn er gleichzeitig dabei wegschaut? Schaut er nicht hin, kann er nicht wissen, wo sie ist, und läuft Gefahr, der Medusa einen Arm oder irgendein anderes Körperteil abzutrennen. Wie schon bei den Graien muß der Schlag sitzen, muß der Blick präzis, genau und unfehlbar sein. Gleichzeitig darf er das Versteinerung bringende Auge nicht sehen, das sich auf der anvisierten Zielscheibe befindet.

Wir befinden uns mitten in einem Paradox. Athena löst das Problem, indem sie der Gorgone ihren schönen polierten Schild so gegenüberstellt, daß Perseus, ohne dem Blick der Medusa zu begegnen, ihr Spiegelbild auf dem Schild klar genug erkennt, um seinen Schlag richtig anzusetzen. Er schlägt ihr den Kopf ab, als hätte er sie selbst gesehen, packt ihn, steckt ihn in die *kybissis*, verschnürt sie und läuft davon.

Die beiden anderen Gorgonen, vom Schrei der Medusa geweckt, nehmen mit den für sie charakteristischen spitzen, fürchterlichen Schreien die Verfolgung von Perseus auf. Wie sie ist er in der Lage, sich durch die Lüfte zu schwingen. Anders als sie hat er jedoch den Vorteil, daß er sich unsichtbar machen kann. Trotz ihres Versuches, ihn einzuholen, entwischt er ihnen. Die Gorgonen sind fuchsteufelswild.

Die schöne Andromeda

Perseus erreicht in Äthiopien die östlichen Ufer des Mittelmeers. Auf seinem Flug durch die Lüfte erblickt er eine außergewöhnlich schöne junge Frau, die an einen Felsen gekettet ist und deren Füße das Wasser umspülen. Ihr Anblick berührt ihn. Der Name dieser jungen Frau ist Andromeda. Ihr Vater Kepheus, dessen Königreich von schweren Plagen heimgesucht wurde, brachte sie in diese traurige Lage. Man hatte den König und sein Volk wissen lassen, daß das einzige Mittel, das Unglück zu stoppen, darin bestünde, Andromeda einem Meeresungeheuer auszuliefern, das mit dem Strom in Verbindung steht, von dem das Land überschwemmt werden kann. Andromeda muß dem Meer ausgesetzt werden, damit das Ungeheuer sie holen kommen und nach Belieben mit ihr verfahren kann: es kann sie verschlingen oder sich mit ihr vereinen.

Die Klagen der Unglücklichen steigen bis zu Perseus hinauf, der in den Lüften kreist. Er hört sie, er sieht sie. Andromedas Schönheit verzaubert ihn. Er begibt sich zu Kepheus, der ihm erklärt, was vorgefallen ist. Perseus verspricht, seine Tochter zu erlösen, wenn er sie ihm zur Frau gibt. Der Vater denkt, daß das dem jungen Mann sowieso nicht gelingen wird, und willigt ein. Perseus kehrt dorthin zurück, wo Andromeda von Wellen umbrandet an einen kleinen Felsen gekettet ist. Mit offenem Maul und peitschendem Schwanz schwimmt das gewaltige und furchteinflößende Ungeheuer bedrohlich auf die schöne Andromeda zu. Es scheint unbezwingbar. Was tun? In der Luft schwebend fliegt Perseus so zwischen Sonne und Meer, daß sein Schatten unmittelbar vor den Augen des Ungeheuers aufs Wasser fällt. Der Schatten auf dem sich reflektierenden Wasser hat die gleiche Funktion wie Medusas Spiegelbild auf dem Schild der Athena. Perseus hat die Lektion nicht vergessen, die ihm die Göttin erteilt hat. Als das Ungeheuer den beweglichen Schatten vor ihm sieht, vermutet es in ihm eine Gefahr und greift ihn an. Da stürzt Perseus vom Himmel herab und tötet ihn mit Hermes' Schwert.

Nachdem er das Ungeheuer getötet hat, befreit er Andromeda und bringt sie ans Ufer. Andromeda ist in heller Aufregung, aufgewühlt versucht sie zwischen den Felsen, sich zu sammeln und wieder Hoffnung zu schöpfen. Um sie trösten und um sich ungehinderter bewegen zu können, legt er das Haupt der Medusa so auf den Sand, daß ihre Augen ein wenig aus dem Mantelsack hervorschauen können. Medusas Blick trifft den Meeresgrund; die dort schwimmenden geschmeidigen, beweglichen, lebendigen Algen werden fest, versteinern, verwandeln sich in blutrote Korallen. Das ist der Grund, weshalb es im Meer versteinerte Algen gibt: Medusas Blick hat sie inmitten der Wellen in Stein verwandelt.

Perseus hebt den fest verschnürten Mantelsack wieder auf und begibt sich mit Andromeda nach Seriphos, wo seine Mutter und Diktys ihn bereits erwarten. Beide haben in einem Heiligtum vor Polydektes Zuflucht gesucht. Da beschließt Perseus, sich an dem ruchlosen König zu rächen. Er teilt ihm mit, daß er von der Reise zurück sei, daß er das versprochene Geschenk dabei habe und es ihm auf einem großen Festessen überreichen werde. Die gesamte Jugend Seriphos' ist in dem großen Saal versammelt und tafelt. Das Fest ist in vollem Gange, als Perseus eintrifft. Er öffnet die Tür und tritt ein. Man begrüßt ihn. Polydektes fragt sich, was jetzt vor sich gehen wird.

Im Unterschied zu den anderen Gästen, die sitzen oder liegen, bleibt Perseus stehen. Er holt das Haupt der Medusa aus seinem Mantelsack hervor, schaut zur anderen Seite, zur Tür hin, und schwenkt es mit ausgestrecktem Arm umher. Die Tafelnden erstarren an Ort und Stelle, in der Stellung, die sie gerade eingenommen hatten. Die einen waren dabei zu trinken, die anderen dabei zu sprechen, den einen steht der Mund offen, die anderen haben ihre Augen auf den eintreffenden Perseus gerichtet. Polydektes' Haltung drückt Verblüffung aus. Alle Teilnehmer des Festmahls werden auf diese Weise zu einem Gemälde, einer Skulptur. Sie werden zu stummen und blinden Bildern, zum Abglanz dessen, was sie als Lebende waren. Perseus legt das Haupt mit dem Versteinerung bringenden Auge in den Sack zurück. Für ihn hat sich die Geschichte der Medusa gewissermaßen erledigt.

Nur Akrisios, der Großvater, bleibt noch übrig. Perseus weiß, daß Akrisios ihm nur deswegen etwas angetan hatte, weil er dachte, von seinem Enkelkind getötet zu werden. Perseus kommt auf den Gedanken, sich mit seinem Ahnen gütlich zu einigen, und begibt sich mit Andromeda, Danaë und Diktys nach Argos. Akrisios, der darüber informiert wurde, daß der kleine Perseus herangewachsen ist, daß er Heldentaten vollbracht hat und auf dem Weg nach Argos ist, stirbt bald vor Angst und begibt sich in eine Stadt der Umgebung, in der gerade Wettkämpfe veranstaltet werden.

Als Perseus in Argos eintrifft, teilt man ihm mit, daß Argos die Stadt verlassen habe, um sich an den Wettkämpfen zu beteiligen. So gibt es einen Wettbewerb im Diskuswerfen, zu dem man den schönen, gutgebauten Perseus, der in der Blüte seiner Jugend steht, einlädt. Perseus nimmt den Diskus auf und schleudert ihn von sich. Er landet zufällig auf Akrisios' Fuß, wo er eine Verletzung verursacht, die Akrisios' Tod nach sich zieht. Nach dem Tod des Königs zögert Perseus, den ihm zustehenden Thron von Argos zu besteigen. Die Nachfolge eines Königs anzutreten, dessen Tod er verursacht hat, scheint ihm unangebracht. Darum schlägt er Proitos, dem noch immer über Tiryns herrschenden Bruder des verstorbenen Königs vor, den Thron von Argos zu besteigen. Perseus nimmt dafür seinen Platz in Tiryns ein. Durch diesen Tausch söhnt er zugleich die Familien aus.

Zuvor gibt er ihren rechtmäßigen Besitzern jedoch die Instrumente zurück, die ihm seinen Sieg über die Medusa ermöglicht hatten. Hermes erhält neben der *harpé* die Flügelschuhe zurück und die Nymphen den Mantelsack und die Tarnkappe. Das abgetrennte Haupt des Ungeheuers macht er Athena zum Geschenk, die es zum zentralen Stück ihrer Ausrüstung macht. Auf dem Schlachtfeld läßt das *Gorgoneion* der Göttin den vor Entsetzen gelähmten Feind erstarren und befördert ihn, der zum Geist, zur gespenstischen Kopie, zum *eidolon* geworden ist, in das Schattenreich des Hades.

Der Held, dessen Großtaten ihn so lange zu einem »Meister des Todes« gemacht hatten, ist nun wieder zu einem einfachen Sterblichen geworden, der wie alle andern auch eines Tages aus dem Leben scheiden wird. Um den jungen Mann aber zu ehren, der es wagte, der Gorgone die Stirn zu bieten, bringt Zeus Perseus zum Himmel und fixiert ihn in der Form von Sternen in einer Konstellation, die seinen Namen trägt und in der sich seine Gestalt für jedermann sichtbar auf dem dunklen, nächtlichen Himmelsgewölbe für immer in leuchtenden Punkten abzeichnet.

Glossar

Achilleus Sohn der Thetis und des Peleus. Der wichtigste Held des Trojanischen Krieges. Er zieht einem langen, friedlichen, aber unbedeutenden Leben den unvergänglichen Ruhm eines Todes in der Blüte seiner Jugend vor.

Aeneas Sohn des Anchises und der Aphrodite. Kämpft an der Seite der Trojaner. Beim Fall der Stadt gelingt es ihm, mit seinem Vater auf dem Rücken nach Süditalien zu fliehen.

Aigipan Half Hermes, Typhon die Sehnen des Zeus abzunehmen.

Aigisthos Sohn des Thyestes, des Feindes der Atriden. Verführt Klytaimnestra und tötet mit ihrer Unterstützung Agamemnon bei seiner Rückkehr aus Troja.

Aiolos Herrscher über die Winde. Gewährt Odysseus Gastfreundschaft und schenkt ihm einen mit allen Winden gefüllten Schlauch, der es ihm ermöglichen soll, auf direktem Weg nach Ithaka zu segeln.

Akrisios Vater der Danaë, König von Argos. Er wird von seinem Enkel Perseus erschlagen, als dieser nach seinem Sieg über die Medusa auf dem Heimweg ist.

Adrastos König von Argos, Schwiegervater des Polyneikes, einer der Söhne des Ödipus, der von seinem Bruder aus Theben vertrieben wird. Er führt den sogenannten Feldzug der Sieben gegen Theben an.

Agamemnon König von Argos. Steht während des Trojanischen Krieges an der Spitze der Griechen. Wird bei seiner Rückkehr von seiner Frau Klytaimnestra getötet.

Agauë	Tochter des Kadmos, Mutter des Pentheus.
Agenor	König von Tyros oder Sidon. Vater der Europa.
Aglaia	Eine der Grazien.
Aither	Oder Äther. Sohn der Nacht. Personifiziert das reine und beständige Himmelslicht.
Alexandros	Zweiter Name des Paris, Sohn des Priamos und Verführer der Helena.
Alkinoos	König der Phäaken, Gemahl der Arete, Vater der Nausikaa. Gewährt Odysseus Gastfreundschaft und läßt ihn auf einem seiner Schiffe zurück nach Ithaka bringen.
Amphiaraos	Seher in Argos. Gemahl der Eriphyle. Sprach sich gegen den Feldzug der Sieben gegen Theben aus, wo er den Tod fand.
Amphion	Sohn des Zeus und der Antiope. Bruder des Zethos. Tötet Lykos, der sich auf dem Thron von Theben niedergelassen hatte, und nimmt mit seinem Bruder dessen Platz ein.
Amphitrite	Nereïde, Gemahlin des Poseidon.
Anchises	Troer. Vereinigt sich auf dem Berg Ida mit Aphrodite. Vater des Aeneas.
Andromeda	Tochter des Kepheus, des Königs der Äthioper, der sie, um den Zorn des Poseidon zu beschwichtigen, einem Meeresungeheuer opfert und an einen Felsen ketten läßt. Perseus rettet sie.
Antigone	Tochter des Ödipus. Begleitet ihren blinden Vater ins Exil.
Antinoos	Einer von Penelopes Freiern.
Aphrodite	Göttin der Liebe, der Verführung und der Schönheit, dem Schaum des Meeres und dem Sperma des entmannten Uranos entsprungen. Sie erhält von Paris den Preis, der sie zur schönsten Göttin kürt.
Ares	Gott des Krieges, des mörderischen Gemenges.

Arges	Einer der drei Kyklopen, Sohn des Uranos und der Gaia.
Argos	Diesen Namen gab man Odysseus' Hund, vielleicht in Erinnerung an den Helden Argos. Nichts entging seinem Blick, er hatte auf alles ein Auge.
Artemis	Tochter des Zeus und der Leto, Schwester des Apollon. Göttin der Jagd, die mit den Olympiern gegen die Titanen kämpft.
Athamas	Böotischer König. Vermählt sich in zweiter Ehe mit Ino, der Tochter des Kadmos.
Athena	Tochter des Zeus und der Metis. Bei ihrer Geburt entsteigt sie Zeus' Schädel in voller Rüstung. Göttin des Krieges und der Weisheit. Stand beim Urteil des Paris im Wettstreit mit Hera und Aphrodite.
Atlas	Sohn des Iapetos, Bruder des Prometheus. Zeus verdammte ihn dazu, das Himmelsgewölbe auf seinem Rücken zu tragen.
Autolykos	Sohn des Hermes. Ein berühmter Lügner und Dieb. Großvater des Odysseus.
Autonoë	Eine der Töchter des Kadmos. Gemahlin des Aristaios, Mutter des Aktaion, der von ihren Hunden zerrissen wird.
Balios	Eins der beiden Pferde des Achilleus. Unsterblich und mit der Gabe zu sprechen.
Bellerophon	Korinthischer Held, der mit Hilfe des Pferdes Pegasus die Chimäre besiegte.
Bia	Sohn der Styx. Verkörpert die rohe Gewalt, über die der Herrscher verfügt.
Boreas	Nordwind.
Briareos	Einer der drei Hundertarmigen, Brüder der Kyklopen und der Titanen, Kinder des Uranos und der Gaia.

Brontes	Einer der drei Kyklopen, Sohn des Uranos und der Gaia.
Chaos	Oder gähnende Leere. Urelement, aus dem die Welt entstand.
Charybdis	Meeresungeheuer, das alle vorüberfahrenden Schiffe in seinen Strudel riß.
Chimäre	Eine Mischung aus Ziege, Löwe und Schlange. Speit Feuer. Ihre Eltern waren Typhon und Echidna.
Chiron	Sehr weiser und wohltätiger Kentaure, der auf dem Pelion lebte. Erzieher der Heroen, insbesondere des Achilleus.
Chrysippos	Sohn des Pelops, des Königs von Korinth. Umworben von Laios, einem Gast seines Vaters. Er nimmt sich das Leben, nachdem Laios ihn gewaltsam entführte.
Chthonios	Einer der fünf Sparten. Überlebte die Schlacht, die sich die Gesäten lieferten, nachdem sie dem Boden von Theben entsprungen waren.
Danaë	Tochter des Akrisios, gebar dem Zeus Perseus, nachdem er sich insgeheim mit ihr in der Kammer vereint hatte, in die ihr Vater sie eingeschlossen hatte.
Deïphobos	Sohn des Priamos und der Hekabe. Bruder des Hektor. Spielt bei den Verhandlungen zwischen Griechen und Troern eine bedeutende Rolle. Wird bei der Einnahme der Stadt von Menelaos getötet.
Diktys	Bruder des Königs von Seriphos, Polydektes. Nimmt Danaë und Perseus, verfolgt von ihrem Vater und Großvater Akrisios, bei sich auf und beschützt sie.
Dionysos	Sohn des Zeus und der Semele. Kehrt an seinen

	Geburtsort Theben zurück, um seinen Kult dort anerkennen zu lassen.
Dioskuren	Kastor und Pollux, die Zwillingssöhne des Zeus und der Leda, Gemahlin des Tyndareos. Sie sind die Brüder von Helena und Klytaimnestra.
Echidna	Schlangenhaftes Ungeheuer. Halb Frau, halb Schlange. Dem Typhon gebar sie eine ganze Reihe von Ungeheuern.
Echion	Einer der fünf Sparten, Gemahl der Agauë, Vater des Pentheus.
Eos	Aurora, die Morgenröte. Zeus gestand der in Tithonos verliebten Göttin zu, daß Tithonos nie sterben würde.
Epimetheus	Als Bruder des Prometheus ist er dessen Gegenstück. Anstatt etwas im voraus zu erkennen, bedenkt er zu spät und versteht erst danach. Nimmt Pandora als Gemahlin zu sich.
Erebos	Sohn des Chaos. Verkörpert die Finsternis.
Erinnyen	Weibliche Rachegeister, die den zu Boden gefallenen Blutstropfen des Uranos entsprangen.
Eriphyle	Gemahlin des Amphiaraos. Polyneikes bestach sie mit dem Halsband der Harmonia, damit sie sich zugunsten des Krieges gegen das von Eteokles regierte Theben aussprächе.
Eros	Gott der Liebe. 1. Der alte Eros: Urgottheit am Anfang der Welt. 2. Eros, Sohn der Aphrodite: bestimmt über die geschlechtliche Annäherung, die geschlechtliche Vereinigung.
Eteokles	Sohn des Ödipus. Rivale seines Bruders Polyneikes. Nach der Abfahrt ihres Vaters weigert er sich, mit ihm die Königsherrschaft von Theben zu teilen.
Eumaios	Odysseus' treuer Schweinehirt.

Europa	Tochter des Agenor, König von Tyros oder Sidon. Wird von dem in einen Stier verwandelten Zeus entführt und nach Kreta gebracht.
Eurykleia	Odysseus' Amme. Erkennt ihn beim Füßewaschen als eine der ersten an der Narbe wieder, die er am Bein trägt.
Eurylochos	Gefährte und Schwager Odysseus'. Seine Initiativen und Ratschläge waren nicht unbedingt die besten.
Gaia	Name, welcher der Erde als Gottheit gegeben wird.
Giganten	Entsprangen den zu Boden gefallenen Blutstropfen des Uranos. Sie verkörpern die Kämpfe und den Krieg.
Gorgonen	Drei Ungeheuer, die mit ihren Blicken töten können. Nur eine ist sterblich: Medusa. Ihr schlägt Perseus den Kopf ab.
Graien	Drei alte Schwestern. Sie haben zusammen nur einen Zahn und ein Auge, das sie sich teilen.
Gyes	Einer der drei Hundertarmigen.
Hades	Wie alle Olympier Sohn des Kronos und der Rhea. Totengott. Herrscht über die finstere Unterwelt.
Harmonia	Tochter des Ares und der Aphrodite. Gemahlin des Kadmos.
Harpyien	Ungeheuer mit dem Körper eines Vogels und dem Kopf einer Frau. Greifen die Sterblichen an, die sie entführen und spurlos verschwinden lassen.
Hekabe	Gemahlin des Priamos, des Königs von Troja. Mutter des Hektor.
Hekate	Tochter der Titanen, als Mondgöttin wurde sie von Zeus besonders geachtet.
Hekatoncheiren	Oder Hundertarmige. Drei der Kinder von Gaia und Uranos: Kottos, Briareos, Gyes. Riesen mit

fünfzig Köpfen und hundert Armen von unbezwingbarer Kraft.

Helios Der Sonnengott.

Helena Tochter des Zeus und der Leda, Gattin des Menelaos, eine Frau von außerordentlicher Schönheit. Löste den Trojanischen Krieg aus, als sie von Paris nach Troja gebracht wurde.

Hemera Tochter der Nacht. Verkörpert das Tageslicht.

Hephaistos Sohn des Zeus und der Hera. Schutzgott der Schmiedearbeit.

Hera Gemahlin des Zeus.

Herakles Der Held der zwölf Werke. Seine sterblichen Eltern sind Amphitryon und Alkmene aus der Nachkommenschaft des Perseus. Sein wirklicher Vater ist Zeus.

Hermes Sohn des Zeus und der Nymphe Maia. Der junge Gott ist Bote und beschützt die Reisenden und Kaufleute, alles, was Bewegung, Kontakt und Transaktion bedeutet. Er verbindet die Erde mit dem Himmel, die Lebenden mit den Toten.

Hesiod Böotischer Dichter, Verfasser der *Theogonie* und der *Werke und Tage*.

Hestia Göttin des Herdes und der Häuslichkeit. Sie war das letzte Kind, das Kronos verschluckte, und das erste, das erschien, als er gezwungen war, seine Kinder auszuspeien.

Himeros Verkörperung des geschlechtlichen Verlangens.

Hippodameia Tochter des Oinomaos, König von Elis. Ihr Vater verlangte von den Freiern, in einem Wagenrennen besiegt zu werden. Der Freier mußte versuchen, die Braut in einem Wagen zu entführen, den der Vater dann verfolgte.

Homer Verfasser der *Ilias* und der *Odyssee*.

Horai, Horen Oder Stunden. Drei Töchter des Zeus und der Themis, Schwestern der Moiren. Sie sind die Gottheiten der Jahreszeiten, deren regelmäßigen Lauf sie lenken.

Hyperenor Einer der fünf Sparten.

Hypnos Die Verkörperung des Schlafes. Sohn der Nacht und des Erebos, Bruder des Thanatos, des Todes.

Iapetos Einer der Titanen. Vater des Prometheus.

Idas Bruder des Lynkeus, Vetter der Dioskuren, die Idas und Lynkeus bekämpfen. Während der Auseinandersetzung tötet Idas Kastor und verletzt Pollux. Seinem Sohn zu Hilfe eilend, zerschmettert Zeus ihn mit seinem Blitzstrahl.

Idomeneus Anführer des kretischen Truppenkontingents im Trojanischen Krieg. Zählt zu den Bewerbern um Helenas Hand.

Ino Tochter des Kadmos und der Harmonia, Tante des Dionysos. Vermählt sich mit Athamas und überzeugt ihn, den kleinen Dionysos aufzunehmen. Die eifersüchtige Hera treibt sie in den Wahnsinn. Ino wirft sich ins Wasser und wird zur Nereïde Leukothea.

Iokaste Gemahlin des Laios und Mutter des Ödipus, mit dem sie sich vereinigt, ohne zu wissen, daß es sich um ihren Sohn handelt.

Iros Angestammter Bettler an der Tafel des königlichen Palastes von Ithaka. Wird von Odysseus bestraft, als er ihm den Zutritt zum Palast verwehrt.

Ismaros Stadt in Thrakien, im Land der Kikonen. Odysseus bringt sie auf dem Rückweg von Troja in seine Gewalt, bevor er von Bauern der Umgebung vertrieben wird.

Ismene Tochter des Ödipus, Schwester der Antigone.

Kadmos	Sohn des Agenor, König von Sidon. Von seiner Mutter Thelephassa begleitet, begibt er sich auf die Suche nach seiner Schwester Europa. Gemahl der Harmonia. Gründer und erster König Thebens.
Kalydon	Gegend in Aitolien, im Norden des Golfs von Korinth.
Kastor	Einer der Dioskuren, Sohn des Tyndareas und der Leda. Anders als sein Bruder Pollux ist er sterblich. Er war ein großer Reiter und Experte in Fragen der Kriegs- und Reitkunst.
Kentauren	Ungeheuer mit Menschenkopf und -brust und dem Körper eines Pferdes. Leben in der Wildnis, in den Wäldern und Bergen, können jedoch auch die Erziehung der Jungen übernehmen.
Kepheus	König der Äthioper. Vater der Andromeda.
Kerberos	Hund des Hades. Wacht über die Pforten des Totenreiches, damit kein Lebender es betritt und kein Toter es verläßt.
Keren	Töchter der Nacht, Geister des Todes und des Unheils.
Keto	Meeresungeheuer, Tochter des Pontos und der Gaia, Mutter der Graien und der Gorgonen.
Kikonen	Thrakisches Volk, Verbündete der Troer. Odysseus macht auf der Heimfahrt von Troja bei ihnen Halt, plündert ihre Stadt Ismaros, doch von allen Seiten bedrängt, müssen die Griechen wieder in See stechen.
Kilix	Sohn des Agenor, des Königs von Sidon. Bruder des Kadmos. Auch er begibt sich auf die Suche nach seiner Schwester Europa.
Kimmerier	Volk, das in der Nähe des Hades in einer Gegend lebt, in der die Sonne nicht scheint.
Kirke	Zauberin, Tochter des Helios, bewohnt die Insel Aiaia. Verwandelt Odysseus' Gefährten in Schwei-

	ne. Von dem Helden besiegt, vereinigt sie sich mit ihm und lebt lange mit ihm zusammen.
Klytaimnestra	Tochter des Tyndareos und der Leda, Schwester der Helena, Gemahlin des Agamemnon, den sie mit Aigisthos betrog und bei seiner Rückkehr aus Troja ermordete.
Kottos	Einer der drei Hundertarmigen.
Kratos	Sohn der Styx. Verkörpert die Vormachtstellung des Herrschers.
Kreon	Bruder der Iokaste. Nach Laios' Tod und vor Ödipus' Ankunft Regent in Theben.
Kronos	Der jüngste der Titanen, der erste Herrscher der Welt.
Kyklopen	Brontes, Steropes, Arges, die drei Kinder des Uranos und der Gaia. Sie besaßen ein einziges blitzendes Auge mitten auf der Stirn.
Labdakiden	Nachfahren des Labdakos, von Pelops verwünscht.
Labdakos	Enkelsohn des Kadmos und des Sparten Chthonios, dessen Tochter Nykteïs seine Mutter war. Vater des Laios, Großvater des Ödipus.
Laërtes	Vater des Odysseus.
Laios	Sohn des Labdakos, Vater des Ödipus. Herrscht als Gemahl Iokastes über Theben. Wird von seinem Sohn bei einer Begegnung getötet, in der sie miteinander konfrontiert werden, ohne sich zu erkennen.
Laistrygonen	Menschenfressende Riesen.
Leda	Tochter des Thestios, König von Aitolien. Vermählt sich mit Tyndareos. Zeus vereinigt sich in Gestalt eines Schwans mit ihr.
Leukothea	Name, den man Ino nach ihrer Verwandlung in eine wohlgesonnene und rettende Meeresgottheit gab.

Limos	Verkörperung des Hungers.
Lotosesser	Volk, das den *lotos*, die Speise des Vergessens ißt.
Lykurgos	König von Thrakien. Verfolgt den jungen Dionysos, der gezwungen ist, sich ins Meer zu stürzen, um ihm zu entrinnen.
Lykos	Bruder des Nykteus, Sohn des Sparten Chthonios.
Lynkeus	Bruder des Idas. Berühmt für seinen scharfen Blick. Wird von Pollux im Verlaufe der Schlacht getötet, die sein Bruder und er ihren Vettern, den Dioskuren, liefern.
Maron	Priester des Apollon in Ismaros. Wird von Odysseus bei der Zerstörung der Stadt verschont. Er schenkt dem Helden einen wundervollen Wein.
Medea	Tochter des Königs Aiëtes von Kolchis. Enkelin der Sonne, Nichte der Kirke. Zauberin.
Medusa	Von den drei Gorgonen die einzige Sterbliche. Perseus schlägt ihr den Kopf ab.
Mekone	Fruchtbare Ebene in der Nähe Korinths.
Meliai	Eschennymphen. Sie entsprangen den zu Boden gefallenen Blutstropfen des Uranos. Sie symbolisiert Angriffslust.
Menelaos	Bruder des Agamemnon. Gemahl der Helena.
Metis	Erste Gattin des Zeus, Mutter der Athena. Verkörpert die Schlauheit.
Minos	König von Kreta. Richtet in der Unterwelt.
Moirai	Oder Moiren. Es gibt drei von ihnen. Sie wachen über das Schicksal, das Los, das jedem zukommt.
Musen	Göttliche Sängerinnen. Sie sind die neun Töchter des Zeus und der Titanin Mnemosyne (Gedächtnis).
Nausikaa	Tochter des Königs und der Königin von Phäakien. Sie begegnet Odysseus, berät und leitet ihn, damit er von ihren Eltern als Gast aufgenommen

	wird. Sie glaubt, daß er einen vortrefflichen Ehemann abgeben würde.
Nemesis	Göttin der Vergeltung. Tochter der Nacht. Zeus vereinigt sich mit ihr gegen ihren Willen, sie in Gestalt einer Gans, er in Gestalt eines Schwans. Sie legt ein Ei, das Leda als Geschenk erhalten wird.
Nereïden	Die fünfzig Töchter des Meeresgottes Nereus und der Okeanostochter Doris. Sie leben im Palast ihres Vaters am Grund des Wassers, tauchen mitunter aber auch auf den Wellen spielend auf.
Nereus	Sohn der Gaia und des Pontos, der »Alte Mann des Meeres«.
Nestor	Der älteste der griechischen Kämpfer im Trojanischen Krieg. Ein gesprächiger Weiser, der wehmütig, aber gern seine früheren Verdienste erwähnt.
Notos	Heißer, feuchter Südwind.
Nykteïs	Tochter des Sparten Chthonios. Vermählt sich mit Polydoros. Mutter des Labdakos.
Nykteus	Sohn des Sparten Chthonios. Bruder des Lykos.
Nymphen	Töchter des Zeus, mädchenhafte Göttinnen, die Quellen, Flüsse, Wälder und Felder beleben.
Nyx	Die Nacht, Tochter des Chaos.
Odysseus	König von Ithaka.
Ödipus	Sohn des Laios und der Iokaste. Wird nach seiner Geburt ausgesetzt, weil er einem Orakel zufolge seinen Vater töten und mit seiner Mutter schlafen wird. Das wird er unwissentlich tun.
Okeanos	Der Ozean. Einer der Titanen. Kreisförmiger Strom, der die Welt in seinem Lauf einschließt.
Olymp	Bergmassiv, dessen Gipfel den olympischen Göttern als Wohnsitz dient.
Othrys	Gebirge, in das sich die Titanen zurückzogen, um den Olympiern entgegenzutreten.

Pan	Gott der Hirten und der Herden, Sohn des Hermes.
Pandora	Die erste Frau. Die Olympier schenkten sie Epimetheus, der das Geschenk trotz der Warnung seines Bruders Prometheus annimmt.
Paris	Der jüngste Sohn des Priamos und der Hekabe, auch Alexandros genannt. Wird bei seiner Geburt ausgesetzt, später von seinen Eltern wieder anerkannt. Entführt Helena und macht sie zu seiner Gemahlin.
Pegasos	Göttliches Pferd, das Medusas abgeschnittenem Hals entsprang und sich zum Olymp aufschwingt. Trägt Zeus' Blitzstrahl.
Peleus	König von Phthia, vereinigt sich mit Thetis, Vater des Achilleus.
Pelion	Gebirge in Thessalien, wo die Hochzeit von Peleus und Thetis gefeiert wurde und wo der weise Kentaur Chiron Achilleus zum Helden erzog.
Pelops	Sohn des Tantalos, Gemahl der Hippodameia. Vater des Chrysippos, der sich das Leben nimmt, um Laios' Annäherungsversuchen zu entgehen. Pelops stößt einen Fluch gegen die Labdakiden aus.
Peloros	Einer der Sparten.
Penelope	Gemahlin des Odysseus, Mutter des Telemachos. Trotz des arroganten Insistierens der Freier wartet sie treu auf die Rückkehr ihres Gemahls.
Pentheus	Durch seine Mutter Agauë Enkelsohn des Kadmos und Sohn des Echion, einer der Sparten. Widersetzt sich Dionysos bei der Rückkehr des Gottes nach Theben.
Periboia	Gemahlin des König Polybos von Korinth. Zusammen mit ihrem Mann nimmt sie den von seinen Eltern ausgesetzten Ödipus auf, als wäre es ihr eigener Sohn.

Perseus	Sohn des Zeus und der Danaë. Wird von seinem Großvater Akrisios mit seiner Mutter ausgesetzt, landet an der Küste von Seriphos. Muß dem König dieser Insel später das Haupt der Medusa bringen.
Phäaken	Seefahrervolk. Sie bringen Odysseus am Ende seiner Reise aus der Welt des Jenseits in die Welt der Menschen zurück, indem sie ihn schlafend an einem von Ithakas Stränden absetzen.
Philoitios	Hirte, der damit beauftragt ist, die Rinderherden des Odysseus zu bewachen. Er bleibt seinem Herrn treu.
Phönix	Einer der Söhne des Agenor, der mit seinen Brüdern aufbricht, um die von Zeus entführte Europa zu suchen.
Phorkys	Sohn der Gaia und des Pontos. Aus seiner Vereinigung mit Keto gehen die drei Graien hervor.
Pollux	Einer der Dioskuren, Bruder des Kastor. Ausgezeichneter Boxer. Als Unsterblicher auf die Welt gekommen, beschließt er, seine Unsterblichkeit mit seinem Bruder zu teilen.
Polybos	König von Korinth, vermeintlicher Vater des Ödipus.
Polydektes	König von Seriphos. Verliebt sich in Danaë. Schickt Perseus los, damit er ihm das Haupt der Medusa bringt.
Polydoros	Sohn des Kadmos und der Harmonia. Gemahl der Nykteïs, Tochter des Gesäten Chthonios und Vater des Labdakos.
Polyneikes	Sohn des Ödipus, Bruder des Eteokles. Die Rivalität zwischen den beiden Brüdern führt zur Konfrontation und zum Tod der beiden.
Polyphemos	Kyklop, Sohn des Poseidon. Von Odysseus hinters Licht geführt und geblendet, rächt er sich, indem

er gegen den Helden einen wirksamen Fluch ausstößt.

Pontos — Göttlicher Strom, von Gaia hervorgebracht.

Poseidon — Olympischer Gott, Bruder des Zeus. Erhielt bei der Teilung die Herrschaft über die Meeresströme.

Priamos — König von Troja, Gemahl der Hekabe, Vater des Hektor.

Proitos — Zwillingsbruder und Rivale des Akrisios. Herrscht über Tiryns.

Prometheus — Sohn des Iapetos. Wohltäter der Menschen. Liegt mit Zeus im Streit.

Proteus — Meeresgott. Besitzt die Macht der Verwandlung und die Gabe der Prophetie.

Rhadamanthys — Sohn des Zeus und der Europa. Bruder des Minos, des Herrschers über Kreta. Aufgrund seiner Weisheit erhielt er den Auftrag, im Hades über die Toten zu richten.

Rhea — Titanin, Tochter des Uranos und der Gaia, Schwester und Gemahlin des Kronos.

Satyrn — Halb menschliche, halb tierische Wesen: der Oberkörper glich dem eines Menschen, die untere Hälfte der eines Pferdes oder eines Bocks. Ityphallische Naturgeister. Sie sind Bestandteil von Dionysos' Gefolge.

Semele — Tochter des Kadmos und der Harmonia. Geliebte des Zeus. Wird vom Glanz ihres göttlichen Liebhabers verzehrt, als sie mit Dionysos schwanger ist.

Skylla — Ungeheuer, das den Schiffen auflauert, die an ihren Toren vorbeifahren, und deren Mannschaften sie auffrißt.

Sphinx — Weibliches Ungeheuer. Es hat den Kopf und die Brust einer Frau, den Körper eines Löwen und Flügel. Tötet all jene, die nicht in der Lage sind, das Rätsel zu lösen, für das Ödipus die richtige Antwort findet.

Steropes Einer der drei Kyklopen, Sohn des Uranos und der Gaia.

Styx Älteste Tochter des Okeanos, personifiziert einen todbringenden Fluß der Unterwelt.

Talos Wächter auf Kreta. Hatte einen metallenen Körper.

Tartaros Unterirdische, düstere Welt, in den die besiegten Götter und die Toten verbannt werden.

Teiresias Von Apollon inspirierter Seher. Wird Ödipus gegenübergestellt, den er als einzigen wiedererkennt.

Telemachos Sohn des Odysseus und der Penelope.

Telephassa Gemahlin des Agenor, Mutter des Kadmos, seiner Brüder und Europas, auf deren Suche sie sich mit ihren Kindern macht.

Thasos Sohn des Agenor, Bruder des Kadmos.

Theseus Attischer Held. Seine Mutter ist Aithra, sein sterblicher Vater Aigeus, sein göttlicher Vater Poseidon. König von Athen.

Thestios Vater der Leda.

Thetis Eine der Nereïden, Gemahlin des Peleus, Mutter des Achilleus.

Titanen Die Kinder des Uranos und der Gaia. Götter der ersten Generation, die sich mit den Olympiern um die Oberherrschaft der Welt streiten.

Tithonos Bruder des Priamos. Eos liebte ihn für seine Schönheit und entführt ihn. Zeus gewährt ihm Unsterblichkeit.

Tyndareos Vater der Dioskuren, der Helena und der Klytaimnestra.

Typhon	Oder Typhoeus. Ungeheuer, Sohn der Gaia und des Tartaros, liegt im Streit mit Zeus, dem es gelingt, ihn zu besiegen.
Udaios	Einer der fünf Sparten.
Uranos	Der zum Gott gemachte, von Gaia hervorgebrachte Himmel.
Xanthos	Das unsterbliche Pferd des Achilleus, das in Notsituationen sprechen kann.
Zephyros	Ein sanfter und regelmäßiger Wind.
Zethos	Sohn des Zeus und der Antiope. Zusammen mit seinem Bruder Amphion tötet er Lykos, um seine Mutter zu rächen, die Opfer der schlechten Behandlung von Lykos und seiner Frau ist; danach läßt er sich auf dem Thron von Theben nieder.
Zeus	Olympier, oberster Herrscher der Götter, Sieger über die Titanen und die Ungeheuer, welche die kosmische Ordnung bedrohen, die er als Herrscher über das Universum eingesetzt hat.

Literarische Sachbücher bei DuMont

LAWRENCE JOSEPH

IM LAND DER ADVOKATEN.
WOVON ANWÄLTE REDEN, WENN SIE VOM RECHT REDEN.
Aus dem Englischen von Martina Tichy.
1999, 208 Seiten

Von den Gründervätern bis zu Bill Clinton und seinen Anklägern: Amerikas Ideale werden von Anwälten verwaltet. Lawrence Joseph, selber Anwalt und Dichter, weiß, daß Anwälte anders denken und handeln, wenn sie unter sich sind. Über was aber reden sie, wenn sie in Bistros oder Büros, in der Mittagspause im Park oder beim gemeinsamen Abendessen über ihre Klienten, Kollegen oder das Recht selbst reden? Lawrence Joseph versammelt Gespräche – »eher wahrheits- als tatsachengetreu« – mit Anwälten aus der Finanzwelt oder solchen, denen Arbeitslosigkeit und Armut begegnen. Mit der funkensprühenden Rhetorik der Rechtsvertreter, mit dialogischer Artistik, rasant und selbstironisch, verblüffend offenherzig und erschreckend hellsichtig, entsteht in diesen Gesprächskompositionen das Bild unserer von Juristen geprägten Gegenwart in ihren Brüchen und Widersprüchen. Mit Lawrence Joseph werfen wir unterhaltsame Blicke hinter die Fassaden, auf die Menschen hinter den Machern des Rechts.

»Im Land der Advokaten: Schnellfeuerdialoge jenseits der üblichen Untersuchungen, erschreckend, originell und unwiderstehlich lesbar.« Joyce Carol Oates

JAMES BUCHAN

UNSERE GEFRORENEN BEGIERDEN.
WAS DAS GELD WILL.

Aus dem Englischen von Angela Praesent
und Peter Torberg. 1999, 398 Seiten

Mit gewaltigem historischen Wissen, Erzählergabe und ironischer
Passion prüft James Buchan in seiner brillanten Kulturgeschichte
unsere Vorstellungen von Geld auf ihre Echtheit und entlarvt sie als
gefälscht: Was wir für schnöden Mammon hielten, entpuppt er lustvoll als *Unsere gefrorenen Begierden*.

Der Financial-Times-Korrespondent und Romanautor sammelt
Bemerkenswertes aus der Welt der Münzen, Scheine und Wertanla-
gen, seit ihm als junger Journalist in Saudi-Arabien aufging, daß es
für seinen Lohn vor Ort nichts Reizvolles zu kaufen gab. Die dicken
Bündel hortete er bis zu seiner Abreise. Zurück in London tauschte
er sie um wie Hans im Glück: »Mein Geld verwandelte sich nacheinander in ein mit Hypotheken belastetes Haus in Lavender Hill, in ein
langsames Rennpferd, in Aktien der Dresdner Bank, in eine über-
trieben große Sammlung von Stichen aus dem achtzehnten Jahrhundert, in ein Apartment im Süden von Manhattan und in Aktien
von Supermarktketten. Bei jeder Verwandlung büßte es Splitter ein;
doch jedesmal löste es sich in mehr Geld auf als bei der letzten Verwandlung.«
Ausgehend von solchen persönlichen Erfahrungen erzählt Buchan
von Herkunft und Eigenarten der Zahlungsmittel. Er geht dem
Judaslohn auf den Grund, präsentiert Don Quijote als Kommentar
zur ersten europäischen Inflation, berichtet vom Erstaunen, das die
Einführung der doppelten Buchführung bei Goethe auslöste, und
gelangt über Kriegskosten und Börsencrash bis zur europäischen
Währungsunion.

FRANCO MORETTI

ATLAS DES EUROPÄISCHEN ROMANS.
WO DIE LITERATUR SPIELTE.
Aus dem Italienischen von Daniele Dell'Agli.
1999, 245 Seiten

Auf welchen Wegen ziehen Goethes Wilhelm Meister oder Kellers
Grüner Heinrich durchs Leben? Wo in London deckt Sherlock
Holmes seine Morde auf? Wie verbreiten sich die Übersetzungen
von Thomas Manns Buddenbrooks?
Franco Moretti liest Romane wie Landkarten. Auf hundert
ausführlich erläuterten Plänen führt er Literatur als Geographie
vor und spürt den Wegen ihrer Figuren nach. Seine Karten und
Kommentare untersuchen, in welchen Weltgegenden Schrift-
steller das Schlechte ansiedeln oder welche Vorstellungen sich
Dostojewski von Westeuropa macht. Franco Morettis Material
bilden vor allem Romane des neunzehnten Jahrhunderts, in dem
sich die nationalen Identitäten festigten. Er zeigt, wie Literatur die
Geschichte begleitet und stiftet an zum literarischen wie zum rea-
len Reisen.

»Der Atlas des europäischen Romans ist eine wunderbare Errun-
genschaft: ebenso lustvoll bebildert wie geschrieben; der Vorreiter
einer neuen kritischen Schule, die große Theorie mit treffendem
Witz verbindet.« The Guardian

»Moretti verführt uns mit essayistischer Leichtigkeit, ein Ideen-
lieferant.« Umberto Eco